L'EMPIRE
DU POLITIQUEMENT CORRECT

MATHIEU BOCK-CÔTÉ

L'EMPIRE DU POLITIQUEMENT CORRECT

Essai sur la respectabilité politico-médiatique

LES ÉDITIONS DU CERF

www.editionsducerf.fr
24, rue des Tanneries
75013 Paris

ISBN 978-2-204-14184-0
ISSN : 2417-7377

À mon père et à ma mère,
qui m'ont appris qu'un homme respectable
est d'abord celui qui se tient droit,
et qui ne se renie pas.

Le monde entier est de nouveau en marche ; mais il marche dans l'autre sens.

G.K. CHESTERTON.

Préface à l'édition de poche

Le politiquement correct à l'heure de la « cancel culture »

À l'été 2020, le monde anglo-saxon a été traversé par une violente controverse : 150 universitaires, intellectuels, journalistes et écrivains, pour la plupart marqués au centre gauche, se sont insurgés contre ce qu'ils appelaient la « cancel culture » telle qu'elle s'était imposée en quelques années dans les universités, dans l'espace médiatique et sur les réseaux sociaux. Ils publièrent dans le magazine *Harper's* une tribune pour la dénoncer : *A Letter on Justice and Open Debate*. Les signataires plaidaient pour une restauration de la conversation civique. La lettre n'était pas sans un certain courage au moment où dans les suites de la tragique affaire George Floyd, qui avait enflammé l'Amérique, on assistait à une offensive sans précédent de l'extrême gauche racialiste sur l'espace public des sociétés occidentales, pour achever leur conversion à la logique diversitaire et liquider une fois pour toutes ceux qui y résistaient.

Tout en prenant la peine de s'opposer rituellement à Donald Trump et au danger de la démocratie illibérale, ils s'inquiétaient de l'hégémonie et de l'agressivité d'une nouvelle gauche radicale, plaidant ouvertement pour la censure de ses adversaires et travaillant à les bannir socialement, comme s'il s'agissait de parias et d'individus dont la simple présence dans l'espace public suffisait à le souiller. Les signataires accusaient la nouvelle gauche *woke*, qui prétend se définir par son hypersensibilité à la situation des minorités, de contribuer à la détérioration de la vie publique en la fanatisant, comme on le voit sur les campus américains où il n'est plus rare que des foules haineuses essaient d'expulser physiquement un conférencier dont elles n'apprécient pas la venue. Qui « dérape » publiquement en transgressant consciemment ou non un des tabous imposés par la religion *woke* sera désigné à la vindicte publique. Les médias sociaux permettent la reconstitution de la meute lyncheuse.

Le diagnostic était exact : la gauche woke, qui semble être l'idéologie de référence de la nouvelle génération militante, souhaite rétablir le bannissement, l'ostracisme et la mise à mort civique de l'hérétique, accusé de ne pas croire aux idéaux prescrits et de pas se soumettre aux interdits officiels. Il s'agira de l'humilier, d'œuvrer à sa déchéance professionnelle et de le condamner à la peine de mort sociale. De le « canceller », diraient les Québécois, qui ont adopté depuis un bon moment cet anglicisme. On dit aussi, de le *déplatformer* – c'est-à-dire le chasser de ses tribunes, en convaincant généralement l'entreprise qui l'embauche de le congédier, pour s'assurer qu'il ne puisse plus exister socialement autrement qu'aux marges de la vie publique. Le prix à payer pour inviter telle personnalité ou conserver tel éditorialiste sur une chaîne télé doit être jugé si élevé que plus personne ne s'y risquera vraiment. Aucune exagération ici : la stratégie est revendiquée par ceux qui s'autoproclament antifas. La chasse à l'homme est permanente, la surveillance des propos controversés, généralisée : rien ne sera toléré, même dans une conversation privée. Qui déroge à l'orthodoxie doit être sévèrement puni. Des groupes militants comme les *Sleeping Giants* se spécialisent dans le discrédit des entreprises qui font de la publicité sur les sites des médias accusés d'adopter une ligne éditoriale moralement condamnable.

On aurait néanmoins pu croire que cet appel au débat serait bien reçu. À tout le moins, on aurait pu l'espérer. Hier encore, chacun se voulait théoriquement ouvert au débat, et même lorsqu'on le fuyait, il était d'usage de prétendre le rechercher. Il n'en est plus ainsi. La lettre des 150 a suscité une très vive controverse et fut vivement dénoncée, surtout par des journalistes et militants s'identifiant aux « minorités ». La liberté d'expression est désormais traitée comme une cause réactionnaire, comme le masque libéral derrière lequel l'homme blanc cacherait ses odieux privilèges. De quel droit ce dernier pourrait-il débattre de l'identité et de la situation des groupes qu'il est censé dominer, et particulièrement, des minorités « racisées » et des minorités sexuelles ? L'idéal de la conversation démocratique s'est asséché : plus encore, il est déconsidéré. Il y a désormais une prime à la radicalité. C'est celui qui justifie le *name and shame*, l'agression physique ou même le pillage qui dispose désormais d'une réputation désirable – à tout le moins, on en trouve toujours pour l'excuser et le justifier.

La gauche woke a théorisé son refus du débat et la nécessaire exclusion de ses contradicteurs de la vie publique en les accusant de propager des discours de haine. Faut-il d'ailleurs parler exclusivement de la gauche woke, dans la mesure où elle ne fait que radicaliser les concepts au cœur du régime diversitaire ? N'est-elle pas que l'avant-garde militante du régime diversitaire ? D'ailleurs, les grands acteurs du numérique se sont ralliés eux-mêmes à cette lutte contre les propos haineux. Les réseaux sociaux furent considérés pendant un bon moment comme le vecteur privilégié de la dissidence idéologique dans des sociétés où le système médiatique est amarré au régime diversitaire. On cherche désormais à les purger, à les surveiller intégralement, pour éviter que n'y prennent forme publiquement des courants de pensée jugés néfastes pour le *vivre-ensemble*.

Revenons-en à la lettre des 150. Plusieurs, à droite, ne purent s'empêcher de ricaner devant cette défense de la conversation démocratique de la part de signataires, qui hier encore, n'hésitaient pas à diaboliser les conservateurs, à réduire leurs idées à une série de phobies. N'y avait-il pas quelque chose d'ironique à les voir subir à leur tour ce mauvais sort ? Tant qu'elle participait au dispositif de diabolisation et en profitait, la gauche libérale n'avait rien à redire contre lui. Elle ne s'imaginait pas un jour en être victime. Le progressiste mondain peine à s'imaginer dans le mauvais rôle du réactionnaire malgré lui. Rien ne l'effraie davantage que la simple idée de passer à droite. Rester de gauche : c'est ainsi qu'il se représente son devoir moral le plus élevé. Mais il faudrait y voir une loi historique : la Révolution dévore toujours ses enfants. Celui qui encore hier, se croyait à l'avant-garde du mouvement révolutionnaire sera presque inévitablement dépassé par une avant-garde militante qui au mieux, le ringardisera et au pire, cherchera à le « purger ». Devant cela, il devient difficile de rester de gauche : il faut sans cesser envoyer des signes ostentatoires d'adhésion aux innovations idéologiques du régime. Les codes de la respectabilité ne cessent de se resserrer et l'homme qui hier encore, se croyait bien installé dans le confort du centre gauche humaniste est repoussé sans son consentement à « droite » ou à « l'extrême droite » – l'extrême droitisation demeure de ce point de vue la principale technique de *dérespectabilisation* du contradicteur récidiviste en régime diversitaire.

Est-ce que la poussée de la gauche woke, ouvertement hostile aux principes de la démocratie libérale, et transformant tous ses désaccords en croisade contre le racisme, le sexisme et la transphobie, entraînera une recomposition du monde politique contre elle ? Les sociétés occidentales sont-elles prêtes à y voir une forme d'ennemi de la démocratie qui sert de vecteur à une nouvelle tentation totalitaire ? Jacques Parizeau, un des grands leaders indépendantistes québécois de la deuxième moitié du XXe siècle, avait cette formule pour parler de ceux qui ralliaient le mouvement souverainiste à la veille du référendum sur l'indépendance de 1995 : « que le dernier entré laisse la porte ouverte s'il vous plaît ». On peut croire que les « conservateurs » qui mènent la bataille contre le politiquement correct seront heureux de se trouver de nouveaux alliés. Mais est-ce que ces alliés voudront d'eux ou continueront de les diaboliser ? Car nous touchons ici à la constitution mentale des sociétés occidentales contemporaines, qui traitent les mouvements sociaux radicaux comme les nouvelles autorités spirituelles auxquelles doivent se plier tous ceux qui évoluent dans l'espace public.

L'histoire de l'anticommunisme nous éclaire. Il y avait apparemment autrefois de bonnes raisons d'être anticommunistes, et de mauvaises – celui qui était fondamentalement anticommuniste était accusé de l'être de manière primaire et ne méritait aucune considération. Il fallait apparemment avoir été communiste pour avoir le droit de ne plus l'être. Il fallait reconnaître la grandeur des idéaux du communisme pour avoir le droit de dire que leur application conduisait au goulag – celui qui refusait le communisme au nom de la civilisation occidentale, du patriotisme ou de sa religion était jugé infréquentable. En gros, l'anticommunisme de droite était proscrit, alors que l'anticommunisme de gauche était célébré comme une conquête admirable de l'esprit démocratique. De même, aujourd'hui, Caroline Fourest nous explique dans *Génération offensée* que si la droite s'opposait depuis longtemps au politiquement correct, elle le faisait pour des raisons inavouables, et que seule la gauche républicaine et universaliste peut vraiment y faire barrage efficacement et légitimement. Ceux qui s'opposèrent dès son apparition au multiculturalisme et au politiquement correct le faisaient par manque d'humanité ou hostilité au progrès. Ils ne méritaient pas d'être écoutés, et ne le mériteraient toujours pas. La gauche libérale, en s'emparant de la cause de la liberté d'expression, viendrait l'anoblir en l'arrachant aux mains de ceux qui la défendaient si mal. De là cette question toute simple : est-ce que la gauche libérale est prête à s'allier aux conservateurs qu'hier encore elle maudissait et parviendra-t-elle à s'affranchir de l'autorité morale de la gauche radicale qui continue de l'intimider encore idéologiquement ? Dans quelle mesure un homme de gauche peut-il accepter de ne plus être considéré comme tel en société ? Cette question semblera bêtement mondaine et pourtant, elle est centrale, pour peu qu'on s'intéresse à la sociologie des élites.

Une chose est certaine : le régime diversitaire se radicalise à grande vitesse. C'est une violence idéologique nouvelle qui s'exerce, dans une société qui se décivilise à grande vitesse. Il y a un certain paradoxe :

cinq ans après l'attentat contre Charlie Hebdo, il est bien vu de célébrer la liberté d'expression et le droit de blasphémer, alors que s'imposent de nouveaux dogmes et tabous qu'il est plus risqué que jamais de transgresser. Car le blasphème ne porte plus nécessairement sur la représentation de Dieu, même s'il n'est toujours pas recommandé de caricaturer Mahomet. Le blasphème réfère désormais à la transgression des dogmes du régime diversitaire. Quand J. K. Rowling a osé rappeler qu'un homme n'est pas une femme, et que l'identité sexuelle n'est pas une pure construction sociale sans ancrage biologique, elle a été la cible d'une campagne de diffamation à la grandeur du monde anglo-saxon et le système médiatique a mis en scène la déception de ses jeunes lecteurs apprenant que leur romancière admirée n'est en fait qu'une réactionnaire fermée à l'autre - une sale transphobe. De même, qui, en Amérique du Nord, critique ouvertement le concept de racisme systémique ou confesse quelques réserves sur le mouvement Black Lives Matter risque gros : sa réputation, sa carrière, sa situation financière, son existence sociale et civique. Le régime diversitaire a sacralisé ses principes et traite les dissidents comme des hérétiques à brûler symboliquement.

Tel est le thème de *L'empire du politiquement correct*, qui n'a cessé de s'étendre depuis sa publication. J'y proposais une sociologie des critères de respectabilité qui structurent l'espace public et le système médiatique des sociétés occidentales en explicitant les normes idéologiques qui dominent la vie collective, et les dogmes auxquels il est impérieux de se soumettre si on veut y évoluer. La situation évolue très rapidement, et dans le mauvais sens : les sociétés occidentales sont emportées dans un grand mouvement qui les pousse à s'accuser de plus en plus violemment à partir du logiciel idéologique de la gauche intersectionnelle. Les critères de respectabilité continuent de se resserrer : il en faut de moins en moins pour être diabolisé. La société occidentale est transformée en camp de rééducation à ciel ouvert. Qu'on me permette une confession finale : chaque fois que j'écris un livre sur la question diversitaire, je me fais la promesse qu'il s'agira du dernier. Je me rends bien compte qu'il s'agit d'une illusion : nous sommes au cœur d'une révolution d'un nouveau genre qui met en place un totalitarisme inédit, que nous peinons à nommer, mais qui s'affiche sans gêne, ce qui est probablement inévitable lorsqu'on prétend conjuguer le vrai, le juste et le bien dans une seule doctrine qu'on présente comme l'expression achevée de la science. Il nous faudra longtemps documenter, je le crains, ce régime qui se déploie et qui n'hésite plus à persécuter ses opposants.

La censure est de retour

> La parole est la pierre angulaire du système. Régner sur les esprits permet de gouverner le pays.
>
> CZESLAW MILOSZ.

Dérapage, dérive, diabolisation : ces termes sont récurrents dans le lexique politique contemporain. Ils révèlent l'existence d'une orthodoxie idéologique au cœur de l'espace public, à laquelle il vaut mieux se plier si on veut s'y faire valoir et participer à la conversation civique. Car on ne dérape qu'à partir d'une route bien balisée et on ne dérive qu'en s'éloignant d'un chemin déjà tracé. Et naturellement, celui qui se fait exclure de la vie publique à la manière d'un infréquentable absolu sera diabolisé, repoussé de l'empire du bien et condamné aux eaux brunes et boueuses d'où viennent les idées nauséabondes – on les dira même sulfureuses, car telle est l'odeur du diable. « Les empires totalitaires ont disparu avec leurs procès sanglants mais l'esprit du procès est resté comme héritage, et c'est lui qui règle les comptes », écrivait Milan Kundera dès 1993 dans *Les testaments trahis*[1]. Il est resté quelque chose de la « mentalité totalitaire[2] » qui a régné pendant le « siècle des ombres[3] », pour citer cette fois Jean-François Revel. Les procès en sorcellerie sont moins disparus qu'ils ne se sont modernisés. Même le plus irréprochable des philosophes pourra être la cible d'une campagne de diffamation, parce que suspecté de ne pas se conformer à la pensée correcte par des militants s'en faisant les gardiens et résolus à ne rien céder du terrain qu'ils imaginent être le leur. On peut bien croire que le « débat public doit obéir aux règles de la controverse respectueuse et de la confrontation rigoureuse des arguments[4] » mais cette aspiration aussi noble que naturelle semble de moins en moins correspondre à la manière dont se mènent les querelles publiques actuelles. « Or, il n'y a pas de débat intellectuel là où il ne s'agit plus de démêler le vrai et le faux, mais de dénoncer le mal[5]. » La vie publique se déroule sous la surveillance de plus en plus agressive de « modernes sectaires[6] » mettant en scène leur indignation pour multiplier les interdits idéologiques. C'est la nouvelle cabale des dévots. Qui se permet de les braver risque d'en payer cher le prix. Le lynchage médiatique est à la mode et il s'est presque banalisé dans l'univers des réseaux sociaux où s'impose la loi du buzz et du clash. Alors qu'on la croyait pour de bon terrassée, la tentation de la censure remonte à la surface. Hommes et femmes ont de plus en plus l'impression de porter un corset mental qui étouffe la pensée. La démocratie libérale semble devenue étrangère à elle-même et des groupuscules idéologiques radicalisés parviennent à s'emparer de l'esprit public ou du moins, à le soumettre à leurs obsessions. C'est ce qu'on appelle le politiquement correct.

Certes, tous les hommes politiques, de quelque parti qu'ils soient, ont tendance à se plaindre des médias, et chacun se sent désavantagé lorsqu'il s'y risque. Chacun, autrement dit, connaîtra de mauvais jours. La vie publique est cahoteuse pour tous ceux qui s'y risquent. Mais contrairement à ce qu'on veut croire, tous ne sont pas également victimes du politiquement correct et ses mécanismes ne se déclenchent pas arbitrairement. Souvent dénoncé, de temps en temps décrit, le politiquement correct est rarement analysé. C'est ce que je me propose de faire dans cet ouvrage, en m'intéressant plus largement aux codes de la respectabilité qui structurent la vie politico-médiatique. Car si la démocratie repose théoriquement sur la valorisation d'un débat public auquel chacun est invité à participer et ne prétend pas préjuger des choix collectifs qu'elle rend possible, concrètement, elle se donne le droit d'exclure de la conversation publique ceux qu'elle perçoit comme ses ennemis. La question qui se pose alors est la suivante : qui sont les ennemis de la démocratie ? Elle en appelle une autre : qu'est-ce que la démocratie ? Selon la définition qu'on en donne ou qui parvient à s'imposer, certains possibles surgissent, et d'autres s'effacent. Chose certaine, l'espace public n'est pas axiologiquement neutre. Il se déploie à partir d'un régime politique ancré dans sa propre anthropologie, articulé à sa propre philosophie. Aucun régime n'est absolument fidèle au principe de légitimité qu'il institue. Dès lors, il dégage un espace où plusieurs interprétations possibles de ce principe se déploient. C'est dans cet espace que s'affrontent les partis, les mouvements et les intellectuels. Mais ceux qui ne se reconnaissent pas dans cet espace et le principe qu'il institue se mettent hors-jeu. Ils se disqualifient du point de vue de l'ensemble des acteurs qui acceptent le régime et y trouvent leur compte. S'ils sont formellement autorisés à participer à la vie publique, ils seront portraiturés en extrémistes, en parias, même si eux-mêmes se verront comme des dissidents et protesteront de leur bonne foi démocratique. Ils sont surtout refoulés dans les marges et condamnés à une existence périphérique, parmi les pestiférés.

Dans une société qui se dit pluraliste, il n'est jamais aisé d'identifier une fois pour toutes l'idéologie dominante, par définition contestée par ceux qui voudraient la remplacer par une autre. Elle fait d'ailleurs passer ses contradictions internes pour autant de fractures significatives, à travers lesquelles les hommes peuvent s'affronter sur l'avenir de la cité. Mais cela n'a rien pour autant d'impossible. Même s'il n'est pas toujours explicitement revendiqué, le système politique révèle son arrière-fond normatif à travers sa manière de cartographier l'espace public, de nommer les forces qui s'y déploient et de définir les enjeux à partir desquels doivent se positionner les acteurs politiques et sociaux. Quelles positions sont centrales et quelles positions sont périphériques dans la conversation publique ? On connaît le jeu habituel des étiquettes : gauche, droite, extrême-gauche, extrême-droite, identitaires, diversitaires : ils ne servent pas qu'à décrire des positions politiques mais à situer des partis et des familles idéologiques sur l'axe de la respectabilité médiatique. Selon qu'un parti puisse choisir librement l'étiquette qui le définira ou qu'il se la fasse imposer de l'extérieur, malgré lui et contre lui, on comprendra immédiatement sa place dans le système politique, s'il est le bienvenu, s'il est simplement toléré – à moins d'être clairement rejeté. On ne saurait sous-estimer, naturellement, l'importance d'être admis dans la conversation publique. De même, selon le type d'expert invité à commenter tel ou tel problème de société dans les médias, c'est une certaine vision du monde qui s'y exprime et déploie. En d'autres mots, le système médiatique est indissociable du régime, au sens large. Il en est une composante essentielle.

Les médias distribuent les rôles entre les héros et les vilains, choisissent leurs champions, désignent ceux qui devront souffrir d'une mauvaise réputation, distinguent les hommes politiques fréquentables de ceux qui ne le sont pas, les philosophes éminents et les polémistes de bas étage, les intellectuels qui inspirent confiance et ceux qui ont des idées rances. Qui est respectable et qui ne l'est pas ? Qu'est-ce qui distingue un modéré d'un radical, un fréquentable d'un infréquentable ? À quelles conditions devient-on controversé, et même, très controversé ou sulfureux ? De quoi doit-on parler si on veut une bonne réputation, et quels sujets fuir si on veut éviter d'en avoir une mauvaise ? Quels sujets peuvent être abordés dans les débats collectifs ? Et surtout, quels sujets doivent être laissés de côté ? Quelle position faut-il adopter pour éviter les tempêtes médiatiques et autres polémiques qui d'un coup, peuvent abîmer, défaire et même détruire une réputation ? Quel péril doit-on redouter ? Qui doit-on garder à distance de soi pour garder une bonne réputation ? Qui peut-on citer et quelle amitié doit-on taire ? Ces questions se posent dans les temps politiques ordinaires mais elles se radicalisent lorsque l'histoire redevient houleuse. Les clivages politiques consacrés sont alors troublés, de nouveaux enjeux surgissent, de nouvelles forces politiques s'en emparent et émergent, de nouvelles voix se font entendre chez les intellectuels pour remettre en question les représentations dominantes de la société. Qu'il s'agisse de la question de l'immigration massive, de la fracture entre métropole et arrière-pays, des mutations anthropologiques majeures entraînant une redéfinition des catégories les plus profondément ancrées dans la nature humaine comme le masculin et le féminin, de l'éclatement de toutes les catégories identitaires ou des possibilités nouvelles ouvertes par les biotechnologies, c'est un nouveau monde qui surgit. La conversation publique n'a plus rien d'apaisé. Une logique de polarisation s'installe. La querelle du régime s'inscrit dans le contexte plus vaste d'une mutation de civilisation.

Je n'entends pas mener ici une étude exhaustive du traitement médiatique de tous les enjeux politiques mais décrire et comprendre les mécanismes qui régulent ce qu'il est bien vu d'appeler la conversation démocratique. « Ce qui arrivera quelque part arrivera partout[7] », a écrit Czeslaw Milosz. Je sélectionnerai pour cela des exemples qui me semblent particulièrement parlants des deux côtés de l'Atlantique, d'autant que le politiquement correct s'y déploie avec la même vigueur, même s'il n'emprunte pas toujours les mêmes chemins et même si certains y résistent plus que d'autres. On croisera souvent, au fil de l'ouvrage, certains écrivains qui ont médité au siècle dernier sur l'expérience totalitaire. Czeslaw Milosz, Arthur Koestler et George Orwell, notamment, ont chacun voulu comprendre de quelle manière un régime idéocratique, qui entend soumettre le monde à une idée exclusive, censée le délivrer du mal, engendre un dédoublement de l'existence qui trouble les conditions même de la vie intellectuelle, et plus encore, qui trouble notre rapport au réel. Aussi étrange que cela puisse paraître à nos sociétés persuadées de poursuivre admirablement l'histoire de la démocratie libérale, elles sont bien souvent reconnaissables dans l'œuvre de ces écrivains, comme si les schèmes de pensée qui structuraient l'imaginaire progressiste au XXe siècle s'étaient métamorphosés et redéployés dans les paramètres de ce que j'appelle le régime diversitaire.

Dans le premier chapitre, j'analyserai la conception de la démocratie qui anime le régime diversitaire, alors que dans le deuxième, je m'intéresserai directement aux codes du politiquement correct, et plus largement, à la manière dont le régime diversitaire entend recadrer les termes du débat public pour contenir sa remise en question, de plus en plus vive dans une société loin d'être convaincue de vivre dans le meilleur des mondes possibles. Le troisième chapitre sera consacré au clivage gauche-droite qui structure globalement la conversation publique alors que le quatrième analysera le rapport entre démocratie et populisme. Le cinquième chapitre abordera la question de la liberté d'expression dans la société diversitaire, qui tend à la remettre en question sous prétexte qu'on ne saurait l'accorder aux groupes historiquement dominants, qui en useraient pour asservir les groupes jugés subordonnés. Le sixième chapitre portera sur la criminalisation de la nostalgie au moment où émerge le sentiment de la fin d'un monde et qu'il s'accompagne de quelques regrets. Le septième se penchera sur la question du conservatisme, moins pensé ici comme une doctrine militante qu'à la manière d'une philosophie politique entendant refonder les termes du débat public. En conclusion, je reviendrai sur la nécessité de clivages politiques créateurs en démocratie.

En d'autres mots, dans ce livre, qui prend la suite de mes deux précédents ouvrages, j'entends penser la radicalisation du régime diversitaire devant sa remise en question[8]. La querelle de la légitimité est rouverte.

1

LA DÉMOCRATIE COMME PÉDAGOGIE PROGRESSISTE

> Toute politique, même la plus grossière, suppose une idée de l'homme, car il s'agit de disposer de lui, de s'en servir, et même de le servir. Qu'il s'agisse de partis ou de régimes ou d'hommes d'État, il serait peut-être instructif de chercher à extraire de leurs tactiques ou de leurs actes, les idées de l'homme qu'ils se firent ou qu'ils se font.
>
> PAUL VALÉRY.

Est-il encore possible de débattre, demandent souvent des démocrates de bonne foi, qui sentent bien que la réponse ne va plus de soi. Non pas que le débat public se déroule sans que ne s'affrontent des camps contradictoires : on trouve généralement une gauche et une droite, des progressistes et des conservateurs, des fédéralistes et des souverainistes, des européistes et des eurosceptiques – et on pourrait multiplier les catégories du même genre. Officiellement, le pluralisme politique et intellectuel est respecté, et même encouragé. L'avènement des chaînes d'information continue a favorisé d'ailleurs une culture du débat qui vire souvent à la culture du clash, ce qui peut laisser croire, à première vue, que jamais nos sociétés ne se sont autant investies dans la délibération publique, en allant même jusqu'à la pratiquer de manière plus que musclée. Mais ce pluralisme politique en carton-pâte masque de moins en moins une homogénéité idéologique de fond, où les grands partis se montrent souvent interchangeables, se contentant de désaccords circonstanciels. S'il y a une pluralité de points de vue possibles au sein d'une société, ils se déploient néanmoins à partir d'une orthodoxie préalablement établie – on pourrait aussi parler du noyau idéologique du régime. Celui qui détermine les codes de la respectabilité structurant l'espace public et décide quels sont les grands interdits qui le fondent en plus de pouvoir en chasser ceux qui ne les respectent pas exerce l'hégémonie idéologique. D'ailleurs, qui rassemble les citoyens pour débattre de leur avenir prend généralement la peine d'encadrer ce débat de telle manière que s'y révèlent bien des interdits idéologiques, la plupart du temps implicites, mais soudainement visibles. Il y a des zones où ne pas aller, des sujets glissants, des thèmes interdits. On l'oublie aisément mais un débat se caractérise en bonne partie par les sujets qu'il n'abordera pas. Certaines questions sont considérées tranchées *une fois pour toutes.*

Mais quand l'espace public semble trop en décalage avec les préoccupations populaires, la confiance dans le système politico-médiatique s'érode et le scepticisme prend sa place, quand ce n'est pas l'aversion. Nous en sommes là. Depuis un demi-siècle, environ, dans la plupart des sociétés occidentales, le système médiatique a peu à peu transformé la conversation démocratique en monologue progressiste. Cette tendance s'est radicalisée depuis le début des années 1990, avec l'entrée dans l'ère de la civilisation mondialisée et diversitaire. À cause de cela, des franges de plus en plus nombreuses de la population se sentent exclues du débat public. Souvent, elles s'identifient au peuple, et dénoncent l'avènement d'une oligarchie. À tout le moins, elles font le procès des élites, accusées de vivre dans une bulle, séparées du commun des mortels et ne désirant pas s'y mêler. La tentation naturelle de ceux qui se sentent rejetés de la vie politique et du discours public est d'y voir un déni de démocratie : qu'est-ce qu'une démocratie qui sélectionne à l'avance les options politiques qui pourront être débattues publiquement, qui accorde des certificats de respectabilité aux uns et des contraventions morales aux autres, en plus d'interdire certains sujets *sensibles ?* Le badaud se demande : le peuple n'est-il pas censé être souverain ? Il en rajoute : ne suis-je pas en droit de donner mon avis sur la marche du monde sans me faire immédiatement juger, ou même insulter ? Il insiste : pourquoi ne pourrions-nous pas être en désaccord ? Mais c'est qu'il ignore que dans les milieux qui fabriquent l'opinion et fixent les termes de la délibération publique, le sens prêté au mot démocratie a considérablement évolué. On parle ici des élites intellectuelles et médiatiques qui disposent d'un quasi-monopole sur le grand récit collectif et sur les paramètres qui le définissent.

La démocratie convertie à l'utopie diversitaire

L'histoire de la démocratie est traversée par une querelle concernant sa définition. Entre ceux qui y voient un régime fondé sur le principe de la souveraineté populaire et le respect des libertés publiques et ceux qui, dans la lignée de Tocqueville mais aussi dans celle de Touraine, y voient un processus historique devant conduire au plein accomplissement de la civilisation égalitaire, il y a, à tout le moins, deux manières différentes de l'aborder, qui s'accompagnent de conséquences politiques distinctes. La première définition semble aujourd'hui tombée en désuétude. Dans les milieux intellectuels, rares sont ceux qui s'en réclament ouvertement, comme si elle avait quelque chose de primitif, d'arriéré, de poussiéreux. Elle existe encore, mais à la manière d'un résidu symbolique dans la conscience collective. Ceux qui cherchent à la réactiver sont présentés comme des populistes. La deuxième domine, et se réclame du progressisme, comme si ce dernier était parvenu à en annexer la définition, en liant de manière insécable leur destin [1]. La démocratie contemporaine se veut désormais inséparable du déploiement de l'entreprise diversitaire, qui se présente comme sa seule traduction possible. La diversité présentée comme une richesse est le « grand inquestionnable du moment [2] ». En douter est un péché. Pour emprunter le vocabulaire classique de la théorie politique, la démocratie se présente comme un régime censé permettre le déploiement d'un processus historique inarrêtable de reconnaissance des catégories sociales ou identitaires « discriminées » surgissant dans la vie publique et faisant valoir leur droit à l'égalité. Le système médiatique présente favorablement les revendications qui brandissent l'étendard victimaire en les inscrivant dans la dynamique des droits de l'homme. Ce régime n'est pas sans finalités : de la dissolution des nations à l'abolition des frontières, de la déconstruction des appartenances traditionnelles à l'indifférenciation entre les sexes, de la désincarnation du père et de la mère à leur transformation en interchangeables parent 1 et parent 2, elle ébauche un programme qui est celui d'un changement de civilisation. Le *peuple* devient une *population* à traiter sur le mode thérapeutique, avec « la prétention de modifier les comportements privés des hommes, de les rééduquer en quelque sorte, afin de les rendre plus évolués », observe Guillaume Perrault[3]. On y verra la nouvelle *grande transformation*, le passage de l'homogène à l'hétérogène, de l'identité à la diversité, de la nation au multiculturalisme : d'un monde, on passe à un autre. Ce changement de civilisation est à la fois pensé comme un approfondissement et un accomplissement d'un processus diversitaire qui ne pourrait s'arrêter sans se retourner contre lui-même[4]. Tous les pays sont emportés par cette dynamique, même si elle n'est pas aussi avancée partout. Il y en a de plus zélés que d'autres.

À certains égards, la modernité se déploie comme un processus irrésistible déconstruisant étape par étape toutes les grandes formes anthropologiques et historiques et portant un programme d'émancipation appelé à traduire intégralement le réel dans ses propres catégories. La philosophie de la déconstruction, de ce point de vue, est probablement celle qui est connectée le plus intimement au noyau existentiel de la modernité, puisqu'elle vient disqualifier toute forme d'appartenance historique ou naturelle. L'homme est sommé de devenir un nomade : sa seule liberté serait celle de se dépouiller de ses appartenances et de se jeter dans le vaste monde. Les grandes métropoles occidentales sont dominées par cet empire de l'hybridité : on peut y être tout et n'importe quoi sans jamais être rien de façon définitive[5]. C'est une nouvelle figure de l'émancipation qui s'impose, sous le signe d'une transgression militante et toujours poussée plus loin des formes culturelles traditionnelles, jugées rétrogrades et dominées par des schèmes mentaux étriqués, réprimant la libre expression de la subjectivité, qui devrait aujourd'hui s'affirmer dans le plus complet éclatement des codes culturels et symboliques. Le fantasme de l'autoengendrement qui loge au cœur de la modernité semble aujourd'hui se matérialiser à la fois à travers les possibilités engendrées par le droit et la science. S'impose l'idéal d'une fluidité identitaire hostile à toute forme d'appartenance instituée. Mais cette fluidité revendiquée n'est peut-être finalement rien d'autre qu'une subjectivité, flasque et névrotique, d'un individu incapable de la moindre constance existentielle, et manipulable à souhait.

Souvent, la droite gestionnaire peine à prendre au sérieux les spéculations idéologiques du progressisme – elle n'y voit que vains amusements théoriques d'intellectuels déconnectés du monde réel, étrangers aux choses concrètes, c'est-à-dire celles de l'argent. Il ne faudrait pas perdre trop de temps avec des adolescents exaltés qui, tôt ou tard, se rallieront à la société installée. Elle aime voir la jeunesse s'encanailler en faisant l'expérience de la radicalité. Ce serait une bonne école de créativité. Les bons gauchistes feraient les bons bourgeois. Elle devrait pourtant garder à l'esprit la mise en garde de Czeslaw Milosz qui, dans *La pensée captive*, rappelait que « seule la bourgeoisie, dans sa sottise, croit que les nuances de la pensée sont sans effets. Le Parti sait que les effets sont considérables. Il fut un temps où la Révolution n'était rien d'autre qu'une nuance de pensée chez un petit groupe de théoriciens dirigés par Lénine, qui se disputaient en Suisse, à une table de café ». Il dira aussi : « c'est seulement vers le milieu du XXe siècle que les habitants de nombreux pays d'Europe ont été amenés à comprendre, de façon généralement désagréable, à constater que leur sort pouvait être directement influencé par des livres de philosophie traitant de sujets abscons et quasi impénétrables[6]. » En d'autres mots, il faut prendre au sérieux les extravagances théoriques qui occupent les séminaires académiques, et plus particulièrement celles qui viennent d'Amérique[7]. Les spéculations idéologiques du progressisme diversitaire peuvent changer le monde. François Furet, au début des années 1990, avait noté l'émergence du politiquement correct dans l'université américaine, « dernière en date des utopies de régénération de l'humanité ». Il notait toutefois qu'elle était en position de pouvoir, et même, de croissance. « L'idéologie PC est fille de la génération des Sixties, aujourd'hui installée aux postes de responsabilité, et pas seulement dans les universités : ce qui lui donne une caisse de résonance[8]. » Les théories les plus radicales issues des sciences sociales finissent par percoler dans la réalité politique et sociale.

Le système du divertissement, dans ses grands-messes médiatiques, ne cesse de mettre en scène de nouvelles figures censées incarner cette mutation anthropologique. Et chaque fois que l'une d'entre elles émerge, ou plus exactement, est mise de l'avant, il est bien vu d'envoyer des signes d'enthousiasme ostentatoire. Même les causes qui semblent les plus loufoques, en décalage complet avec le sens commun, passent très rapidement des marges au cœur de l'espace public, comme on l'a vu en quelques années avec les luttes associées à la théorie du genre, devenues emblématiques en Amérique du Nord[9], comme si elles représentaient la nouvelle étape dans une entreprise de déconstruction civilisationnelle, pour que certaines possibilités historiquement refoulées dans les marges culturelles et de la rationalité puissent se libérer et surgir dans la vie sociale. Les luttes trans avaient la vertu de faire éclater une représentation « binaire » de l'humanité : aux États-Unis, on se passionnera ainsi pour la cause des toilettes mixtes alors que dans de nombreux pays, on a reconnu administrativement le troisième sexe. Cette fragmentation infinie de la subjectivité est visible dans l'acronyme LGBTQI+, qui semble appelé à s'étendre en mobilisant toutes les ressources de l'alphabet en amalgamant des réalités qui ont peu à voir entre elles. La déconstruction de l'identité sexuelle devient ainsi la nouvelle étape de la déconstruction du privilège de l'homme occidental, et il se pourrait bien que l'antispécisme soit la suivante – on parle maintenant de l'atténuation, de la relativisation, et de la neutralisation de la différence entre les animaux humains et les animaux non-humains. Une revendication qui semblait éternellement vouée à habiter les marges s'est imposée comme nouvelle matrice idéologique pour penser l'identité sexuelle. La figure du *queer* devient ici la figure incarnant au mieux cette modernité partie en vrille[10].

La démocratie comme exercice pédagogique

Cette mutation diversitaire ne se présente pas seulement comme le déploiement d'un idéal voulant à tout prix remodeler politiquement le réel, mais comme une transformation du monde scientifiquement appuyée. Au marxisme scientifique d'hier répond la science diversitaire d'aujourd'hui. Une fois cela entendu, le débat public doit moins être contradictoire que pédagogique : il pointe dans une certaine direction, il fixe un horizon, il annonce à l'avance la bonne réponse, à laquelle les citoyens éclairés devraient se rallier. À partir du progrès pensé comme révélation appelée à déployer ses conséquences dans l'histoire, le progressisme diversitaire s'engage dans la cité. Cette révélation est un savoir. Si une partie importante de la population tarde à se rallier à sa vision des choses, comme c'est souvent le cas, c'est que le camp progressiste l'a insuffisamment expliquée. Il devra donc mener une *meilleure communication*. Ceux qui s'opposent à lui ne le comprennent pas, sans quoi ils s'y rallieraient, ou alors ils n'y ont pas intérêt, ce qui les transforme en défenseurs de privilèges à renverser. Les pires sont évidemment ceux qui comprennent le message progressiste mais le refusent : ils basculent dans la catégorie des ennemis du genre humain[11].

Pour l'essentiel, les causes militantes qui alimentent l'approfondissement de la dynamique diversitaire sont célébrées et présentées comme autant d'avancées collectives. Ces questions devront prendre toute la place et permettre de situer les partis et les mouvements sur la carte politique. La question n'est pas neuve, elle traverse l'histoire du XXe siècle, peut-être même celle de la modernité, mais elle resurgit aujourd'hui avec une certaine radicalité : comment se fait-il que les obsessions idéologiques d'une mouvance marginale, et peut-être même groupusculaire, parviennent ainsi à occuper un tel espace médiatique et politique ? On ajoutera : comment se fait-il que le passage des marges radicales au cœur institutionnel de nos sociétés se fasse si rapidement ? La théorie des minorités actives n'est pas neuve. Thierry Wolton a déjà fait remarquer que Lénine avait développé une stratégie particulièrement efficace pour maîtriser le débat et l'instrumentaliser à son avantage. Il avait compris que pour compenser sa position terriblement minoritaire dans le mouvement socialiste, il devait se distinguer par une radicalité ostentatoire et un style histrionique – les deux lui convenaient bien. Il parvenait ainsi à définir les termes du débat public et à se placer au centre du jeu : il définissait l'enjeu politique à partir duquel chacun devrait se positionner. Sans pousser trop loin l'analogie historique, la ressemblance avec la stratégie de la gauche radicale est frappante : si elle est incontestablement minoritaire dans les urnes, elle exerce une réelle influence sur le débat public, elle le conditionne, et souvent elle le domine. Ce sont généralement des mouvements très radicaux ou des universitaires militants qui font la promotion de ces thèmes, mais ils ne deviennent obligatoires que parce qu'ils profitent ensuite d'une caution médiatique qui les propulse au cœur de la vie publique. On invite leurs militants dans les débats, on les cajole, mais on les traite aussi comme des experts, que ceux-ci proviennent des associations ou de l'université même si la sociologie en particulier et les sciences sociales en général ont adopté depuis longtemps une conception militante de leur travail.

C'est dans la mesure où une cause parvient à se présenter comme une traduction nécessaire de l'idéal diversitaire qu'elle disposera d'une présentation favorable dans les médias et que les politiciens devront tôt ou tard se l'approprier, à moins de consentir à leur déclassement, leur ringardisation ou leur marginalisation. Plus généralement, les revendications radicales des groupes minoritaires sont normalisées par le droit ou la publicité, ou même par l'administration, comme on l'a vu avec le gouvernement canadien qui a demandé à ses fonctionnaires de ne plus aborder les citoyens avec les termes « monsieur » ou « madame », dans la mesure où ils pourraient heurter ceux chez qui l'identité de genre ne recouperait pas l'identité sexuelle – il ne faudrait surtout pas *mégenrer* quelqu'un[12].

La promotion de l'idéal diversitaire justifie un harcèlement médiatique permanent pour amener les populations à s'y convertir et pour identifier ceux qui résistent à ses sirènes. Il est même nécessaire de heurter le sens commun, de le déstabiliser et lui faire perdre toute valeur d'évidence, pour qu'il ne subsiste qu'à la manière de stéréotypes à congédier et de préjugés à déconstruire – cela permettra de démasquer ceux qui s'y attachent exagérément. C'est ce qu'on appellera pudiquement des campagnes pour faire évoluer les mentalités. On le constate avec la question du voile islamique de plus en plus mis en avant dans la publicité privée ou gouvernementale. Il y a là une forme de provocation répétée, qui consiste à imposer dans l'espace public un symbole identitaire qui heurte les mœurs communes tout en dénonçant vivement ceux qui le remarquent et ne font pas semblant qu'il est déjà normalisé. C'est chaque fois une grande étape dans la sensibilisation des consciences à la diversité qui s'impose. Tout ce qui, d'une certaine manière, peut contenir le processus diversitaire est appelé à subir le discrédit dans l'espace public et à ne survivre qu'à la manière d'un souvenir détestable, comme s'il s'agissait d'une étape surmontée appartenant pour de bon au passé. Une campagne d'épuration médiatique permanente est censée nettoyer l'espace public des traces du monde d'hier et de ceux qui y seraient attachés. Ceux qui ne suivent pas le rythme sont condamnés, tôt ou tard, au discrédit civique et à l'infréquentabilité. Rien ne saurait résister au mouvement de la modernité qui refoule sans cesse hors de l'espace du pensable politique ce qui lui est étranger en n'y voyant que des résidus historiques, dont elle s'étonne souvent de la survivance, comme si le passage du temps aurait dû permettre de les dissoudre pour de bon. Une formule rituelle du langage médiatique témoigne de cet état d'esprit : questionné à savoir pourquoi il était important pour lui, au lendemain des élections fédérales l'ayant porté au pouvoir de former un gouvernement paritaire, le Premier ministre canadien Justin Trudeau répondra ainsi : « parce qu'on est en 2015 ». L'argument du calendrier fait office d'argument d'autorité. Il se décline aussi d'une manière inversée, en se demandant comment telle ou telle pratique culturelle décrétée rétrograde est encore possible de nos jours, comme si le simple passage du temps l'avait condamnée. On jugera ainsi telle ou telle institution *dépassée*, sans qu'on précise exactement par quoi. Toute une sociologie, notamment représentée par Daniel Bell, s'est intéressée, dans la deuxième moitié du XXe siècle, aux rapports entre la modernité et les pratiques culturelles qui lui étaient antérieures et qui modéraient son déploiement[13]. Mais cette sociologie traite ce fond culturel comme le *résidu* d'un monde ancien appelé à un jour à la disparition complète, et non pas comme des permanences anthropologiques appelées à être retraduites dans notre époque, en tenant compte de ses caractéristiques propres. Un jour, ce fond sera complètement dissipé et la modernité pourra alors fonctionner selon sa propre logique, sans entraves. Un jour, les restes épars du monde prémoderne ne trouveront plus leur place que dans un musée, et seront encadrés de plaques explicatives. On se demandera comment les hommes et les femmes de l'*ancien temps* parvenaient à y vivre.

L'histoire du politiquement correct tarde à s'écrire et on le dénonce plus souvent qu'on ne prend la peine de le définir. On en proposera ici la définition suivante : le politiquement correct est un dispositif inhibiteur ayant pour vocation d'étouffer, de refouler ou de diaboliser les critiques du régime diversitaire et de l'héritage des *Radical Sixties*, et plus largement, d'exclure de l'espace public tous ceux qui transgresseraient cette interdiction. Il assure un récit médiatique conforme aux exigences du régime diversitaire, qui permet d'occulter les pans du réel qui tendent à désavouer ses promesses, et à disqualifier les acteurs politiques et intellectuels qui affichent implicitement ou explicitement leur désaccord avec lui. Il revendique non seulement le monopole du bien, mais pousse la chose plus loin en revendiquant aussi le monopole de la santé mentale, en assimilant les résistances qu'il suscite à l'univers de la *phobie*. De la xénophobie à l'islamophobie à l'homophobie à la transphobie, et on pourrait ajouter d'autres phobies à la liste, on comprend que toute forme d'attachement marqué à ce qui passe pour le monde d'hier relève désormais du désordre psychique. Il devient ainsi possible de mener une campagne relevant de la santé publique pour assainir les mentalités, pour les réformer, pour les rééduquer. La traduction quasi-automatique des désaccords avec les innovations sociétales dans le langage de la phobie a tendance à s'accélérer. La psychiatrisation de la dissidence n'est pas sans évoquer la gestion du désaccord politique dans les démocraties populaires au XXe siècle. Celui qui n'a pas toute sa tête et qui est rongé par une obsession névrotique n'est évidemment pas à sa place dans le domaine public – il viendrait contaminer le débat politique avec son irrationalité toxique. Politiquement parlant, le conservatisme est chassé du domaine de la rationalité, et quiconque ne tambourine pas gaillardement avec l'orchestre du progrès diversitaire se classera parmi les suspects. Les catégories populaires, qui traînent souvent la patte et peuvent même devenir goguenardes devant les nouvelles idoles médiatiques, seront ouvertement méprisées. Le mauvais goût ne se pardonne pas, puisqu'il prédisposerait à cette forme suprême d'incivilité qui consiste à mal voter.

Mais le politiquement correct n'a pas seulement pour fonction d'inhiber l'expression du désaccord avec l'époque dans la vie publique, en faisant comprendre à ceux qui s'en rendraient coupables qu'ils le paieront du prix de leur réputation et seront condamnés à l'inexistence publique. Il ne se contente pas d'un ralliement tiède, modéré, avec des réserves ou des nuances – la seule chose qu'on peut reprocher à l'orthodoxie diversitaire est de ne pas aller assez loin, d'être encore trop conservatrice. Si le scepticisme affiché est dénoncé, même le silence sera suspect, car qui ne participe pas aux séances d'enthousiasme obligatoires envoie un signal discret mais inquiétant de dissidence, laissant deviner d'inavouables réserves sur le génie de l'époque. Ce que réclame le régime diversitaire, ce sont des marques d'adhésion explicites, comme autant de gages de soumission au nouveau monde. Il n'accepte pas qu'on se contente de l'accepter. Il faut le chanter. La modernité ne se contente pas qu'on l'accepte. Elle exige qu'on l'encense. Elle exige surtout qu'on lui donne son âme, pour se laisser emporter par son mouvement sans jamais s'accrocher aux vieilles branches du passé.

On ne saurait jamais se contenter de la situation acquise, de la situation présente, car il y aurait toujours encore *beaucoup de chemin à faire*, comme on le répète rituellement, par exemple, lorsqu'il est question de la représentation des minorités. C'est ce qu'Élie Halévy a appelé « l'organisation de l'enthousiasme ». Il faut s'émerveiller pour les trouvailles idéologiques du régime et clapper des mains à chaque innovation sociétale. Philippe Muray avait bien compris, en revenant sans cesse sur le festivisme, comment la modernité ne cesse de mettre en scène sa propre célébration, en faisant de la fête une guerre contre le passé à laquelle tous sont conscrits. Qui ne participe pas à la fête et ne sait pas témoigner de son esprit festif prend le visage de l'ennemi. C'est un vil réactionnaire[14].

Psychologie du déni de réel en régime diversitaire

Les médias de masse, à partir de la deuxième moitié du XXe siècle, ont acquis un pouvoir de conditionnement de la population absolument unique dans l'histoire, essentiellement celui de modeler les représentations et les mentalités collectives et de construire le réel visible au commun des mortels – il s'agit, au sens fort, d'un pouvoir de mise en scène de l'existence, prétendant à terme se substituer au réel lui-même en créant la seule réalité autorisée. Et pourtant, mille indices laissent comprendre que si le régime diversitaire poursuit son entreprise de *grande transformation sociale*, ils sont de moins en moins nombreux à se reconnaître dans son récit enchanté. Entre le réel et sa représentation, l'écart ne cesse de s'agrandir. La mondialisation heureuse ne semble pas l'être autant qu'on le dit, la diversité ne se présente pas toujours comme une richesse et l'Autre auquel il faut s'ouvrir à tout prix n'est pas toujours dénué d'hostilité. Les identités fluides ne sont finalement que des subjectivités molles, et la grande promesse d'une humanité aussi mobile que migrante se traduit concrètement par une existence déracinée. De grands pans de la population reprochent plus ou moins explicitement au système médiatique d'être idéologiquement biaisé, militant et orienté, comme si le réel et sa représentation n'avaient plus qu'une lointaine correspondance, quand ils ne se contredisent pas directement. « Tout cela donnait une impression de rêve et d'irréalité ; les journaux semblaient parler d'un univers différent sans aucun contact avec notre vie de tous les jours[15]. » Ces paroles d'Arthur Koestler à propos des journaux dans les démocraties populaires semblent s'appliquer à la démocratie diversitaire. Élisabeth Lévy leur fait écho en écrivant que « ce qui plombe le débat public plus encore que des procès en pureté idéologique dont la répétition a émoussé le pouvoir de nuisance, c'est donc le refus obstiné d'une minorité – qui se trouve être très largement aux manettes idéologiques dans de grands médias, à l'université ou les allées du pouvoir – d'admettre comme véridique le récit que lui fait entendre l'écrasante majorité de ses concitoyens qui savent, eux, que la coexistence des cultures n'est pas un dîner de gala [...] [16] ». Le déni de réel n'est pas chose nouvelle, l'aveuglement intellectuel non plus. Plus la représentation médiatique d'une société s'éloigne de son expérience concrète, au point même de se retourner contre elle, plus s'accentue un malaise politique potentiellement insurrectionnel. Dans la deuxième moitié du XXe siècle, une bonne partie de l'effort des intellectuels de gauche a consisté à maintenir coûte que coûte leur adhésion au socialisme, même s'ils devaient pour cela multiplier les contorsions mentales pour sauver à tout prix une théorie en faillite. Il en est de même aujourd'hui, notamment quand vient le temps de sauver le multiculturalisme.

Moins le réel adhère à la doctrine, plus cette dernière doit le désavouer, en construisant un monde parallèle qui dédouble la société existante et doit l'éclipser. Le propre d'un régime idéologique est de se radicaliser au moment où on le conteste. Pour emprunter les mots de Gil Delannoi, « on retrouve là le dogmatisme habituel de tous les réformateurs malheureux : si nous échouons, c'est parce que nous ne sommes pas allés assez vite, pas assez fort [17] ». Cette psychologie est celle de croyants qui entrent en lutte pour sauver leur religion. Arthur Koestler a cherché à comprendre les mécanismes mentaux qui poussent les intellectuels de gauche à ne pas voir ce qu'ils ont sous les yeux. Hypnotisés par la promesse révolutionnaire, ils triaient les faits qui se présentaient à eux selon qu'ils légitimaient la construction du socialisme ou qu'ils l'entravaient. Koestler témoignait d'ailleurs à partir de son propre passage dans les rangs communistes et de sa manière de surmonter ses premiers doutes face au « choc brutal de la réalité sur l'illusion ». « J'avais des yeux pour voir, et un esprit conditionné pour éliminer ce qu'ils voyaient[18] ». Plus le système idéologique auquel on adhère se décompose, plus la tentation est forte de le sauver en multipliant les spéculations philosophiques, pour ne pas perdre avec son naufrage tout ce qu'on y avait investi existentiellement.

C'est peut-être en ayant en tête une histoire semblable à celle-là qu'un philosophe comme Alain Finkielkraut a souvent cité, au cours des dernières années, Charles Péguy, qui invitait non seulement à dire ce que l'on voit, mais d'abord et avant tout, à voir ce que l'on voit. Il y avait au cœur des régimes totalitaires un système d'interprétation du monde, qui mettait moins en scène le réel qu'il ne le niait, auquel il fallait adhérer sous peine d'être disqualifié civiquement, ou tout simplement psychiatrisé. Il fallait voir des choses même si elles n'existaient pas, et refuser d'en voir d'autres, bien réelles, si elles risquaient d'invalider la doctrine. Dans les dernières pages de *1984* de George Orwell, on se souvient que Winston Smith le dissident est finalement cassé par Big Brother, qui parvient à lui faire admettre que 2 + 2 = 5. En d'autres mots, Winston Smith, qui aura tout fait pour continuer de voir le monde par lui-même, et résister au mensonge, en vient enfin à lui céder en basculant dans le monde parallèle de l'idéologie, auquel il faut se soumettre, sans chercher à vérifier sa conformité au réel. Pousser un homme à répéter que 2 + 2 = 5 consiste à le briser mentalement en le soumettant à une vision du monde exclusivement soumise au fonctionnement interne de l'idéologie. Il faut contraindre l'homme au mensonge pour briser ses ressorts moraux et ses cadres mentaux. Il doit basculer dans le monde idéologiquement dédoublé et reconstruit et ne plus être capable d'en sortir. L'emprise absolue de l'idéologie sur le réel, qui doit à terme s'y substituer, est la caractéristique fondamentale du totalitarisme. Ce dernier travaille sans cesse à reconditionner les consciences, à les remodeler. Poursuivant l'analyse de cette psychologie dans un autre contexte, Philippe Muray a écrit que c'est « comme déni militant de réalité que le terrorisme "PC" se développe et nuit efficacement. C'est même en tant que remplaçant légitime de la réalité, ou en substitut, en héritier de celle-ci, qu'il exerce son pouvoir. C'est *à la place* de la réalité et du concret qu'il impose son vrai et son faux, qui dès lors n'ont même plus à être vérifiés. En ce sens, on peut dire qu'il est la police politique du régime festif [...] [19] ». Arthur Koestler précisait même très justement que « l'esprit communiste a perfectionné les techniques de duperie de soi-même tout comme ses techniques de propagande massive. Le "censeur intérieur", dans la pensée du vrai croyant, achève le travail du censeur public ; son autodiscipline est aussi tyrannique que l'obéissance imposée par le régime ; il terrorise sa propre conscience et la soumet[20] ». C'est aussi ce que notait Czeslaw Milosz en parlant de ces intellectuels évoluant dans les démocraties populaires qui devaient publiquement donner des gages de fidélité au régime en répétant ses slogans, alors qu'ils continuaient, en privé, à en dire du mal. « La faculté de s'adapter à la ligne politique[21] » devient une compétence capitale pour survivre. Mais ce dédoublement de la conscience entraîne une forme d'écartèlement de plus en plus radical de la personnalité qui peut pousser à la schizophrénie. L'homme qui n'en finit plus de ruser avec le régime pour éviter de se laisser happer par les courants du politiquement correct se condamne ainsi à une existence dédoublée, où il ne cesse de dire en public avec quelques nuances ce qu'il contredira ensuite en privé avec virulence. Le destin d'un tel homme est de se briser. Arthur Koestler a bien décrit l'environnement social et psychologique dans un climat de surveillance généralisé. « La pression de ce milieu semble presque irrésistible. Elle provoque la mutilation progressive de la pensée [...] et s'accompagne d'une érosion encore plus fatale de l'esprit. Elle coupe l'homme de ses racines métaphysiques ; de son expérience religieuse, du "sentiment océanique" sous toutes ses formes. La conscience cosmique est remplacée par la vigilance sociale, la perception de l'absolu par l'acrobatie cérébrale. Il en résulte une déshydratation progressive de l'âme, une pénurie spirituelle plus effrayante que la famine[22]. »

Le totalitarisme, c'est la grande leçon de Soljenitsyne, oblige l'homme à vivre dans un mensonge institutionnalisé, qu'il voit mais ne peut nommer, et qu'il apprend peu à peu à ne plus voir, au point même de vouloir dénoncer ceux qui le voient. Car celui qui dit publiquement ce qu'il voit quand les autres entretiennent la fiction idéologique dominante fragilise d'un coup le dispositif dominant. On comprend dès lors les mécanismes d'exclusion des contradicteurs du système médiatique : on ne saurait y tolérer, autrement qu'à la manière du paria ou du mélancolique, la présence d'un authentique dissident. Il y a un effet de contamination possible de la vérité, car qui s'entête à ne plus faire semblant d'adhérer à l'idéologie dominante risque d'en pousser d'autres à entrer en dissidence. C'est ce très ancien pouvoir qui consiste à dire que le roi est nu.

Il est bien possible que ces réflexions consacrées à la déstructuration psychologique propre au totalitarisme aient une certaine valeur pour penser le rôle du politiquement correct dans le cadre du régime diversitaire. Si on ne saurait bêtement plaquer l'expérience diversitaire sur l'expérience communiste du XXe siècle, il n'en demeure pas moins étonnant de voir à quel point certains schèmes mentaux se réactivent devant le grand écartèlement entre des sociétés de plus en plus hantées par leur émiettement et un discours médiatique dominant qui entend pousser toujours plus la conversion de l'Occident à la civilisation diversitaire. L'homme est ainsi condamné à vivre dans un réel de substitution, médiatiquement créé, auquel il doit se référer sans jamais en sortir, et sans jamais y introduire des éléments qui pourraient en compromettre la cohérence idéologique. Le déni de réel prend ainsi une double forme : il s'agit de nier la crise du régime diversitaire et il s'agit encore plus de nier qu'il pilote un changement de civilisation, en clouant au pilori ceux qui osent nommer l'ampleur de la révolution qu'il promeut dans ses différentes dimensions, qu'elles soient identitaires ou anthropologiques.

Au fil des ans, les exemples s'accumulent. Par exemple, la négation obstinée et soutenue par un usage militant des statistiques de la grande mutation démographique occidentale est sidérante[23]. Le raisonnement prend à peu près forme suivante : la mutation démographique des pays occidentaux est un fantasme entretenu par des idéologues xénophobes, mais en même temps, elle a déjà eu lieu et il faut s'y faire car elle ira jusqu'au bout de lui-même d'autant qu'elle représente une bonne nouvelle à l'échelle de l'histoire. Plus encore, les nations occidentales seraient depuis toujours des nations d'immigration – nous serions tous des immigrants et il n'y aurait aucun noyau démographique et culturel fondateur dans aucune d'entre elles. Il serait ainsi illogique de s'inquiéter de l'immigration massive puisqu'elle serait constante au fil de l'histoire. L'identité nationale elle-même n'existerait pas vraiment et le passé auquel se référeraient ceux qui se montrent attachés au roman collectif serait fantasmé[24]. De même, on a constaté que la théorie du genre, qui partout se déploie dans les sociétés occidentales, est niée par ceux qui en font la promotion – ses adversaires sont alors accusés de complotisme et de paranoïa : ils se battraient contre une menace imaginaire même si au même moment, la révolution *queer* ne cesse de se déployer en *transphobisant* ceux qui émettent des réserves à son sujet. Le déni peut aussi porter sur l'insécurité, ramenée à un sentiment, le gouvernement des juges, qui serait une illusion entretenue par les populistes, la portée des accords internationaux qu'il faudrait absolument signer mais qui ne seraient aucunement contraignants, et ainsi de suite. On ne verra pas là une opération de dissimulation du réel consciemment menée comme l'imaginent des complotistes convaincus : c'est plutôt le mouvement naturel de l'idéologie de s'enfermer toujours davantage en elle-même plus elle sectionne ses derniers liens avec le réel.

Et lorsque le réel surgit, tenace, obstiné et ineffaçable, le régime diversitaire décrète : le réel ne passera pas. Mais le réel n'est pas qu'un discours, non plus qu'une fragile construction de l'esprit. Le réel n'est pas non plus une conspiration réactionnaire ourdie par de malveillants militants travaillant à ramener l'humanité avant les temps bénis de la révélation diversitaire. Et tout comme il y a une histoire de l'aveuglement, il y en a une de la prise de conscience des réalités, qui pousse alors les intellectuels encore hier croyants à témoigner avec une ardeur militante de ce qu'ils viennent de comprendre, comme s'ils voulaient faire comprendre le sortilège qui les avait mystifiés. Ils se demandent comment, et surtout pourquoi, pendant si longtemps, ils ont participé à une entreprise de mystification alors qu'ils se croyaient occupés à démystifier le pouvoir. Arrive le moment du désenvoûtement. Ils ne veulent plus croire les vérités officielles du régime diversitaire, qui se présentent sous le signe de la rigueur scientifique. Ils ne veulent plus voir le monde comme on veut les forcer à le voir.

Alors ils veulent le dire, ce qui leur causera de vrais problèmes.

2

1984, C'EST MAINTENANT
La refondation diversitaire de l'espace public

> Je ne sais pas s'il est ridicule, mais je sais qu'il faut le faire passer pour ridicule. Tu as vu comment je m'y prends au forum ? Ne jamais lui répondre, ne jamais le contredire. Toujours affirmer qu'il est ridicule. Il doit être entendu une fois pour toutes que rien de ce qu'il pense, fait et dit n'a d'importance.
>
> ACILIUS, à propos de Caton,
> dans *La guerre civile* de Montherlant.

> Ce qui gêne dans la domestication du gouvernement par un journalisme épiscopal, outre l'inculture des donneurs d'ordres et de conseils (le séminaire avait du bon), c'est l'immunité d'un pouvoir sans contre-pouvoir, à l'abri de toute sanction électorale.
>
> RÉGIS DEBRAY.

Souvent, après un revers politique majeur, qui traumatise ses partisans et révèle la fragilité de son ancrage populaire, le régime diversitaire théorise sa défaite en s'imaginant qu'il n'en a pas assez fait dans la promotion de sa vision du bien. S'il avait su mieux promouvoir les vertus de la diversité, en faisant rayonner pleinement les bonnes intentions qui l'animent, le commun des mortels aurait compris le sens de l'histoire. Si les médias avaient mieux fait leur travail pédagogique, on veut croire que le peuple n'aurait pas eu l'impudence de mal voter. C'est oublier cette observation déjà ancienne de Philippe Muray que « ce n'est jamais malgré les artistes, ou parce que ceux-ci n'en ont pas encore assez fait dans la friche industrielle où ils gesticulent et étalent leur misère arrogante depuis si longtemps, mais parce qu'ils en ont déjà fait bien trop, justement, que le *vote horrible* se multiplie[1] ». Traduisons très concrètement : il n'y a probablement pas mieux qu'un concert anti-trumpien pour engendrer de nouveaux trumpiens.

Donald Trump en est probablement le premier conscient, lui qui a su retourner à son avantage l'hostilité qu'exprimait à son endroit le système médiatique, en se présentant comme le défenseur du commun des mortels méprisé par les élites intellectuelles et médiatiques[2]. La guerre est maintenant ouverte contre le parti médiatique[3], et elle n'est pas exclusivement le fait du président américain. La critique du système médiatique est en fait une révolte contre son monopole sur la définition du récit collectif – et cette critique va au-delà de celle du préjugé progressiste généralement reconnu des télévisions et radios publiques. On dénonce le biais des médias, on ose questionner ceux qui posent les questions, on peut même ne pas rire devant l'humoriste de service qui éditorialise en rigolant[4]. On se révolte contre le fait que la vie publique soit réservée à ceux qui se meuvent dans le « cercle de la raison », on s'exaspère contre la bien-pensance[5], on fait le procès des « maîtres censeurs[6] ».

Démocratie et réseaux sociaux

Le malaise à l'endroit des médias ne date pas d'hier, mais les conditions technologiques inédites favorisent la nouvelle insurrection populaire. Si le système médiatique officiel conserve une puissance prescriptive et parvient encore à modeler la représentation généralement admise de la société, il n'a plus nécessairement le pouvoir d'occulter ou de condamner automatiquement au silence politique ceux qui ne regardent pas le monde du même hublot. Au cœur de cette mutation, on trouve la révolution des médias sociaux, qui transforment les modes d'accès à l'espace public. La parole populaire peut se rendre en son cœur sans passer par le filtre nécessairement orienté de ceux qui se donnaient la mission de construire l'opinion éclairée. La figure d'une opinion publique active, se manifestant d'elle-même, sans la médiation de sondages commandés pour la modeler, est une figure relativement inattendue dans la démocratie. À certains égards, on y verra un retour de la foule, pas toujours étrangère aux réflexes lyncheurs, capable de se comporter comme une meute agressive, et cherchant cycliquement à canaliser une forme de colère insurrectionnelle sur le mode d'une indignation surjouée. Il ne s'agit pas, autrement dit, de célébrer en tant que tels les médias sociaux comme moyens de démocratisation de la parole publique sans noter qu'ils peuvent contribuer à sa dégénérescence et à son retournement démagogique et sans reconnaître qu'ils peuvent être manipulés. Il s'agit encore moins de nier qu'ils contribuent à un ensauvagement de la parole publique que plusieurs justifient au nom du spontanéisme démocratique. Mais l'essentiel pour notre propos est ailleurs : il est désormais possible pour le peuple de se soulever contre les médias qui traditionnellement, prétendaient parler pour lui. Le peuple des réseaux sociaux fait apparaître le système médiatique non pas comme un contre-pouvoir mais comme le principal pouvoir dans l'organisation mentale du monde. Plus encore, dans l'esprit de ceux qui s'y investissent activement, les médias sociaux deviennent souvent un contre-pouvoir au pouvoir médiatique, ce qui en pousse plusieurs, d'ailleurs, à vouloir les réguler, pour éviter qu'ils ne détraquent complètement le fonctionnement de la démocratie officielle. Les géants du numérique se montrent eux-mêmes favorables à une telle régulation. Le monde des réseaux sociaux permet même à des courants de pensée dissidents ou médiatiquement stigmatisés de se faire connaître publiquement sans l'étiquette diffamante qu'on leur faisait porter – ils entendent ainsi parler d'eux sans attendre qu'on les cite à leur désavantage. Ce sont des possibilités de mobilisation nouvelles qui se révèlent et qui vont jusqu'à transformer les conditions de l'action politique. Avec les réseaux sociaux, l'espace public se découple du système médiatique, qui avait étendu sur lui son empire. Concrètement, le système médiatique officiel perd son monopole dans la mise en récit de la collectivité.

Les leaders politiques eux-mêmes misent sur ce nouvel environnement technologique pour transformer leur manière d'interagir avec l'électorat, et même avec les médias. Lorsqu'ils s'y adonnent, on leur reproche de court-circuiter les médias traditionnels, et de s'épargner leur filtre critique, pour créer un rapport immédiat avec leurs sympathisants, et plus largement, avec le peuple – à tout le moins, on parlera d'une impression de proximité. Cette communication directe serait révélatrice d'une tentation plébiscitaire. Mais cette hypothèse est un peu courte. Car derrière cette adhésion aux médias sociaux, on peut voir aussi une révolte contre la déformation systématique de la parole politique par le système médiatique. Lorsqu'ils font affaire directement avec les journalistes politiques, les hommes politiques voient leur parole charcutée. Souvent, ils n'ont droit qu'à quelques secondes, et risquent de se perdre en déclarations chocs qui seront instrumentalisées par les journalistes pour valider leur propre grille d'analyse. Ils retrouvent alors sur les médias sociaux la possibilité d'une certaine autonomie de la parole politique. Ils ne veulent plus se faire imposer un récit qui n'est pas le leur, non plus que jouer un rôle dans un scénario qui leur est imposé de l'extérieur et dans lequel ils auront le mauvais rôle. Ils veulent se raconter tels qu'ils se voient. On y verra moins une volonté de contourner en soi les médias que de ne plus se soumettre à un pouvoir auquel ils ne font plus confiance. Le journalisme politique ne s'est pas affranchi de la mythologie du Watergate, qui l'amène non pas à vouloir mettre en scène, de la manière la plus objective possible, les grands enjeux d'une société, mais à débusquer systématiquement l'arnaque ou la combine derrière le pouvoir. Si cette transparence idéalisée n'est pas sans vertu, elle pousse à la désacralisation intégrale du pouvoir et instille surtout un cynisme généralisé dans la population. Le système médiatique a récupéré à son avantage la charge sacrée du pouvoir et ne tolère pas qu'on la lui conteste. Certes, les hommes politiques ne peuvent pas être crus sur parole. Il n'est pas certain qu'on ne puisse dire la même chose des médias. On retiendra néanmoins l'essentiel : les politiques qui s'inscrivent dans l'espace public en misant non seulement sur le système médiatique traditionnel mais sur les médias sociaux espèrent ainsi retrouver la maîtrise de leur propre récit.

La guerre du récit ou le conflit des interprétations

Les courants politiques désavantagés médiatiquement, ou qui s'opposent clairement sur un aspect ou un autre au discours médiatique dominant, auront aussi tendance à investir internet pour proposer une autre mise en récit des informations disponibles, pour les hiérarchiser autrement, surtout, ce qu'annonçait déjà dans les années 1970 et 1980 le phénomène des newsletters aux États-Unis[7]. La révolte contre les médias s'accompagne aussi d'une volonté de plus en plus explicite de décrypter le traitement qu'ils proposent de l'information en révélant son sous-texte idéologique. On a vu surgir ces dernières années, sur le web, de nombreux sites prétendant s'inscrire sous le signe de l'information alternative mettre en scène une autre narration des enjeux sociaux, plus conforme, selon eux, à la réalité[8]. La plupart produisent moins de l'information eux-mêmes qu'ils n'entendent hiérarchiser autrement l'information déjà disponible et prétendent proposer une autre lecture de l'actualité, à partir d'une autre *vision du monde* – ce qui consiste à dire que le système médiatique dominant en a une aussi. Ils contestent, autrement dit, le monopole du récit légitime réclamé par le système médiatique sur la description du réel. Souvent, ils sont associés de manière énigmatique à la fachosphère, sans qu'on ne sache trop pourquoi exactement la critique de la narration médiatique dominante devrait être symptomatique d'un fascisme plus ou moins avoué. S'il est vain de nier la dimension militante de cette mouvance, on serait mal avisé de l'inscrire dans l'histoire du fascisme, sauf à vouloir tout simplement la disqualifier moralement, ce qu'on fait, par ailleurs, lorsqu'on rejette une information sous prétexte qu'elle a d'abord été relayée ou mise en lumière par ces sites. Pour qu'elle ne soit pas fausse, qu'une information provienne de ces sites d'information ne veut rien dire d'autre qu'elle n'a pas d'abord intéressé les grands médias ou qu'ils l'ont traité comme un simple fait divers, sans lui reconnaître la portée qu'elle devrait avoir. Sans s'attarder à ces sites, on retiendra néanmoins une chose : ils font de la lutte pour le récit médiatique le terrain central de la guerre culturelle.

S'il faut naturellement se méfier de toute forme de complotisme, et critiquer la crédulité désarmante de ceux qui poussent tellement loin le scepticisme à l'endroit des médias dominants qu'ils en viennent bêtement à accorder leur confiance à toutes les plateformes médiatiques alternatives qui jouent souvent grossièrement la carte de la dissidence, on refusera toutefois d'assimiler toute critique systémique des médias aux fabulations conspirationnistes. On ne saurait d'ailleurs faire de la critique des médias une spécialité des extrêmes. Une très brève histoire des médias à partir de la deuxième moitié du XXe siècle nous montrerait aisément à quel point certaines des grandes aventures de presse ont d'abord correspondu à un désir d'offrir une autre perspective sur le débat public. Il ne s'agissait plus seulement de demander aux médias *mainstream* plus d'équité dans leur traitement de certains enjeux ou de certains courants, mais bien de chercher à restructurer plus globalement le *mainstream* médiatique[9]. Ce sera le cas de la *National Review*, aux États-Unis, dans les années 1950, qui deviendra le point de ralliement et le lieu de définition du mouvement conservateur alors en formation. Cette revue qui trouva vite son lectorat fut longtemps condamnée par les titres de la grande presse, qui ne voulaient y voir qu'une feuille de propagande. On ne lui pardonnait pas de raconter l'actualité autrement, à partir d'autres évidences que celle du progressisme post-rooseveltien[10]. On pourrait en dire de même du *Figaro Magazine* de la première moitié des années 1980, qui fut le fer de lance d'une contre-offensive idéologique conservatrice qui contestait pour la première fois sérieusement l'hégémonie idéologique exercée par la gauche depuis la fin de la deuxième guerre mondiale, alors qu'elle était parvenue à assimiler à la collaboration, au fascisme ou au vichysme ses contradicteurs[11]. On fera aussi son procès : on ne lui pardonnait pas de contester ouvertement et avec autant de succès le consensus progressiste ou si on préfère, le pouvoir intellectuel de la gauche[12].

La maîtrise du récit médiatique est probablement devenue l'enjeu métapolitique central de la vie politique contemporaine. De ce point de vue, la présence d'intellectuels ou de commentateurs qui ne reprennent pas le récit diversitaire dominant et proposent une autre interprétation des événements cause un problème au nouveau régime. Leur multiplication en France, ces dernières années, a suscité une panique[13]. D'un côté, il est nécessaire, du moins de temps en temps, de donner l'illusion d'un système médiatique pluraliste en accordant la parole à des contradicteurs plus ou moins affirmés. De l'autre, ils doivent être tenus dans une situation structurellement minoritaire, et avoir à toujours justifier leur présence dans la vie publique, leur présence médiatique étant constamment questionnée surtout lorsqu'ils dépassent les lignes tracées autour d'eux par d'autres qu'eux. Mais cette contradiction tolérée est dangereuse dans la mesure où elle peut toujours susciter des appuis inattendus et multiplier les brèches dans la vie publique, ce qui pourrait contribuer à la fragilisation du régime diversitaire. Leur légitimité doit être contestée : ils seront présentés comme de simples polémistes habitués à la provocation publique mais à la réflexion désespérément maigre. On scrute sans cesse leurs propos à la recherche de ce que le système médiatique nomme un dérapage, ou du moins, pour trouver quelques propos controversés qui justifieront leur mise au pilori pour quelques jours. Une petite phrase arrachée à son contexte et mise en circulation sur internet peut déclencher une marée d'indignation qui culminera inévitablement dans l'appel à l'éviction médiatique du contrevenant.

Tel est probablement le sens du procès perpétuellement reconduit contre Éric Zemmour, à qui on reproche moins d'avoir l'esprit de système, que de ne pas se référer au bon système. En s'inscrivant pendant quelques années au cœur du système médiatique, il a fait déraper le récit officiel en posant aux hommes politiques, aux intellectuels ou aux artistes des questions que normalement, on ne leur posait pas. On l'accusera d'avoir dévoyé la France. Ceux qui lui auraient confié une tribune grand public auraient commis quelque chose de grave : ils auraient fragilisé le vivre ensemble en autorisant une parole incendiaire dans l'espace public. Zemmour, en accédant aux médias audiovisuels de masse, aurait acquis le pouvoir de dérégler la vie publique en cultivant des passions refoulées et des angoisses déniées qu'il ne devrait pas être possible de verbaliser. De l'intérieur même du système médiatique, un journaliste faisait écho à des idées et des thèses qui normalement y étaient proscrites : cela ne pouvait que provoquer un mouvement de panique. La question fera couler beaucoup d'encre et à de nombreuses reprises, sa place dans les médias sera compromise. Il n'est pas le seul à subir ce procès. À l'école de Hannah Arendt, le philosophe Alain Finkielkraut entend penser l'histoire qui se fait en dévoilant le sens des événements qui surgissent dans l'actualité, ce qu'on lui reproche, en l'accusant d'accorder une portée exagérée à des événements isolés, que le système médiatique présente comme politiquement insignifiants. On l'accuse de se perdre en conjectures autour de faits secondaires qui ne mériteraient pas qu'on s'y attarde alors qu'en fait, en les éclairant de sa philosophie politique, il révèle leur portée et leur signification [14].

Le logiciel décrypteur au cœur du système médiatique

Ainsi, le régime diversitaire voit dans son monopole sur le récit médiatique une condition essentielle à son maintien. L'émergence de figures publiques qui s'en prennent directement à ses fondements idéologiques suscite chez ses partisans une véritable réaction de panique. Pour ne pas se sentir assiégés, il a besoin de reprendre le contrôle de la conversation publique et de la redéfinir à son avantage exclusif. La question qui se pose devient aussi simple que complexe : comment restructurer l'espace public pour expulser les contradicteurs de plus en plus audibles du régime diversitaire. Comment redéfinir les codes de la respectabilité politique pour s'assurer que les forces remettant en question le régime diversitaire soient exclues de la conversation publique et demeurent marquées du sceau de l'infréquentabilité ? Pour empêcher que la situation ne dégénère et que le contre-récit centré sur la critique du multiculturalisme ne parvienne à se légitimer médiatiquement, l'intelligentsia pluraliste, se livrera à une nouvelle théorisation de l'espace public pour en redéfinir les conditions d'accès. S'engage ainsi une reconquête de l'espace public par le régime diversitaire pour regagner le droit de décréter ce qui peut apparaître ou non dans le récit médiatique, et ce que peuvent dire ceux qui s'en mêlent. Il faudrait « retrouver la raison [15] », pontifient les représentants les plus sermonneurs de l'intelligentsia diversitaire. Que faire pour que la marée populiste reflue ? Comment faire taire ceux qui l'alimentent ? Comment refroidir les braises identitaires ? On l'a vu au Québec dans les suites de la crise des accommodements raisonnables de 2006 à 2008, qui a marqué le rejet par une bonne partie de la population québécoise de l'idéologie multiculturaliste. Gérard Bouchard, un des principaux théoriciens du multiculturalisme à la québécoise (qu'il nomme avec d'autres interculturalisme), affirmera ainsi que la conversation publique, dans un contexte de crise identitaire, n'était envisageable qu'à condition de respecter les trois conditions qu'il posait au débat, c'est-à-dire que la philosophie politique mise de l'avant soit « a) conforme aux exigences de la démocratie et du droit, b) adaptée aux défis et contraintes de notre temps, c) capable d'articuler efficacement la double obligation d'assurer l'avenir de la francophonie québécoise et de respecter la diversité[16] ». En d'autres mots, toute proposition politique ne s'inscrivant pas d'abord et avant tout dans les paramètres de la philosophie diversitaire serait dorénavant irrecevable. Ils furent nombreux, à sa suite, à plaider pour que l'espace public ne soit plus ouvert à ceux qui ne faisaient pas de la reconnaissance positive de la diversité le principe de base de leur cadre d'analyse et à refuser de considérer comme des interlocuteurs légitimes ceux qui s'opposaient en soi à l'idéologie multiculturaliste. On ne saurait discuter sérieusement avec ceux qui ne commencent pas leurs interventions publiques avec une prière au pluralisme identitaire.

La construction du récit médiatique n'a donc rien d'aléatoire. Pour qui cherche à comprendre le fonctionnement de la conversation démocratique, il importe alors de voir selon quels critères et quelle logique certains événements sont placés au cœur de l'espace public et pourquoi certains sont traités comme des faits anecdotiques. Comment s'assurer, par exemple, devant les tensions causées par l'immigration massive, que le récit médiatique mettra de l'avant la nécessaire lutte contre le racisme et la xénophobie des populations natives, et non pas la remise en question de ces mouvements migratoires et la nécessité de restaurer les frontières pour les contenir ? Comment s'assurer qu'on explique la difficile implantation de l'islam dans les sociétés occidentales par l'islamophobie qui rongerait ces dernières plutôt que par la volonté hégémonique de l'islamisme de conquérir l'espace public pour lui imposer ses propres codes ? Comment éviter qu'on ne se questionne sur la difficile coexistence de cultures très différentes entre elles dans un même pays ? Comment s'assurer, devant la multiplication des revendications associées à la théorie du genre, qu'on y verra une ouverture nécessaire à des minorités longtemps oubliées et non le résultat d'une forme d'hystérisation des revendications identitaires entraînant une déconstruction des fondements anthropologiques de l'humanité ? Qu'est-ce qui distingue un fait politique majeur et un fait divers ? Qui a le pouvoir de présenter un fait divers comme un fait politique, et un fait politique comme un fait divers ?

L'actualité des dernières années donne un visage concret à ces interrogations. On se souvient du traitement médiatique des événements de la nuit de la Saint-Sylvestre à Cologne, en janvier 2016 où on a assisté à des agressions sexuelles massives contre les femmes de la part de migrants et d'hommes issus de la diversité. Que penser du traitement médiatique du scandale de Telford, en Grande-Bretagne, en avril 2018 mettant en scène l'esclavage sexuel de jeunes britanniques par des gangs pakistanais ? On pourrait dire la même chose de bien des « faits divers » qui révèlent au quotidien la décomposition du vivre ensemble diversitaire. Et s'il devient nécessaire de reconnaître un péril lié à la société multiculturelle, comme c'est le cas avec le décolonialisme ou l'islamisme, on s'empressera de dénoncer aussi la *tentation identitaire* qui rongerait de l'intérieur la société occidentale, dans une mise en équivalence qui peut vite devenir ubuesque[17]. De même, la dénonciation de l'islamisme s'accompagnera d'un appel à la vigilance contre l'islamophobie. Certains renverseront finalement la logique de la dénonciation en s'inquiétant surtout du fait que les attentats islamistes risquent de faire le jeu des partis populistes, qui s'alimenteraient à la peur de l'autre. L'antisémitisme, le sexisme ou l'homophobie seront condamnés lorsqu'associés aux sociétés occidentales, mais relativisés lorsqu'associés à une civilisation étrangère. Toutefois un événement susceptible de relancer le grand récit diversitaire se verra prêter une signification politique et mobilisera de manière maximale l'attention médiatique. Les aspects positifs de la diversité doivent être soulignés, ses aspects négatifs tus. Dans le même esprit, la pudeur devant la représentation de l'horreur varie selon qu'elle peut émouvoir notre sensibilité humanitaire ou nous inquiéter devant le choc des cultures et des civilisations qui se déroule sous nos yeux. Ainsi, la photo bouleversante du petit Aylan Kurdi, en septembre 2015, fut partout exposée pour convaincre les Occidentaux de consentir aux vagues migratoires à venir. Inversement, au lendemain de l'attentat de Barcelone en août 2017, plusieurs jugeaient indécente la diffusion des photos des victimes de l'islamisme. On aura compris que c'est en fonction de l'effet idéologique et psychologique qu'elles produiront qu'on juge ces photos. Si elles émeuvent, on les diffusera. Si elles poussent à la révolte contre le multiculturalisme, on les censurera – la simple mention du réel, alors, sera assimilée à une entreprise de stigmatisation. Il faut neutraliser leur signification et empêcher leur politisation. Il y a au cœur du système médiatique un logiciel décrypteur qui sert à politiser les nouvelles susceptibles d'alimenter le déploiement de l'idéologie diversitaire et à dépolitiser et *insignifiantiser* celles qui pourraient l'entraver.

C'est dans ce contexte, qu'il faut par exemple comprendre les nombreux débats sur la post-vérité : l'univers de la post-vérité serait celui dans lequel se mouvraient les adversaires du régime diversitaire, qui relaieraient des *fake news*. Mais ce terme, terriblement imprécis ne sert pas seulement à désigner les fausses nouvelles, consciemment fabriquées, visant à perturber l'opinion, ou des rumeurs déformantes, mais des interprétations contradictoires du réel, comme s'il n'apparaissait que sous un angle, et qu'il n'était pas porteur de plusieurs sens possibles. Autrement dit, « un fake porte souvent sur le sens des faits [...] [18] ». La figure du décodeur joue un rôle central dans la restauration du monopole médiatique sur le récit collectif. Fondamentalement, la multiplication des décodeurs et autre *fact checkers* vise moins à assurer une vérification de la qualité de l'information qu'à réclamer pour soi un monopole de la crédibilité journalistique et à disqualifier des sources d'informations ne provenant pas du *mainstream* médiatique. Il s'agit de s'instituer comme seule source légitime d'information au moment même où la crédibilité du discours médiatique est compromise. Au terme de la logique du *fact cheking*, on aboutit, sans nécessairement l'avoir voulu, à la négation du pluralisme interprétatif. Le concept de *fake news* est récupéré par les pouvoirs publics qui entendent ainsi combattre le régime de la post-vérité.

Quand Emmanuel Macron en appelle à une loi contre les *fake news*, on doit moins y voir une volonté de purifier l'espace public des légendes qui pourraient déformer la délibération publique qu'une volonté d'affirmer sa pleine maîtrise sur l'espace politique [19]. Les autorités politiques semblent animées par la volonté explicite de créer ce qu'on pourrait appeler un réel officiellement certifié ou labellisé. Dans les circonstances, il s'agit moins de bannir les bobards que de donner à l'État le moyen de contrôler le récit public et, conséquemment, de disqualifier les récits alternatifs qui présentent sur la société un autre point de vue que le pouvoir. On verra ainsi le régime diversitaire chercher à reprendre politiquement le contrôle de l'opinion et cela, de manière explicite et reconstruire sa légitimité en revendiquant son accès privilégié à la vérité, ce qui n'est pas sans évoquer le Miniver – le ministère de la Vérité – de *1984*. Au printemps 2018, on apprenait que la ville de Montréal entendait se doter d'un bureau voué à la lutte contre les fausses rumeurs circulant dans la métropole à propos de la diversité et de l'immigration. Ce programme s'inscrivait dans le cadre de la stratégie anti-rumeurs lancée par le Conseil de l'Europe qui « a pour but de sensibiliser à l'importance de lutter contre les préjugés et les rumeurs liés à la diversité qui entravent les échanges positifs et la cohésion sociale et favorisent les attitudes discriminatoires et racistes[20] ». L'objectif était explicite : alors que le Québec était frappé à son tour par l'immigration illégale, il fallait éviter que ne se répande dans la population un sentiment exagérément critique à son sujet. Il s'agissait donc, dans les circonstances, de former des agents appelés à surveiller les conversations des citoyens, et si nécessaire, par les corriger[21]. La ville entendait aussi former les différents leaders d'opinion, qu'il s'agisse de chefs d'entreprise, d'éditorialistes ou d'agents des services publics, pour qu'ils participent à cet effort de pédagogie diversitaire lors de leur prise de parole publique. Un des enjeux, dans le cadre de cette opération, consistait notamment à déconstruire le « mythe de l'immigration illégale » – les colonnes de clandestins traversant illégalement la frontière devant au plus être considérés comme des migrants irréguliers réclamant le statut de réfugiés. Les médias, dans leur grande majorité, reprirent cet argumentaire, comme s'ils ajoutaient une précision technique à leur analyse : l'immigration illégale n'existerait pas et qui s'entêterait à soutenir le contraire répandrait une *fausse nouvelle*[22], comme le soutiendra le Conseil de presse, qui viendra à la rescousse de la censure.

Démonologie, dérapage et étiquetage

Il y a une démonologie propre au politiquement correct. Certains rituels médiatiques relèvent de l'exorcisme pour chasser le diable de la cité – le diable qui prend les traits de l'intolérance. Pour en finir avec certains politiques ou intellectuels du domaine public, et les marquer à jamais du sceau de l'infréquentabilité, on les associera à l'odeur du diable, en les décrétant sulfureux, ou encore, on les dira nauséabonds – et naturellement, la première chose à faire devant un individu aux odeurs pestilentielles, c'est de s'en tenir éloigné[23]. On se contentera de le renifler, à la manière d'un gueux qui vient empester l'espace public alors qu'il ne devrait pas s'y trouver. C'est le registre des arguments olfactifs. L'exécution médiatique est un traitement généralement réservé aux personnalités qui inquiètent le régime diversitaire[24]. Le diable de l'intolérance hanterait la cité, et il faut savoir le combattre et exorciser ceux qu'il parvient à posséder. L'adversaire politique ne prend pas le visage d'un contradicteur légitime : il représente plutôt un retour du passé et annoncerait une régression historique déplorable. Car irrépressiblement l'homme serait tenté par une rechute vers le monde d'hier, comme s'il semblait incapable de ne pas céder aux démons de la nostalgie, ce qui implique justement une surveillance de tous les instants de la conversation publique par les gardiens de la révolution diversitaire. L'homme ne s'accomplit qu'en se faisant violence, en refoulant sa part la plus sombre, qui toujours, peut remonter à la surface, comme si l'homme nouveau sans préjugés ni appartenance n'était qu'une fiction idéologique maintenue de manière autoritaire par un pouvoir exerçant une pression maximale sur le réel pour l'empêcher de déborder des catégories où on l'a assigné. C'est le paradoxe du progressisme : s'il croit dans le sens de l'histoire, et n'imagine pas que l'homme puisse s'accomplir autrement qu'en suivant ses prescriptions, il ne cesse de redouter un retour du passé, comme s'il savait que les sentiments qu'il refoule peuvent être contenus mais jamais anéantis, comme s'il savait aussi que la censure du réel n'était que provisoire, ce dernier menaçant toujours de reprendre ses droits, sous une forme ou sous une autre.

Le dispositif politiquement correct au cœur du système médiatique doit vérifier la conformité idéologique de ceux qui passent devant lui en s'assurant qu'ils adhèrent aux dogmes du régime diversitaire. Il inflige ainsi à ceux qui entrent dans l'espace public un test pour sonder leurs pensées et arrière-pensées. Il faut vérifier si le nouveau venu dans l'espace public déroge d'une manière ou d'une autre fondamentalement avec l'orthodoxie diversitaire. On vérifiera de même s'il porte en lui des convictions susceptibles de le transformer en ennemi public. Voudrait-il laisser de côté une idée, en la classant dans le registre des convictions personnelles plutôt que dans celui des engagements politiques, que le système médiatique aura la tentation, et même le réflexe, de ne le définir que par ça tout en l'accusant d'être obsédé par cette question. On aura dépisté chez lui le virus de la dissidence. Le politiquement correct repose sur une culture de la surveillance généralisée : qui entre en contradiction avec l'orthodoxie diversitaire est dénoncé par des groupuscules qui se comportent comme des professionnels de l'indignation – et il s'agit d'une profession rentable. La puissance d'un lobby identitaire tient justement dans sa capacité à *créer un scandale* en obligeant tout le monde à s'indigner avec lui pour garder la société vigilante contre l'éternel retour du monde d'hier, même sous la forme apparemment neutralisée de la nostalgie. Jamais il ne baisse la garde, jamais il ne veut la baisser – il est aussi relayé par la figure de l'humoriste médiatique dont la fonction est de ringardiser ceux dont la diabolisation ne suffit pas. L'univers des médias sociaux se prête bien à cette surveillance des arrière-pensées, qui se justifie au nom d'une quête de transparence toujours plus exigeante. On scrute les réseaux sociaux à la recherche d'un commentaire censé révéler la vraie nature d'une personnalité publique. Ce qui aurait relevé en d'autres temps de la conversation de bistrot est rétrospectivement considéré comme une prise de parole publique pouvant servir à condamner l'imprudent d'hier ou d'avant-hier. C'est la culture de la capture d'écran: on surveille l'autre à la recherche d'un dérapage qu'on pourra ensuite transformer en buzz. On assiste moins au développement de méthodes policières qui en viennent à corrompre l'esprit public en normalisant une culture inquisitoriale. On débat moins entre camps adverses qu'on cherche avec malveillance le tweet qu'on pourra alors monter en épingle.

Celui qui pose les questions commande à l'avance les réponses. La scène est presque rituelle, et elle exaspère autant qu'elle lasse : un homme politique, de passage à une émission d'affaires publiques, se fera questionner sur le tabou du moment. Par exemple, on lui demandera s'il adhère à la thèse du racisme systémique. S'il s'y oppose discrètement ou frontalement, il est bien possible qu'il se retrouve au cœur de l'actualité sur le mode « Monsieur X conteste l'existence du racisme systémique », ce qui suffira à en faire une personnalité « controversée ». De même, s'il affiche quelques réserves devant la théorie du genre, en se moquant de certaines de ses innovations lexicales, il y a de bonnes chances pour qu'un journaliste se permette d'aller questionner des associations militantes qui se chargeront de l'accuser de transphobie, une accusation qui sera relayée ensuite dans la sphère publique et dont il devra se défendre. Dans le même esprit, s'il ose critiquer l'immigration massive, on lui reprochera de s'aventurer sur le terrain de l'extrême-droite, ce qui justifiera ensuite un article sur les rapprochements possibles entre la droite républicaine et la droite populiste. On lui demandera s'il se sent près des forces populistes, ou plus encore, on lui demandera pourquoi les populistes se sentent près de lui. Il s'agira, en fait, de le situer sur l'échelle de la fréquentabilité, ou plus exactement, de l'infréquentabilité.

Une formule revient en boucle pour désigner à la vindicte publique ceux qui s'éloignent de son orthodoxie : on les accuse d'avoir *dérapé*, délit qui consiste à s'éloigner des balises étroites dans lesquelles doit se tenir la conversation publique. La formule mérite qu'on s'y attarde. Elle révèle que le débat public est une route étroite, bien balisée, en plus de cela patrouillée par des agents de circulation appelés à distribuer des contraventions idéologiques à ceux qui s'en éloignent. Le dérapage est un scandale : on ne s'inscrit plus dans les termes de la pensée correcte, et alors, on devient vite un infréquentable. On ne sera plus mentionné dans la vie publique qu'à la manière d'un trouble-fête. Il en est de même de la dérive, qui révèle l'existence d'un courant central dont on ne saurait s'éloigner. Il y a en politique ce qu'on pourrait appeler une sociologie de l'étiquetage. Le journaliste, qui est souvent un militant sans même s'en rendre compte, ne s'intéresse pas à la pensée de celui qu'il conspue mais cherche à l'étiqueter de telle manière que sa parole deviendra inaudible ou inintelligible – il ne s'agit pas de rendre compte de sa rationalité propre mais de montrer en quoi elle n'est pas moralement tolérable. Une étiquette collée à un homme politique peut l'enfermer pour longtemps dans un rôle dont il aura à se défendre et qui codera systématiquement toutes ses prises de parole. On le condamne à se définir dans un espace réduit. Il ne pourra plus s'adresser à grand monde, sauf à ceux qui, pour une raison ou une autre, se sentent solidaires des hommes de mauvaise réputation. Il sera peut-être même étiqueté « radical » ou « extrémiste » sans qu'on ne précise nécessairement par rapport à quelle norme il l'est. Lorsque « l'étiqueté » se retrouvera dans les grands médias, il prendra une grande partie de son temps à chercher à se détacher de l'étiquette que le journaliste militant lui aura collée. On pourrait aussi parler d'une clochette au cou : celui qui arrive dans l'espace public avec elle annonce aux autres qu'ils sont désormais en présence d'un individu suspect. Les étiquettes ne manquent pas pour marquer publiquement les contrevenants. Un éditorialiste marquant trop ouvertement son désaccord avec le consensus diversitaire sera décrété polémiste, et il risque vite d'être jugé controversé, ce qui dissuadera la plupart du temps quiconque tient minimalement à sa réputation de s'associer à lui, ou de se réclamer de lui. Le polémiste serait un esprit querelleur n'existant que par sa capacité à créer la controverse et cherchant en soi le maximum de visibilité médiatique – ce qui relativise, on en conviendra, la nécessité de s'intéresser à son propos[25]. Le polémiste cherche la querelle pour la querelle : il fait son miel de la chicane qu'il sème. Il a de bonnes chances aussi d'être jugé controversé, sans qu'on ne dise auprès de qui ? On y verra une mise en garde contre ceux qui voudraient le prendre au sérieux : en s'associant à lui, ils risquent d'être contaminés par sa mauvaise réputation.

La démocratie contemporaine n'est aucunement étrangère à la figure du paria et aux mécanismes classiques de l'ostracisme, visant à déchoir symboliquement un citoyen qui affiche sa dissidence ou son opposition à l'idéologie officielle. Elle n'hésite pas à transformer en proscrits ceux qui résistent à sa refondation diversitaire, et même, à les déclarer ennemis publics, quand ils ne deviennent pas tout simplement ennemis de l'humanité. S'ils ne peuvent être déchus de leurs droits civiques, du moins, la plupart du temps, ils peuvent être exclus du périmètre de la respectabilité médiatique[26]. Il n'est plus rare d'entendre les gardiens de la révolution diversitaire en appeler explicitement à l'expulsion de la vie publique de leurs contradicteurs déclarés, au nom de la lutte contre la haine, qu'ils croient combattre sans jamais s'en croire affectés – le discours « haineux » comme catégorie médiatique en vient très souvent à désigner tout discours non-consensuel et affirmatif sur les questions identitaires et sociétales. Ils sont cloués au pilori à la manière d'agents toxiques troublant l'ordre social par le simple fait de ne pas reprendre l'ode à la diversité[27]. Il faudrait même faire un exemple avec eux, en les punissant publiquement, par exemple en les chassant des ondes publiques, ou mieux encore, en les interdisant d'antenne tout simplement. Le système médiatique peut condamner à la mort sociale un homme pour un mot de trop, et surtout, pour un mot désuet, qui n'a plus la cote. Qu'un homme politique un peu pataud, venu de sa lointaine région, se moque des phobies en cascade qui déferlent sur la vie publique, et il sera crucifié. Il en aura longtemps pour s'excuser : ce qui fait encore rire dans son patelin ne passe pas le test de la surveillance médiatique. Il ne le savait pas mais il le saura : il y a des sujets dont on ne rit pas et des groupes qu'il vaut mieux flatter en toutes circonstances, sans quoi ils vous le feront payer. Il y a certains individus, comme il y a certaines catégories de personnes, dont on ne parlera plus publiquement, ou alors, on ne parlera d'eux que pour mettre en garde contre eux. Certaines idées ne seront mentionnées que pour être conspuées. Une fois expulsé de la vie publique légitime, s'il espère y être réintégré, ce qui n'est pas certain, l'exclu devra se soumettre à un rituel pénitentiel humiliant pour faire comprendre qu'il a compris ses fautes et qu'il ne recommencera plus. Il sert d'exemple et ceux qui seraient aussi tentés par la dissidence comprennent alors le message.

Le politiquement correct est reconnaissable à travers son rapport au langage. On le sait depuis Orwell : qui veut contrôler la pensée contrôle d'abord les mots pour l'exprimer. Le propre de la novlangue consiste à créer un langage rétrécissant l'espace mental, et conséquemment, l'espace des représentations et les possibilités de déploiement de l'imagination. Lorsque la langue devient novlangue, certaines zones de la réalité deviennent inaccessibles. Les mots pour la saisir ne sont plus disponibles ou sont décrétés radioactifs. Pire encore : on ne peut faire référence qu'à la manière d'un scandale moral. Certaines pensées deviennent informulables aussi. La novlangue se présente comme une entreprise de manipulation à grande échelle des consciences et des représentations de la réalité. Comme le notait Orwell, si le totalitarisme cherche à contrôler intégralement le langage, c'est qu'il entend contrôler les conditions mêmes de la pensée. Lorsqu'on proscrit certains mots, c'est la possibilité de penser qui est condamnée à rétrécir. Un personnage de *1984* assigné au Dictionnaire de la novlangue, Syme, s'exprime ainsi : « Ne voyez-vous pas que le véritable but du novlangue est de restreindre les limites de la pensée ? À la fin, nous rendrons littéralement impossible le crime par la pensée car il n'y aura plus de mots pour l'exprimer[28]. » Quand le Parti s'enorgueillit d'amincir à chaque année le dictionnaire, il se fait une fierté de contrôler de mieux en mieux la conscience collective. On pourrait dire qu'il gagne sa lutte contre la polysémie des mots et qu'il les fige dans un sens dont il n'est plus permis de se dégager. « Tous les concepts nécessaires seront exprimés chacun exactement par un seul mot dont le sens sera rigoureusement délimité. Toutes les significations subsidiaires seront supprimées ou oubliées. [...] Mais le processus continuera encore longtemps après que vous et moi nous serons morts[29]. » Et Syme de terminer ainsi son exposé : « la Révolution sera complète quand le langage sera parfait[30]. »

Il en est de même avec le progressisme contemporain : il proscrit certains mots, décrétés désuets, ou n'existant plus qu'à travers leur dénonciation et leur caricature[31]. Comme l'a noté Guy Hermet, « la fonction d'hygiène verbale de la novlangue consiste également à réduire le vocabulaire disponible ou agréé, à asphyxier les mots dont l'usage devient contre-indiqué de telle sorte que le lexique subsistant n'autorise plus que l'expression d'idées et de sentiments conformes au système de valeurs jugé désirable[32] ». Hermet précisait qu'il s'agit « d'empêcher l'imprévu de se dire [...] en couvrant par des euphémismes tous les termes qui sont ou pourraient devenir litigieux. Les mots nouveaux doivent tuer les mots anciens afin d'engendrer des "citoyens" prisonniers d'un vocabulaire sans attache avec le passé, ressemblant à une espèce de CD vierge sur lequel il reste seulement à inscrire de nouveaux préjugés en général inverses de ceux d'hier[33] ». Les exemples d'épuration du vocabulaire sont nombreux aujourd'hui. Qui ne fait pas un usage approprié du nouveau lexique diversitaire se présente malgré lui comme un dissident. C'est une traque permanente, et principalement, une traque du langage et des mots de trop, qui commence. Il ne faut plus être capable de penser contre le régime diversitaire – c'est la possibilité même d'être en désaccord avec lui qu'il faut progressivement éradiquer. Le contrôle du langage permet de dépister les désaccords implicites, explicites, ou encore les traces de l'ancien monde dans le nouveau – des traces qu'il faudra effacer en purifiant la société. Ferrero l'avait deviné dans un autre contexte : « Tel est le destin de tous les gouvernements révolutionnaires : plus ils étendent leur pouvoir et s'approchent de l'absolutisme totalitaire, plus ils s'inquiètent des oppositions qu'ils sentent cachées au fond de l'opinion[34]. »

Des mots disparaissent, mais d'autres apparaissent aussi. « L'influence des mots est insidieuse, écrit Patrick Moreau. Ceux-ci s'insèrent modestement dans le discours social, sans en avoir l'air, avec une certaine désinvolture, autrement dit sans se manifester directement comme idéologiques ni comme manipulateurs. » Moreau écrit aussi : « Le lexique devient ainsi un champ de bataille où seuls les tireurs embusqués (experts ès communication, publicitaires, *think tanks* et groupes de pression) ont conscience de participer à un combat, tandis que les personnes visées (que j'appellerai les locuteurs naïfs) n'aperçoivent même pas les projectiles qui bourdonnent à leurs oreilles avant d'être touchées par eux et de se mettre elles aussi peu à peu à les utiliser[35]. » À titre d'exemples, que l'on pense à des mots ou à des expressions comme « racisme systémique », « culture du viol », « queer », « fluidité identitaire », « racisés », « afrodescendant », « appropriation culturelle », « transphobie », « populisme », « extrême-droite » ou à tous les termes qui finissent en phobie : à travers eux, une idéologie qui se déploie, et selon qu'on les utilise, qu'on les laisse de côté ou qu'on les critique, encore une fois, on ne sera pas accueilli de la même manière dans le débat public. Lorsqu'un terme nouveau, à forte connotation idéologique surgit, il s'accompagne souvent de guillemets. Lorsqu'il s'en affranchit, c'est qu'on vient de décréter son intégration au vocabulaire ordinaire. Ces guillemets tombent de plus en plus rapidement, comme si la dynamique de normalisation médiatique de la novlangue s'accélérait.

L'appel à la censure étatique

Le politiquement correct peut toutefois se révéler insuffisant pour contenir la contestation du régime diversitaire. Si la disqualification médiatique et politique de la dissidence conservatrice ne suffit plus, si la diabolisation tourne à vide et se montre incapable d'éliminer les adversaires du régime diversitaire et qu'une partie significative de l'électorat se montre indifférente au fait qu'un candidat soit on non jugé infréquentable par le régime diversitaire, il devient possible de passer à la répression formelle du désaccord.

C'est dans cet esprit qu'en 2008, au moment de la crise des accommodements raisonnables au Québec, un rapport d'expertise visant à démontrer que la remise en question du multiculturalisme était essentiellement un phénomène médiatique proposait d'accorder au Conseil de Presse le droit de suspendre la publication des journaux ou des magazines proposant une représentation négative de la diversité[36]. « Sur des questions qui affectent directement la "cohésion sociale" et la dignité des personnes, des sanctions beaucoup plus sévères envers certains médias aux couvertures négatives, ou envers certains journalistes, comme l'interdiction de publier ou de diffuser pendant un certain nombre de jours, devraient être envisagées ou renforcées par le Conseil de Presse ou le CRTC, dont le pouvoir de réglementation est beaucoup plus important[37]. » Sans aller aussi loin, le rapport Bouchard-Taylor, rapport officiel résultant d'une commission d'enquête chargée de comprendre la remise en question du multiculturalisme, fera sienne cette perspective en écrivant que « les médias devront apprendre à se discipliner », sans nous dire qui serait chargé du rôle de préfet de discipline s'ils ne parvenaient pas eux-mêmes à s'inhiber suffisamment[38]. Cette discipline sera nécessaire pour représenter adéquatement les exigences idéologiques du multiculturalisme : « insistons tout particulièrement sur [le travail] des médias, indispensable pour diffuser une information juste dans l'ensemble de la population, pour défaire les fausses perceptions et prévenir la formation des stéréotypes[39]. » Les médias assumeront explicitement une fonction idéologique pour le nouveau régime diversitaire qui redoute de voir percer dans le débat public des événements qui faisant boule de neige, pourraient provoquer une crise politique. La frange de la population qui s'engage dans l'insurrection populiste ne doit plus avoir accès à un discours excitant ses pulsions mauvaises, qu'une bonne éducation à la diversité devrait plutôt inhiber. Si certains propos sont tenus à heure de grande écoute, ou diffusés par de grands quotidiens, ils risquent d'être légitimés et de confirmer le sentiment de ceux qui sentent que le régime se décompose mais n'ont pas les mots pour le dire ou la théorie pour l'expliquer. Bouchard-Taylor, d'ailleurs, ne s'interdira pas de s'aventurer sur le chemin de la censure et proposera d'inscrire dans le Charte des droits et libertés l'interdiction de l'appel à la discrimination. Un tel appel annonçait pratiquement une très significative régression de la liberté d'expression quand on comprend que du point de vue du régime diversitaire, toute défense des institutions sociales traditionnelles, de la nation ou même de l'universalisme libéral peut être comprise comme un appel à la discrimination. D'ailleurs, les idées ont leur propre rythme mais progressent, et en 2015, le gouvernement du Québec, alors dirigé par Philippe Couillard, convaincu des vertus du multiculturalisme canadien, a repris la proposition relayée par la Commission des droits de la personne et de la jeunesse au nom de la lutte contre le « discours haineux », qui permettait à des individus se sentant insultés dans leurs convictions identitaires de poursuivre leurs insulteurs – la CDPDJ se proposait ensuite de mener l'enquête, de distribuer des amendes et même de censurer les propos litigieux. Elle proposait enfin d'établir une liste des contrevenants publics. Si le projet de loi a été retiré à la suite d'une opposition populaire très vive, il n'en révèle pas moins l'état d'esprit du régime diversitaire devant ceux qu'il voit comme des dissidents.

L'appel à une forme de censure politique de la critique du multiculturalisme est désormais clairement assumé. À titre d'exemple, le pacte de Marrakech, qui a fait grand bruit au moment de sa signature, en décembre 2018, formulait explicitement cette ambition d'une maîtrise de plus en plus poussée des paramètres du débat public en invitant les gouvernements à cesser d'« allouer des fonds publics ou d'apporter un soutien matériel aux médias qui propagent systématiquement l'intolérance, la xénophobie, le racisme et les autres formes de discrimination envers les migrants, dans le plein respect de la liberté de la presse ». Que ce pacte ne soit pas contraignant ne change rien à l'appel qu'il lance explicitement et à l'ambition qu'il révèle. Quand on sait que, du point de vue des théoriciens du multiculturalisme, il suffit souvent de critiquer leur doctrine pour se rendre coupable de racisme ou de xénophobie, on comprend la portée de cette proposition contenue dans le Pacte. Qui fixera les critères distinguant un discours tolérant d'un discours intolérant ? Quelle définition du racisme sera retenue – quand on sait, notamment, que du point de vue des théoriciens du racisme systémique, il suffit de contester l'existence du système qu'ils croient décrire pour s'en rendre complice ? Suffira-t-il de soutenir que ceux qui sont citoyens et ceux qui ne le sont pas n'ont pas les mêmes droits et n'ont pas à les avoir pour être accusé de plaider pour une forme de discrimination à l'endroit des migrants ? Le détournement de la lutte contre le racisme pour la transformer en lutte contre le sentiment national est certainement la stratégie idéologique la plus connue du multiculturalisme. À terme, il s'agit de priver l'opposition d'accès à l'espace public sous prétexte de lutter contre l'intolérance et d'autres sentiments évidemment condamnables[40].

L'idéal, finalement, ne serait-il pas de priver les dissidents de leurs droits civiques, de les déchoir au moins partiellement de leur citoyenneté, pour les exclure de la communauté politique ? C'est ce qu'a semblé envisager la France en 2017 quand certains ont voulu rendre inéligibles les candidats condamnés pour « racisme, d'antisémitisme, de négationnisme, d'homophobie, d'incitation au terrorisme, d'apologie de crime contre l'humanité et de toute forme de discrimination » dans le cadre de la loi sur la moralisation de la vie politique, une proposition qui, elle aussi, pour peu encore une fois qu'on prenne conscience de la définition de ces termes dans la vie politique contemporaine et l'usage que les associations militantes en font, annonçait une criminalisation du conservatisme[41]. Si la proposition a été recalée par le Conseil constitutionnel, elle n'en donne pas moins une bonne idée de l'état d'esprit du régime diversitaire qui lorsqu'il se sent menacé, traite désormais ses adversaires comme des ennemis de l'intérieur contre lesquels tout sera permis.

3

CE QUE LA GAUCHE APPELLE LA DROITE

> Canaille décomplexée, salaud et fier de l'être : tel m'apparaissait l'homme de droite.
>
> ALAIN FINKIELKRAUT.

> Lorsque je parcours mes écrits d'avant 1968, je m'aperçois qu'ils sont parsemés de ces panneaux de signalisation qui, à côté de positions solidement étayées et auxquelles je souscris encore aujourd'hui, ont pour seul office de crier au passant : « Coucou ! Je suis de gauche ! Je suis de gauche ! »
>
> JEAN-FRANÇOIS REVEL.

> La droite est ventriloquisée, pour ainsi dire, par la gauche.
>
> PHILIPPE MURAY.

Dans *En terrain miné,* un passionnant ouvrage de correspondance paru en 2017, les philosophes Alain Finkielkraut et Élisabeth de Fontenay ont cherché à comprendre leur différend politique, qui s'aggravait au point de compromettre leur vieille et précieuse amitié. Il s'agissait d'expliciter les sources d'un malaise croissant, brouillant les clivages d'hier, dans lesquels les deux intellectuels se sentaient du même côté de la barricade, ce qui ne serait plus le cas aujourd'hui. Et nul besoin de s'aventurer très loin dans l'ouvrage pour comprendre la nature de leur désaccord, de plus en plus violent d'une lettre à l'autre : de manière très claire, et non sans véhémence, Fontenay reproche à Finkielkraut de ne plus être de gauche, ou pire encore, peut-être, de ne plus chercher à l'être et de se montrer indifférent aux codes de respectabilité qu'elle prescrit. Comme l'écrivait Fontenay, « je n'hésite pas à t'avouer que ton rejet par la gauche de la gauche m'effraie », avant d'ajouter « tu contraries la confiance que j'ai mise en toi [...] dans la mesure où tu dévies vers une droite dure alors même que, malgré tes excès, quelques gens de gauche t'écoutent, encore, voire t'approuvent [1] ». Pire encore, Fontenay s'exaspérera de sa proximité avec la « droite catholique [2] » et de son manque d'énergie pour dénoncer « l'extrême-droite » qui voudrait récupérer ses thèses. Et ne pas faire le jeu de l'extrême-droite est apparemment devenu l'horizon indépassable de la responsabilité intellectuelle. Finkielkraut, de son côté, avouera s'être extrait de ce système de représentation de la vie intellectuelle et politique : « là est sans doute notre différence essentielle : tu restes vaille que vaille fidèle à la gauche tandis que, ayant fait le choix de l'inappartenance, je refuse obstinément de lui rendre des comptes [3]. »

Si le livre devient vite agaçant, c'est qu'il prend la forme d'un procès, comme s'en agace ouvertement Finkielkraut, qui a l'impression que Fontenay reprend à son « compte tout l'argumentaire du tribunal de la bien-pensance[4] ». Finkielkraut n'est pas invité à expliquer ses idées mais à justifier le fait qu'il n'est plus associé à la gauche, ce qui semble d'abord inconcevable, mais plus encore impardonnable. Il n'est pas de gauche, ou du moins, il ne l'est plus : il est donc suspect. Du point de vue de son amie, c'est un peu comme s'il s'excluait lui-même du débat public et du cercle des gens fréquentables – il n'aura alors que lui-même à blâmer d'être stigmatisé et devrait accepter à l'avance d'être un jour largué par la communauté des intellectuels recommandables. On ne quitte pas sans en payer le prix l'empire du bien, qui sait punir ceux qui ne lui prêtent pas allégeance. Au mieux, Fontenay crédite Finkielkraut de lui avoir fait « comprendre clairement la différence entre un réactionnaire et un conservateur et que le conservateur ne mérite jamais, en régime d'alternance démocratique, que des progressistes s'en prennent physiquement à lui[5] » – on comprend donc qu'il serait moins grave de molester un réactionnaire. La droite, vers laquelle dériverait Finkielkraut, serait le domaine de la non-pensée, ou du moins, de la pensée coupable – elle réfléchirait moins sur le monde qu'elle ne penserait pour masquer ses inavouables préjugés[6]. D'ailleurs, on ne passe pas à droite comme on change de camp, ce qui devrait être théoriquement possible en démocratie, mais on y dérive, comme si on s'éloignait peu à peu du camp du bien pour aller s'égarer dans la part maudite de l'humanité, en cédant désormais à ses pulsions les plus mauvaises, qu'on ne parviendrait plus à refouler – nous reviendrons sur ce vocabulaire. On ne compte plus les unes d'hebdomadaires qui, au fil des dernières années, se sont effrayés de la trahison d'intellectuels de gauche rejoignant le camp des nouveaux réactionnaires ou des néoréacs, selon la formule de la saison[7]. Régulièrement, il fallait mettre à jour la liste des mauvais penseurs. Chaque fois, la chose est censée faire scandale : qui passe de gauche à droite s'abîme, s'avilit et se renie, comme s'il basculait du mauvais côté de l'histoire et se laissait dominer par ses passions les plus sombres et le ressentiment, au mieux par une nostalgie symptomatique d'une prochaine sénilité. On en parle comme d'une âme perdue, ou même damnée. On retracera sa chute, on cherchera à retourner aux origines de sa dérive. La dérive à droite est moins une évolution politique personnelle qu'une déchéance morale, une forme de dégradation existentielle, le signe d'un avilissement de l'âme. Comment est-ce que cela a pu arriver, demandera-t-on avec quelque tristesse, s'il s'agit d'un ami ? On cherchera à comprendre pourquoi il a mal tourné, en retournant dans son passé pour voir si les germes de sa dérive ne se trouvaient pas dans ses premiers textes, ou si elle ne s'expliquerait pas par un événement traumatique, soit sur le plan politique, soit sur le plan biographique. On s'inquiétera aussi de ses nouvelles amitiés, jugées compromettantes. Cette dérive droitière devrait naturellement le conduire à « l'extrême-droite » – ou du moins, jusqu'à ses frontières – dans la mesure où elle s'expliquerait par un effondrement des inhibitions civilisatrices.

Mais ce qui rend exaspérant la correspondance Finkielkraut-Fontenay est aussi ce qui la rend intéressante dans la mesure où elle fait remonter à la surface ce qu'on appellera avec une formule un peu convenue la vraie nature du clivage gauche-droite, qu'ils sont plusieurs à tenir pour mort, mais qui finit toujours par resurgir, sans qu'on ne parvienne jamais vraiment à comprendre ce qui le constitue fondamentalement. On l'aura noté, si Finkielkraut est accusé de dériver à droite, il ne revendique pas lui-même cette étiquette – plus encore, il « récuse fermement l'étiquette [...] de penseur droitier[8] ». En d'autres mots, s'il quitte la gauche, il ne passe pas à droite, comme si cette dernière, malgré tout, demeurait non recommandable – il préfère même décréter l'abolition de ce clivage dans lequel il ne parvient pas à s'insérer ou se reconnaître, ce qui est fréquent chez ceux qui connaissent un parcours semblable au sien. C'est une chose de ne plus être de gauche. C'en est une autre d'être de droite. Pour le dire dans ses mots, la pensée politique doit « s'aventurer hors du Grand Paradigme qui gouverne nos vies depuis la Révolution : l'opposition de la droite et de la gauche[9] ».

Mais l'esquive est d'une efficacité relative. Ce n'est pas d'hier : il suffit de questionner le clivage gauche-droite et de chercher à s'en extraire pour être refoulé à droite. Alain, dès 1925, a frappé une formule célèbre rendant compte de cette vision du monde. « Lorsqu'on me demande si la coupure entre partis de droite et partis de gauche, hommes de droite et hommes de gauche, a encore un sens, la première idée qui me vient est que l'homme qui pose cette question n'est certainement pas un homme de gauche. » Dans *L'opium des intellectuels*, ouvrage majeur paru en 1955, à une époque où la gauche française était atteinte de *marxolâtrie*, Raymond Aron ouvrait son propos avec une question explicite : « l'alternative de la droite et de la gauche a-t-elle encore un sens ? » Ayant en mémoire la mise en garde d'Alain, Aron ajoutait : « celui qui pose cette question devient immédiatement suspect[10] », reconnaissant par-là ce qu'on pourrait appeler le privilège philosophique et moral de la gauche dans la modernité, contre laquelle il n'hésitera pas à polémiquer : c'est elle qui déterminait la tendance de l'époque, par rapport à laquelle il fallait se positionner. Aron confessera d'ailleurs deux ans plus tard que « des hommes de gauche ont été sincèrement surpris ou indignés que je ne fasse pas de différence morale entre les deux camps[11] ». Être de gauche consiste d'abord à adhérer au clivage gauche-droite, en quelque sorte. Qui est « accusé » d'être de droite a tendance à s'en défendre, alors qu'être classé à gauche vaut certificat de respectabilité. La chose n'avait pas échappé à Emmanuel Berl qui a commis sur la question quelques remarques assez fines : il « semble que le caractère principal de l'homme de droite soit de nier qu'il en est un » alors que « l'homme de gauche est d'abord celui qui préfère les hommes de gauche[12] ». Élisabeth de Fontenay, dans la correspondance déjà citée, reprend sans nécessairement le savoir l'idée d'Emmanuel Berl en marquant sa différence avec Alain Finkielkraut : « tu acceptes toutes les alliances quand vient le temps de défendre tes idées et de vérifier le bien-fondé de tes thèses. Moi, je me méfie, je demande toujours qui signe avant de donner mon nom [13]. »

Psychologie de l'homme de gauche

De bons auteurs ont démontré que si le clivage surgit avec la Révolution française, il prendra du temps à s'imposer, en France comme ailleurs, et à trouver le sens qui est le sien aujourd'hui [14]. On peut néanmoins reprendre la réflexion sur une autre base, en se demandant à quoi réfèrent la gauche et la droite, dans la mesure où ces concepts, comme le note Marcel Gauchet, ont su s'extraire du contexte français qui les a vu naître pour s'imposer à l'échelle du monde occidental, et peut-être même à l'échelle mondiale. Ce « n'est pas le moindre mystère du destin de ces notions que la fortune mondiale qu'elles ont connue [15] ». S'il est souvent contesté, et s'il n'est pas rare que de grands intellectuels le congédient, à la manière d'un cadre mental trop contraignant, ce clivage continue de servir pour cartographier politiquement nos sociétés. Partout, on cherche à inscrire les partis et les mouvements sur ce spectre politique censé décrypter les querelles idéologiques en les rendant intelligibles. À quoi réfère la gauche ? À quoi réfère la droite ? Y a-t-il quelque chose comme une vraie gauche et une vraie droite ? Ces catégories politiques existent-elles à l'état chimiquement pur ? Les politistes ont cherché à associer un contenu singulier à ces deux notions, Norberto Bobbio[16], parmi les plus connus, l'associant à la querelle de l'égalité et de la liberté, une analyse souvent reprise avec plus ou moins d'éclat par d'autres observateurs aussi occupés à comprendre ce fameux clivage, qui a toutefois le défaut de s'inscrire exclusivement dans la question sociale et de laisser de côté d'autres dimensions fondamentales de l'existence politique. La philosophie politique cherchera aussi à théoriser ce clivage en l'ancrant anthropologiquement, la droite adhérant fondamentalement à la doctrine du péché originel et situant le mal dans le cœur de l'homme, la gauche situant plutôt le mal dans l'histoire, ce qui laisse croire qu'après de nombreux essais et erreurs, il serait possible de l'extraire de la structure sociale et d'en arriver à une société parfaite – la gauche, ainsi pensée, serait utopiste et la droite anti-utopiste[17]. Cette théorisation du clivage gauche-droite qui n'est pas sans intérêt bute toutefois sur sa difficile traduction dans la réalité politique et sa faible capacité à cataloguer et décrire les partis qui se réclament d'une étiquette ou de l'autre. Sans surprise, ce sont les historiens, du moins dans le contexte français, qui ont poussé le plus loin ce travail d'éclaircissement, en pluralisant ces concepts, la gauche devenant les gauches, la droite devenant les droites[18]. Délivrés de toute charge philosophique, et pensés comme catégories historiques, à une période donnée, les concepts de gauche et de droite correspondant ici à la vie politique concrète, celle menée par des acteurs ne questionnant pas nécessairement les catégories dans lesquelles ils évoluent, ils retrouvent alors une pertinence.

S'il faut revenir sur la nature du clivage gauche-droite, c'est qu'il pèse encore bien davantage qu'on veut le croire sur la vie publique et institutionnalise une forme de préjugé progressiste au sein de la démocratie. Il nous faut penser le fonctionnement du clivage gauche-droite et tel sera l'objet du présent chapitre. Souvent jugé dépassé, il continue de structurer la vie publique même s'il emprunte d'autres habits. Dans cet esprit, on dira du *clivage entre la gauche et la droite qu'il est en fait caractéristique du débat politico-idéologique à l'intérieur des paramètres de la modernité et qu'il a pour vocation de permettre à cette dernière d'aller au bout d'elle-même, ou du moins, de toujours relancer sa dynamique pour que jamais elle ne s'épuise*. Le débat entre la gauche et la droite est un débat en mouvement qui met en scène une pédagogie où la première peut avancer à son rythme et la deuxième la suivre, et de temps en temps la ralentir. En d'autres mots, qui se penche sur ce débat s'autorise vite une première observation : il n'y a pas de réciprocité entre la gauche et la droite. Les deux catégories, qui semblent se répondre, ne désignent pas la même réalité. Il ne s'agit pas des deux faces d'une même médaille politique. Il n'y a pas d'un côté la gauche, et de l'autre la droite. Si la gauche existe, et ne cesse de se questionner sur son identité, sa vocation et sa mission, il n'en va pas de même de la droite qui semble bien mal à l'aise avec une étiquette qu'elle n'a pas vraiment choisie et qu'elle porte comme une croix, sans trop savoir pourquoi on la lui a assignée. De droite ? D'accord, mais pas trop à droite, tout de même ! Autant il est valorisant d'être campé à gauche, et même, loin à gauche, autant être associé à la droite représente une forme de passif, l'étiquette pouvant d'ailleurs équivaloir à une forme d'accusation. Cette observation première n'a pas échappé à la politologie française. Albert Thibaudet avait noté en 1932 dans *Les idées politiques de la France* que malgré sa relative marginalité politique, le socialisme disposait d'une source de légitimité supplémentaire dans la dynamique idéologique française. « C'est [...] le socialisme qui crée aujourd'hui dans la vie politique l'appel d'air des idées, des problèmes, des discussions. C'est par rapport au socialisme que s'établissent les positions. C'est sur le Parti que se règlent les partis[19]. » Stéphane Rials, dans quelques études très fécondes parues au début des années 1980, reprendra cette intuition à sa manière : « en fin de compte, la colonne vertébrale de la vie politique française depuis la Révolution n'est pas le prétendu rapport droite gauche, c'est la gauche. La gauche, avec la logique de son évolution. [...] Les autres (discours), abusivement qualifiés de discours de droite, ne font que se définir par rapport à la gauche [...][20]. » Raymond Aron s'était aussi permis cette observation : « la gauche a une telle supériorité de prestige que les partis, modérés ou conservateurs, s'ingénient à reprendre certains qualificatifs, empruntés au vocabulaire de leurs adversaires[21]. » Une analyse que développera dans ses propres termes Marc Crapez : « la droite ne peut pas vraiment être la droite, elle peut être à droite mais non pas de droite[22]. »

S'il y a une première chose à rappeler, c'est que la gauche tient à être de gauche, et ne cesse de se questionner sur la signification de ce que veut dire être à gauche, dans une forme de séminaire à ciel ouvert qui mobilise l'essentiel de l'intelligentsia. La gauche existe, parce qu'elle se nomme comme telle. Elle se constitue comme une catégorie politique à part entière dans la mesure où on s'en revendique explicitement et qu'on accorde une grande valeur au fait de porter cette étiquette[23]. Elle ne doute pas de sa supériorité morale[24]. La droite, elle, l'est souvent malgré elle – elle assume plus ou moins sereinement une étiquette qui a d'abord été pensée à la manière d'une catégorie repoussoir à laquelle on est assigné sans s'en réclamer. Comme l'a déjà noté Denis Tillinac, « la droite dans son cours méandreux n'a jamais été l'homothétique de la gauche mais l'incroyante de sa dogmatique pour des raisons tantôt métaphysiques, tantôt morales, tantôt esthétiques[25] ». La droite donne aisément l'image d'un rassemblement de proscrits. « Quoi de commun entre un libéral disciple d'Hayek, un monarchiste, un conservateur anticlérical, un intégriste catho, un fasciste ? Rien. C'est le regard de la gauche qui définit les droites, et les somme de se positionner sur son échelle des valeurs[26]. » La droite est d'abord et avant tout constituée par tous ceux que la gauche ne veut pas dans ses rangs. Ne veut pas ou... ne veut plus. Car il ne suffit pas d'être à gauche : encore faut-il le demeurer.

La gauche est une catégorie politique autoproclamée – et mouvante, dans la mesure où elle est intimement liée à la mystique du progrès, qui ne se laisse jamais fixer et qui se définit à travers l'imaginaire du mouvement[27]. Sa « caractéristique première est d'être indiscutable » – elle se pose comme une évidence absolue[28]. La gauche fixe le cap de l'histoire, elle détermine le sens du progrès, et jamais, elle ne saurait se stabiliser sans se trahir. Être de gauche, c'est se positionner à l'avant-garde de la dynamique de la modernité. C'est le parti du mouvement, mais du mouvement orienté – c'est-à-dire du progrès. Chesterton l'avait dit à sa manière : « Ceux qu'on appelle tout spécialement les modernes [...] ont conçu l'histoire humaine comme une progression au sens de procession. C'est-à-dire qu'ils disaient que certaines personnes plus lentes pouvaient être à la traîne, mais que toutes avançaient[29]. » La gauche se constitue à partir d'un imaginaire radical de l'émancipation : l'individu, pour s'émanciper, doit se délivrer des appartenances assignées par la société, et ne jamais se définir positivement à partir d'elles. Il doit s'y arracher, s'en extraire. Il ne doit pas s'habituer à son monde et s'installer dans ses appartenances au point de les essentialiser ou de les croire insurmontables. Les médiations sur lesquelles il s'appuie pour atteindre l'universel sont instrumentales : celles qu'il embrasse pourraient bien être autres. La civilisation doit être comprise comme une construction provisoire à déconstruire et reconstruire. La modernité, au fond d'elle-même, se pense comme quête émancipatrice censée accoucher d'une société absolument égalitaire et transparente à elle-même. Elle peut être pensée comme une dynamique d'horizontalisation intégrale de l'existence sociale : toutes les institutions qui structuraient la vie sociale au nom de la nature ou de l'histoire doivent être déconstruites, toutes les identités substantielles doivent se dissoudre. Un monde neuf doit en sortir, où l'humanité sera parfaitement consciente de ses conditions de production et de reproduction et parviendra à les maîtriser intégralement. Cette logique doit toutefois être contenue dans les paramètres de la civilisation occidentale, qui est la seule à devoir s'y soumettre.

Ce qui s'oppose à cela, c'est l'imaginaire de l'histoire ou de la nature, la première valorisant l'œuvre du temps dans la construction des sociétés, la seconde invitant l'homme à consentir à sa finitude. On comprend qu'il s'agisse là des imaginaires privilégiés à droite. La droite est la catégorie politique repoussoir fondatrice de la modernité : c'est la gauche qui la constitue en la désignant, et celle-ci est alors appelée à savoir si elle revendique une étiquette qui se retournera contre elle ou si elle cherche à se positionner à l'extérieur d'un clivage vers lequel elle est toujours ramenée, néanmoins, comme s'il n'était pas vraiment possible de s'en extraire ou de s'y soustraire. En règle générale, on se réclame moins de la droite qu'on doit s'expliquer d'en être. La droite, en quelque sorte, se laisse définir comme un reste, ou plus exactement, comme un résidu. Ainsi pensée, la droite s'attache à ce que la gauche rejette, à la manière d'une trace du monde ancien qu'elle veut préserver même si elle la sait condamner. Cela éclaire un phénomène noté par la plupart de ceux qui se sont penchés sur ce clivage : la plupart des droites sont d'anciennes gauches, incapables de suivre le rythme du progrès, donné par les avant-gardes militantes, qui actualisent toujours plus le programme d'émancipation de la modernité, passant par la déconstruction de la civilisation occidentale telle qu'elle s'est historiquement représentée. Il suffit qu'une gauche ne veuille pas suivre le rythme indiqué par l'avant-garde progressiste pour se faire déporter vers la droite, la plupart du temps sans le vouloir. En fait, quiconque n'adhère pas explicitement à chaque nouvelle étape du déploiement de la modernité diversitaire est susceptible de basculer à droite et, conséquemment, de rejoindre le camp des suspects et des proscrits. La moindre réserve ne sera pas tolérée : il faut être enthousiaste ou disparaître de la scène publique. Il faut applaudir ou consentir à la stigmatisation médiatique. Dans un monde qui se pense encore sous le signe du progrès, il n'y a pas plus mauvais sort que d'être un retardataire, ou pire encore, un arriéré. Pour citer encore une fois Emmanuel Berl, « qui se cramponne à quoi que ce soit tourne à droite, ou le risque[30] ». Et pour demeurer à gauche, il faut non seulement suivre le camp progressiste dans ses différentes innovations, mais envoyer régulièrement des signes ostentatoires de vertu. Rares sont ceux qui basculent à droite et revendiquent la nouvelle étiquette qu'on leur colle : en fait, ils préfèrent s'en défendre, souvent même en disant qu'ils demeurent fidèles à la gauche véritable, que la nouvelle gauche aurait trahie. Ils ajoutent même que c'est la gauche, finalement, qui n'est plus de gauche. On comprend alors le sentiment des hommes qui se croyaient de gauche et se sentent désormais des étrangers dans leur camp : ils avaient adhéré à un moment particulier de la gauche, sans comprendre que ce moment serait tôt ou tard dépassé par la simple logique de renouvellement des avant-gardes. Souvent, ceux à qui cela arrive s'en défendent, et s'accrochent à leur définition de la gauche comme à une bouée de sauvetage. Ils se battent pour rester à gauche, comme s'il ne leur était pas possible de s'imaginer ailleurs. Mais à long terme, ils deviendront des étrangers une famille politique ne voulant plus d'eux et qui les classera à droite malgré eux. La chose est surtout visible avec le passage de la gauche du paradigme social au paradigme sociétal : ceux qui avaient adhéré à la gauche par souci de justice économique et de redistribution sociale se montrent souvent perplexes devant son basculement diversitaire et s'inquiètent de la dénaturation de la gauche, à laquelle ils prétendent toujours appartenir[31]. De même, la gauche républicaine, attachée au principe de laïcité, est accusée de passer à droite, à cause de son attachement à un universalisme qui n'accepte pas de se laisser concasser par la logique diversitaire[32]. C'est que la gauche ne se définit pas d'abord par un projet, un programme ou une série de mesures mais par une logique sans cesse relancée de désincarnation de l'existence sociale au nom de l'émancipation des catégories aliénées, qu'il faudrait toujours soutenir dans leur révolte, et qui se succéderaient les unes après les autres au fil de l'histoire. C'est ce qui faisait dire à Raymond Aron que la gauche défend « surtout une catégorie de victime », celle sur laquelle on peut appuyer une critique globale de l'ordre social[33]. C'est la fameuse figure de *l'outsider*, de l'exclu à qui on confie la mission de servir de base sociale potentielle pour une prochaine révolution.

Le clivage gauche-droite se renouvelle aussi, et parvient ainsi à demeurer au cœur de la vie politique, en parvenant à s'approprier les enjeux politiques qui traversent la cité et à les traduire dans ses termes. Sans cesse, il change d'objet, sans cesse, il s'empare d'une nouvelle question à partir de laquelle il divisera la société en deux, en marquant un camp positivement et l'autre négativement. Surtout, d'une époque à l'autre, le clivage gauche-droite peut se déplacer d'une thématique générale à une autre, en se définissant d'abord par l'économie, le social et aujourd'hui, par l'identitaire et le sociétal. Dans le monde d'aujourd'hui, celui qui est favorable au néolibéralisme le plus intransigeant mais qui se montre attaché aux conquêtes sociétales a plus de chance d'être reconnu comme un homme de gauche qu'un ouvrier attaché aux vieux principes de la social-démocratie, critique des excès de la finance globale, mais opposé à l'immigration massive et sceptique devant certaines réformes sociétales. Par ailleurs, on constate qu'un homme hier marqué au centre droit passera aujourd'hui à droite, et demain peut-être même à l'extrême-droite, par le simple déplacement du point de gravité idéologique de l'espace public vers la gauche. Comme le note Marc Crapez, alors que la droite proposait dans les années 1980 de stopper l'immigration, elle se contente aujourd'hui, lorsqu'elle s'empare du sujet, de plaider pour l'immigration choisie. La droite populiste elle-même est passée d'un appel à l'inversion des flux migratoires au simple arrêt de l'immigration[34]. De même, dans la mesure où une bonne partie de la gauche a abandonné peu à peu la laïcité pour se convertir au multiculturalisme, la droite a récupéré peu à peu ce créneau pour définir la nation à peu près exclusivement dans le langage des valeurs républicaines, en laissant de côté, sans pour autant le renier, celui des racines chrétiennes de la société française (dans cette dynamique, une gauche se montrant sensible à la question de l'insécurité culturelle a de bonnes chances de se faire droitiser, et même « extrême droitiser » par ceux qui jugent désormais que le progressisme culmine dans le multiculturalisme). De même, jusqu'au début des années 1990, la droite se questionnait sur les tensions civilisationnelles entre l'islam et la France alors qu'aujourd'hui, elle ne se permet que de critiquer l'islamisme, et cela, essentiellement sur le plan sécuritaire, sans vraiment réfléchir à ce qu'on pourrait appeler le choc des cultures et la difficulté de la cohabitation de deux civilisations sur le même territoire national. Dans la dynamique de ce mouvement, qui s'en tiendra à une définition substantielle de l'identité nationale, ou plus largement, de la nation, sera déporté vers l'extrême-droite, comme on le voit aux Pays-Bas, où même une définition substantielle de la laïcité, pensée comme identité de civilisation, sera étiquetée de la même manière. Il n'y a pas là, encore une fois, d'exclusivité française, et ce mouvement de désubstantialisation de l'identité nationale à laquelle se réfère la droite est aussi visible dans l'histoire du conservatisme américain des années 1950 à aujourd'hui, où le *new conservatism* des lendemains de la guerre s'est constitué contre la Old Right, avant de se faire déclasser par un néoconservatisme, qui se constituera dans le procès de ce qu'on viendra à appeler le paléoconservatisme[35]. Alors qu'il se portait d'abord à la défense de ce qu'on appellera plus ou moins approximativement la nation historique américaine, avec ses traditions culturelles spécifiques, liées au noyau culturel WASP auquel les différentes vagues d'immigrés s'étaient acculturées selon la logique du *melting-pot*, le conservatisme basculera, à partir des années 1970, et plus encore, à partir des années 1980, avec le ralliement des néoconservateurs, à une définition de la nation décentrée de son substrat historique et refondée essentiellement autour des valeurs universelles qui seraient au cœur de l'expérience américaine – la nation américaine ne reposerait plus sur une culture, mais sur une proposition philosophique, qu'il faudrait s'approprier pour y participer, ceux s'y refusant s'en voyant exclus symboliquement[36]. Ainsi, des Américains enracinés dans l'histoire du pays réclamant une limitation de l'immigration deviendraient par cela même *unamerican*. Même les clandestins seraient finalement plus américains que les critiques de l'immigration, puisqu'ils adhéreraient au rêve américain auxquels refuseraient de souscrire pleinement les seconds[37]. Cet argument fait écho à l'idée souvent reprise selon laquelle la France renierait sa tradition d'accueil si elle restreignait l'immigration, ce qui revient à dire que la seule manière de demeurer fidèle à son identité nationale consisterait à absolutiser une forme de sans-frontiérisme – « la France ne peut propager sa vision de l'universel sans expérimenter en retour une diversification sensible de son paysage social », dira ainsi un démographe diversitaire[38]. Pour demeurer fidèle à son aspiration universaliste, qui serait sa seule véritable identité, elle devrait se multiculturaliser, un argument semblable à celui voulant que « l'identité est dans le changement et plus encore dans la capacité au changement[39] ». Au Canada anglais, les conservateurs, traditionnellement attachés à la défense de l'héritage britannique du pays, crurent bon de se réaligner dans la défense des « valeurs occidentales du Canada » conjuguées à un multiculturalisme modéré pour répondre au Parti libéral du Canada, idéologiquement dominant, qui se convertissait au multiculturalisme radical. Au Québec même, les souverainistes, traditionnellement attachés à une définition de la nation ancrée dans la majorité historique francophone, se sont sentis obligés de la redéfinir en termes de « valeurs québécoises » et de « citoyenneté territoriale » pour passer le test de l'inclusion diversitaire – un basculement associé dans la culture politique québécoise au passage du nationalisme ethnique au nationalisme civique[40]. La question nationale, ou plus largement la question identitaire, est probablement la meilleure lorgnette pour observer aujourd'hui la mutation et l'évolution du clivage gauche-droite.

Être de gauche consiste à avoir raison même lorsqu'on a tort, parce qu'on se trompe alors pour de justes raisons. Être de droite consiste à avoir tort même lorsqu'on a eu raison, car on aura eu raison pour des raisons idéologiques inadmissibles, intraduisibles dans la logique de l'émancipation. Tel est le sens de la fameuse formule selon laquelle il vaudrait mieux avoir tort avec Sartre que raison avec Aron. Celui qui s'égare pour de bonnes raisons vaut mieux que celui qui voit juste pour de mauvaises. On l'aura vu avec le communisme, au XXe siècle. Il fallait d'abord y avoir cru pour avoir ensuite le droit de ne plus y croire – ceux qui n'y crurent jamais, pour l'essentiel, ne méritaient aucune considération intellectuelle, puisqu'ils l'avaient condamné pour des raisons réactionnaires. La critique légitime du communisme était celle des désenchantés qui voulaient néanmoins demeurer fidèles à ses idéaux, et non pas celle des intellectuels et politiques qui ne s'y étaient jamais ralliés. L'idéal était de cesser d'être communiste tout en restant de gauche – plus encore, de cesser d'être communiste tout en demeurant communiste, ce qu'a permis un temps le trotskisme. Mais chose certaine, mieux valait avoir été communiste pour se donner le droit de ne plus l'être. L'homme qui a cru aux vertus du progressisme et qui confesse désormais son désenchantement n'aime pas retrouver ceux qu'hier encore, il traitait de réactionnaires. Il préférera plutôt la compagnie des autres désenchantés, qui ont au moins le mérite d'avoir déjà cru[41]. Pour reprendre l'éclairante confession de Pascal Bruckner qu'on ne saurait toutefois soupçonner de sectarisme, « aujourd'hui encore, seules les sottises de gauche m'indignent, les autres m'indiffèrent. Je préfère penser contre mon propre camp, le miner de l'intérieur, plutôt que le déserter[42] ». Il en va de même aujourd'hui avec l'islamisme, l'immigration massive et le multiculturalisme[43] : c'est quand la gauche constate l'éclatement de la société diversitaire qu'il devient légitime de le constater. Ceux qui, au cours des dernières années, s'inquiétaient la dénationalisation de la France et les territoires perdus de la République ne le faisaient apparemment pas pour les bonnes raisons. Jusqu'à ce moment, ceux qui la critiquaient ne le faisaient que par idéologie, ou parce qu'ils étaient animés par des passions basses, nauséabondes, même, ce qui pourrait nous laisser croire que la gauche renifle au lieu de penser, ou encore, qu'elle pense du nez[44]. Maintenant que la critique est menée par des hommes qui voient le monde de gauche, elle devient légitime. Il en est de même de la liberté d'expression dont la défense ne devient légitime qu'une fois qu'elle est reprise par la gauche[45]. En fait, il faut qu'un thème passe à gauche pour devenir légitime, il faut que la gauche s'en empare pour qu'il devienne digne de considération et soit admis dans la conversation publique.

Situation de la droite « modérée »

La vie démocratique nous oblige toutefois à constater que la droite, politiquement, existe et qu'elle accepte la plupart du temps d'évoluer dans l'univers de représentation du clivage gauche-droite. À force de se faire dire qu'elle existe, la droite en est venue globalement à le croire, en cherchant à s'approprier positivement cette catégorie et à la définir dans ses propres termes, à tout le moins, dans la mesure du possible. De quelle manière être de droite dans un espace politique constitué autour de la mystique progressiste et dans un système médiatique de gauche ? Désavantagée structurellement, la droite se trouve devant deux stratégies qui reviennent en boucle.

La première est celle de la *respectabilisation*. Dans cette perspective, la droite entend se constituer comme le pôle raisonnable et modéré de la vie politique. Elle se distinguerait moins par ses idées que par son *attitude adulte devant l'existence*. Il s'agit essentiellement pour elle de donner des gages à la gauche en prouvant qu'elle n'est pas si « à droite » qu'on veut le dire, ce qui est une manière de dire que plus on se rapproche de la gauche et plus on se rapproche de la norme constitutive des sociétés démocratiques. Une question s'impose systématiquement à tout homme de droite : est-il *trop à droite ?* Jusqu'où va-t-il à droite, en fait ? Cette question, c'est souvent le journaliste de gauche qui la lui pose et qui distingue parmi les droitiers déclarés ceux qui méritent d'être intégrés dans la conversation civique et ceux qu'il faut traiter comme des suspects. On peut retourner le terme : qu'est-ce qu'être trop à droite, sinon être trop loin de la gauche ? Lorsqu'elle adopte cette stratégie, qui embrasse la rhétorique de l'équilibre et de la modération, la droite avancera notamment qu'elle partage les mêmes objectifs de société que la gauche et qu'elle ne se distingue d'elle que par les moyens proposés, comme s'il fallait neutraliser toute forme de différence substantielle avec elle. Elle évitera systématiquement de s'aventurer sur les terrains où le clivage gauche-droite est le plus marqué – elle redoute de se brûler. Elle consentira plus souvent qu'autrement à se cantonner dans le domaine de l'économie, comme si elle y trouvait un refuge comptable dans lequel elle pourrait témoigner de sa compétence supérieure dans les affaires de l'État – en fait, elle s'y lovera, quitte à prendre la pose régalienne, pour marquer sa spécificité. La droite ne serait pas fondamentalement différente de la gauche, elle n'aurait pas une autre vision du monde : elle serait seulement meilleure gestionnaire. L'histoire, la mémoire, l'identité seraient bonnes seulement pour les poètes égarés. La droite se dépolitise pour se légitimer, elle se neutralise dans une posture gestionnaire sans contenu substantiel pour avoir le droit de gouverner. La droite devient alors le parti de *l'homo economicus* et décrète que l'économie est le seul domaine du réel concret, les enjeux culturels et identitaires ayant la mauvaise manie de détourner le commun des mortels de la conquête dynamique de la prospérité. Repliée sur le terrain comptable, elle revendique sur lui une expertise exclusive. Aussi progressiste que la gauche, elle prétend la doubler sur le terrain de la modernité en misant sur le marché et sur l'émancipation de l'individu. Elle cherche même à retourner contre la gauche l'accusation de conservatisme, en lui reprochant d'être la gardienne du statu quo et d'un ordre social-bureaucratique étouffant et historiquement déclassé. L'homme de droite qui toujours, insiste pour rappeler sa modernité confesse sans même s'en rendre compte sa soumission aux catégories idéologiques dominantes du progressisme.

La droite idéale serait une gauche pâle. La bonne droite serait une gauche au ralenti. La droite bien vue sera déclarée humaniste : au fond d'elle-même, elle souhaiterait être à gauche, mais ses origines sociales ou sa pingrerie l'empêcheraient d'adhérer pleinement au camp du progrès. Le plus grand compliment qu'on puisse faire à un homme de droite n'est-il pas de lui dire qu'il n'est pas si à droite que cela ? Son plus grand rêve n'est-il pas, comme l'avait remarqué Alain-Gérard Slama, d'être l'homme de droite préféré des hommes de gauche[46]? Il doit néanmoins rester sur ses gardes, en veillant à ce que des affects conservateurs depuis longtemps refoulés ne remontent pas à la surface : il doit s'empêcher de renouer avec sa part traditionnelle, ce qui risque d'arriver quand les réformes sociétales se multiplient trop rapidement, car il pourrait alors se droitiser à son insu, en s'y opposant par réflexe, du moins dans un premier temps, pour ensuite chercher à s'excuser en dénonçant vertement ceux qui s'y opposent encore, alors que lui aura *évolué*. Pour se faire pardonner, il deviendra même le plus féroce gardien de la nouvelle avancée progressiste pour éviter de se faire rappeler qu'encore hier, il s'était opposé au sens de l'histoire. Il aura beau avoir manifesté ou milité ardemment contre une réforme sociétale, il expliquera que le pays n'en est plus là et qu'il ne faut pas regarder en arrière mais en avant. Il se légitime politiquement par sa capacité à ne pas se laisser définir par ses engagements de la veille. On admirera chez l'homme de gauche la fidélité à ses convictions, on admirera chez l'homme de droite le fait qu'il n'en a pas – ou qu'il sait s'en éloigner au nom de l'adaptation à la modernité.

En fait, la droite soucieuse de respectabilité médiatique, se fera la gardienne de la morale de la gauche dans son propre camp et fera le procès de la tendance d'une partie de la droite à aller trop à droite – c'est-à-dire à s'éloigner exagérément des critères de respectabilité édictés par la gauche, et même, à les contester, à tout le moins sur le plan rhétorique[47]. La droite humaniste est celle qui empêche la droitisation de son camp et qui se montre la plus intransigeante gardienne de la distinction entre la droite et l'extrême-droite. La droite humaniste a son endos : c'est la droite dure[48], (en opposition à la droite molle ?), *ultraconservatrice*[49] (« encore faudrait-il définir le conservatisme avant de savoir ce qu'est l'ultraconservatisme ») et même *réactionnaire.* Comment ce terme, qui désignait traditionnellement celui qui refuse philosophiquement la modernité, en est-il venu à désigner celui qui refuse de se soumettre aux injonctions idéologiques des nouvelles avant-gardes de la postmodernité ? On devine la réponse : la modernité est par définition en mouvement et ceux qui ne suivent pas le mouvement sont condamnés à devenir tôt ou tard des réactionnaires malgré eux. La droitisation ne serait rien d'autre qu'une extrême droitisation : plus la droite deviendrait elle-même, plus elle s'infréquentabiliserait[50]. La droite, laissée à elle-même, délivrée de ses complexes et de la surveillance de la gauche incarnant la conscience morale de notre civilisation, connaîtrait une tentation coupable et nous ramènerait toujours aux « pages les plus sombres du XXe siècle ». À travers l'accusation de « droitisation », on accuse la droite de sortir du périmètre démocratique et d'introduire une manière de penser la politique qui serait en contradiction avec les « valeurs républicaines » (que certains sont en droit de définir, et auxquels les autres doivent se soumettre) ou les « valeurs démocratiques ». C'est la gauche qui fixe, de manière quelque peu arbitraire, la frontière entre la droite et l'extrême-droite et c'est la droite « modérée » qui doit la faire respecter. Il s'agit de faire en sorte que la droite dite modérée soit la première à tenir la bride à la droite dite dure, qu'on accusera toujours de flirter avec l'extrême-droite. On comprend l'idée : au fond d'elle-même, la droite ne serait qu'une extrême-droite contrariée. Une droite sans harnais serait nécessairement sauvage. La droite, généralement, se droitiserait sous l'influence d'un « mauvais génie » venu des marges de la cité pour la hanter, en la faisant régresser à un âge antérieur de l'histoire. Cette droitisation serait souvent le fait d'un esprit supérieur et diabolique qui s'infiltrerait parmi les démocrates pour les corrompre. Patrick Buisson[51], en France, Steve Bannon, aux États-Unis[52], ou les « nationalistes conservateurs », au Québec, qui auraient détourné le combat pour la laïcité en l'investissant d'une charge identitaire, ont chacun joué ce rôle maléfique[53] – il importe alors d'expulser le démon venu des marges hors de la politique démocratique, pour qu'il ne puisse plus la dévier de son cours naturel. Car ce n'est qu'une puissance maléfique venue des entrailles de la cité et cherchant à hypnotiser un camp pour le détourner de l'horizon radieux du progrès qui pourrait renverser le cours de l'histoire. Le progressisme n'est pas étranger au conspirationnisme.

La droite amadouée

Quel rapport celui qu'on appelle le peuple de droite entretient-il avec cet espace politique qui le condamne à la sous-représentation systématique ? On le sait normalement plus sensible aux thèmes du conservatisme culturel qu'une bonne partie de ses leaders. Il est possible, toutefois, qu'il soit plus facile à amadouer qu'on ne le suppose généralement – à tout le moins, un retour rapide sur la vie politique française des dernières années le laisse croire. Ainsi, Emmanuel Macron est parvenu dans la première année de son quinquennat à neutraliser partiellement une frange du peuple de droite en lui donnant certains gages culturels, comme s'il comprenait bien les ressorts de sa psychologie et savait lui envoyer certains signaux politiques favorables – ils furent d'autant mieux accueillis qu'ils étaient inespérés de la part d'un homme qui avait d'abord nié l'existence d'une culture française. Avec la restauration d'une certaine verticalité présidentielle et la nomination de Jean-Michel Blanquer à l'Éducation nationale, Emmanuel Macron a su récupérer une part des aspirations conservatrices qui se sont exprimées dans la société française depuis une dizaine d'années en sachant restaurer pour un temps, mais pour un temps seulement, la gravité de la parole présidentielle[54]. Emmanuel Macron s'est aussi permis quelques provocations que l'on peut croire calculées, comme celles portant sur le nécessaire retour chez eux de certains immigrés, en novembre 2017, ou lorsqu'il a mis de l'avant, de manière assez inattendue, son exaspération devant le rappel culpabilisateur de la mémoire de la guerre d'Algérie en décembre de la même année. Macron comprenait manifestement qu'il suffit de transgresser les codes du politiquement correct même minimalement pour établir un lien avec l'électorat de droite. De même, il suffisait qu'Emmanuel Macron ne soit pas complètement béat devant l'immigration massive pour qu'on le renvoie dans le camp des infréquentables ou du moins, des ennemis de « l'humanisme ». Mais cette stratégie s'est pleinement déployée et révélée tout à la fois lorsqu'Emmanuel Macron a choisi pour l'interviewer en avril 2018 Edwy Plenel. En confrontant Plenel, et en y tenant tête même de manière moqueuse, en refusant de trembler devant lui, il gagnait d'un coup un véritable capital de sympathie chez les électeurs de droite sans même se fatiguer. On comprend alors que Macron a siphonné symboliquement la droite sans avoir dans les faits à trop lui concéder politiquement, même s'il a ensuite perdu une part importante de cette sympathie avec sa manie de donner tout autant de gages à la gauche culturelle.

Faut-il en conclure que l'électorat de droite se contente d'être payé de mots ? Suffit-il de ne pas parler comme un bobo pour susciter d'un coup la sympathie de ceux qui n'en peuvent plus du politiquement correct ? Il semble bien que oui dans la mesure où toute parole qui tranche avec l'orthodoxie médiatique suscite immédiatement une sympathie chez ceux qui sentent qu'on censure le réel depuis trop longtemps. Il y a longtemps que la droite ne fait plus de politique, et ne s'imagine même plus en faire. Les grands mots la consolent, et finalement l'endorment. À certains égards, elle se contente qu'on la respecte dans sa défaite historique, ce que n'avaient pas fait les ministres de François Hollande qui n'en finissaient plus de piétiner le vieux monde en accusant ceux qui y étaient attachés de racisme, de sexisme ou d'homophobie. L'électeur de droite ne veut pas nécessairement gagner : du moins, il ne croit plus à sa victoire et se montre surpris quand certains leaders politiques ou figures médiatiques tiennent vraiment tête à l'esprit de l'époque et entendent regagner le terrain perdu à coup de polémiques, de lois et de vraies décisions politiques. Mais il ne veut plus qu'on l'humilie. Il tolère que le monde change : on lui a expliqué depuis longtemps que la modernité avait quelque chose d'inéluctable et qu'elle était unidirectionnelle. Il ne tolère pas qu'on le présente comme le bois mort de l'humanité, ou comme la part rétrograde et méprisable de cette dernière. Emmanuel Macron l'avait compris en se désolant du traitement réservé aux adversaires du mariage pour tous, sans s'opposer, on s'en doute, à la mesure en elle-même, ou en se rendant au Puy-du-Fou afficher son respect pour ce qu'on appellera l'autre France. Cette forme de triangulation symbolique, pour le dire avec les mots de la science politique, a permis à Emmanuel Macron de récupérer les thèmes de la droite sans faire une politique de droite sur les questions de civilisation. Il neutralise la droite en donnant l'impression de la respecter. Sans qu'on en tire une conclusion définitive, on retiendra une chose de la psychologie de l'électeur de droite : il a des attentes bien moins élevées qu'on ne le pense en général.

Figure de la droite décomplexée et... la droite décomplexée vue de gauche

Mais il arrive que la droite – ou du moins, qu'une part de la droite – veuille changer la donne et combattre la gauche frontalement[55]. Elle ne se veut plus bonne élève mais insurgée. Elle n'en peut plus de vivre sous surveillance, en se demandant si elle va trop loin, en plus d'aller dans la mauvaise direction, alors naît en elle un désir offensif. Elle se convainc qu'un programme tiède n'a d'intérêt pour personne et qu'un cocu content n'est pas très inspirant. Elle n'en peut plus de refouler ce qu'elle pense ou croit penser – à tout le moins, ce qu'elle est certaine de ressentir. La droite veut alors *s'assumer* et s'affranchir du regard de la gauche. Elle n'entend plus *s'excuser d'exister*. Elle veut désormais confronter la gauche sur son terrain en ne lui laissant plus le monopole des codes de la respectabilité. Elle se révolte et n'accepte plus de vivre sous sa tutelle idéologique. C'est ce qu'on appelle *la droite décomplexée*. La droite devrait alors retrouver ses valeurs, son imaginaire propre, et ne plus se définir simplement comme une gauche prudente[56]. Elle ne se contentera plus d'un pragmatisme gestionnaire mais formulera sa propre vision de la bonne société. Lorsqu'elle se sent audacieuse, elle se met même à lire Gramsci, ou du moins, elle le prétend – elle a compris que Gramsci est devenu le symbole d'une volonté de construire une hégémonie idéologique. C'est l'heure de la révolution des valeurs[57]. Elle annonce son désir de récupérer les thèmes politiques abandonnés, qui tournent généralement autour de la question identitaire et plus largement de la question civilisationnelle, et qu'elle avait abandonnés à la droite populiste. Cet appel au grand élan d'une droite libérée de son complexe de gauche énergise sans le moindre doute une bonne partie de sa base électorale habitée par une forte conscience nationale et hantée par le sentiment de l'abaissement de la patrie.

Le conservatisme devient alors le symbole d'un désaccord non plus conjoncturel mais principiel avec la gauche. Mais ce conservatisme revendiqué peine souvent à se traduire politiquement. Car pour peu qu'on fasse l'histoire des nombreuses résurrections de la droite décomplexée, on constate que son appel demeure généralement rhétorique, comme si la droite décomplexée était d'abord une droite à rodomontades – jamais on n'a vu la droite décomplexée renverser par exemple une réforme sociétale que la gauche estampille du sens de l'histoire. Même tonitruants et résolus à ne plus être pénitents, les leaders de la droite semblent moins défendre un monde que les restants d'un monde, en sachant la plupart du temps à l'avance qu'ils seront prêts à concéder la position à laquelle ils prétendent absolument s'accrocher aujourd'hui. Fatalisme inavoué ? On veut bien se battre contre l'esprit de l'époque, mais en se sachant battu d'avance. Secrètement, l'homme de droite se demande si ce qu'il aime n'est pas déjà mort ou, du moins, s'il n'arrive pas trop tard pour le sauver. S'agit-il seulement d'empêcher le monde d'hier de disparaître trop rapidement, pour que l'homme puisse s'habituer au nouveau monde qui vient, sans y être jeté de manière précipitée ? S'agit-il plutôt de stopper l'évolution, de reconstruire le monde d'hier, en menant une forme de politique réactionnaire ? S'agit-il, tout simplement, de ralentir le mouvement de l'histoire pour conserver certaines formes sociales héritées, avant qu'elles ne soient pour de bon usées et n'apparaissent plus qu'à la manière de privilèges indéfendables devant tôt ou tard être abolis ? On s'oppose à la GPA, à l'immigration massive ou aux accommodements à répétition avec l'islam, tout en sachant qu'on finira par capituler en plus d'accuser de radicalisation ceux qui ne capitulent pas. La droite est représentée dans la situation détestable de gardienne des privilèges : elle s'oppose à la marche du monde et au fond d'elle-même, se sait déjà condamnée, ce qui la rend bien peu vaillante lorsque vient le temps de défendre ses positions et ses idées. Aussi décomplexée soit-elle, la droite ne semble pas mentalement préparée à reprendre le terrain perdu et à avancer son propre programme.

L'expression « droite décomplexée » est souvent reprise par la gauche, à la manière d'une accusation de radicalisation. La droite décomplexée serait une droite désinhibée, renouant avec les affects et les passions que la modernité avait refoulées. La droite décomplexée serait une droite ensauvagée et prête à franchir à n'importe quel moment la ligne rouge la distinguant de « l'extrême-droite » – sans qu'on ne prenne la peine de savoir qui trace cette fameuse ligne rouge, ou plus sobrement, qui fixe les critères distinguant la droite de l'extrême-droite et à quel moment une position devient si radicale qu'elle bascule dans l'univers des extrêmes. La droite décomplexée, en fait, entendrait récupérer le terrain historiquement concédé à la droite populiste, mais ce n'est pas permis. Abandonnée à la droite populiste, la question de l'identité ne saurait être récupérée par la droite républicaine sans que celle-ci ne se corrompe moralement. La droite décomplexée ferait le jeu de la droite populiste en normalisant ses thèmes, en les réintégrant dans la conversation civique. Car le terrain consenti l'est pour de bon, la marche de l'histoire est passée par là, et il n'est plus possible d'y revenir sans basculer dans la réaction et sans s'inscrire dans la logique de l'extrême-droite. La gauche qui accuse la droite de se décomplexer reconnaît implicitement, sans même s'en rendre compte souvent, qu'elle ne reconnaissait de droite légitime que sous sa tutelle. Ce qui est certain, c'est qu'une droite ne se définissant plus dans les paramètres de la gauche est dès lors considérée par la gauche comme une extrême-droite (ou du moins, comme une extrême-droite potentielle). Il y a là quelque chose comme un aveu de la part de la gauche idéologique pour qui la droite n'est rien d'autre qu'une extrême-droite bridée, à moins que l'extrême-droite ne soit qu'une droite désinhibée[58].

On retrouve là un des schèmes mentaux structurant du progressisme : il ne se représente pas le conflit politique comme une lutte entre conceptions relatives et nécessairement approximatives du bien commun mais entre l'empire du bien et l'empire du mal, alors que la droite est incapable, la plupart du temps, de penser le conflit fondamental qui l'oppose à la gauche, pour peu qu'elle décide effectivement de s'assumer comme autre chose que son double diminué. La gauche a besoin d'affronter moralement l'extrême-droite ou ceux qui font son jeu. Elle a besoin d'ennemis. « Malgré son amour autoproclamé du genre humain, note Patrick Buisson, la gauche dispose dans (le domaine politique) d'un net avantage psychologique. La matrice révolutionnaire dont elle est issue fait qu'il lui est impossible de vivre politiquement sans ennemi, d'accéder à la sphère publique autrement que par une polarisation exacerbée où l'ennemi se substitue à l'adversaire ou au concurrent[59]. » Philippe Muray l'a écrit rageusement, « c'est dans l'increvable conviction d'incarner la guerre contre le Mal que s'est constituée la gauche d'aujourd'hui, qui n'est autre que le *parti dévot* contemporain[60] », alors qu'Alain Finkielkraut s'inquiète du « grand rêve progressiste de n'avoir jamais affaire à des problèmes, mais toujours à des salauds[61] ». C'est ce qui explique la prospérité de l'antifascisme dans un monde où le fascisme a été depuis longtemps vaincu et n'existe plus qu'à travers quelques sectes groupusculaires[62]. L'antifascisme se passe du fascisme historique dans la mesure où ce dernier est reconceptualisé comme la tentation de l'exclusion qui serait l'envers de l'émancipation démocratique. Il suffit de vouloir circonscrire de manière un peu trop serrée la communauté politique pour être accusé d'actualiser la tentation fasciste. On étendra sans cesse la définition du fascisme pour justifier la mobilisation contre lui. Christine Taubira, à la veille de la présidentielle de 2017, s'était livrée dans un entretien fleuve à des considérations générales sur la droite, contre laquelle elle invitait encore une fois son camp à se mobiliser. Sans trop de nuances, elle affirmait que « la droite fait commerce de l'anxiété, de l'angoisse, de la désespérance, c'est-à-dire d'un désespoir dynamique qui se renouvelle, s'entretient. La droite en fait commerce lucidement et cyniquement[63] ». L'accusation était franche, classique et sans originalité : l'humanité est divisée entre les forces de la lumière et celle de l'obscurantisme. La gauche élève l'homme, la droite la rebaisse : chacune est connectée à une part singulière de l'âme humaine. La première pousse l'homme à l'émancipation, la seconde à la régression. La droite, en d'autres mots, serait l'expression politique des passions basses traversant la nature humaine. Elle canaliserait dans la cité un esprit mauvais poussant les hommes au repli et à l'exclusion. La civilisation se constituerait conséquemment sur le refoulement de la droite : on ne pourrait tolérer dans l'espace public que sa part modérée, consentant à se définir selon les valeurs progressistes, et envoyant régulièrement des signes ostentatoires de vertu. Carolin Emke, dans un ouvrage célébré, a réduit cette polémique à sa dimension la plus simple, en se prononçant ainsi contre la haine[64] – la haine qui serait d'abord passion maniaque pour la pureté, pour l'homogène, et qui se traduirait par le rejet viscéral des différences. Soit l'homme consent à la dissolution de toutes ses appartenances, soit il est pris de hoquets haineux. La psychologie du progressisme est inquisitrice : elle ne pousse pas à un conflit civilisé entre conceptions contrastées du bien commun mais à une lutte à finir entre le bien et le mal.

Qui est de droite est de gauche

À la lumière des précédents développements, on comprend pourquoi il y a quelque chose d'illusoire à plaider pour un débat dépassionné et respectueux entre la gauche et la droite dans la mesure où la première ne veut débattre avec la seconde que tant qu'elle maîtrise les codes de la vie publique, et qu'elle parvient à paramétrer à son avantage exclusif la conversation démocratique. Le clivage gauche-droite n'est pas vraiment fait pour permettre la coexistence de plusieurs conceptions du bien au cœur de la cité, mais pour en imposer une appelée à prendre toute la place, comme si elle conjuguait le monopole du vrai, du bien et du juste. Certes, on a tendance à croire que le clivage gauche-droite, s'il se maintient malgré tout, s'est considérablement déradicalisé, ce que soutient notamment Jacques Julliard, lorsqu'il affirme qu'on « est passé d'une culture politique de l'extermination mutuelle à une culture de l'affrontement raisonné ». S'il fait nul doute que la grande querelle autour du capitalisme s'est attiédie et qu'on trouve de nombreux points de contact entre la gauche sociale-libérale et le centre-droit libéral et social, il faut pourtant ajouter que le clivage gauche-droite ne se constitue plus vraiment autour d'elle, à tout le moins, qu'il n'y trouve plus son point d'ancrage idéologique. « Ce qui meurt, ajoute Julliard, c'est la conception idéale de la politique comme une gigantesque psychomachie opposant des entités abstraites comme le Bien et le Mal, le Juste ou l'Injuste ; c'est la politique comme forme sécularisée du jugement dernier : c'est la vision éradicatrice [...] qui voit dans l'adversaire non quelqu'un qui pense autrement, mais un ennemi irréconciliable. Pis que cela : un nuisible. Une telle relativisation morale n'a été possible qu'à partir du découplage des opinions par rapport aux classes sociales[65]. » Mais dès lors, justement, que la politique quitte le domaine de l'aménagement concret d'une société imparfaite pour porter sur des questions comme l'immigration massive, le multiculturalisme, la différence sexuelle ou la liberté d'expression, elle se recharge idéologiquement et la tentation de l'éradication de l'adversaire qui ne marche pas au rythme du progrès diversitaire revient. Il ne s'agit évidemment pas de dire que sur le plan des politiques et des programmes, les deux camps ne peuvent pas formuler des propositions valables, qui méritent une adhésion sincère de la part de ceux qui composent le corps politique. On trouve généralement d'excellentes idées dans tous les camps, et l'intelligence politique la plus élémentaire consiste à le reconnaître. Si on ramène la politique à l'échelon programmatique, où les partis avancent chacun des solutions pour aménager prosaïquement la cité, on trouvera dans chaque camp des formules inspirantes. C'est ce que disent ceux qui se veulent à la fois à gauche et à droite, ou qui prétendent s'inspirer des deux camps pour définir une politique sans exclusive. L'enfermement doctrinal est une force d'étrécissement mental. Mais vue à la hauteur de l'histoire, il semble difficile de nier que ce clivage, à terme, vise autre chose qu'une organisation raisonnable du pluralisme politique, mais bien le parachèvement d'une modernité qui se sera débarrassée pour de bon de ses dernières entraves.

L'évidence frappe : qui est de droite est de gauche, dans la mesure où celui qui accepte d'entrer dans ce clivage est aspiré par une dynamique qui semble à peu près immaîtrisable à partir de son camp. En continuant de se définir dans ce clivage, ce qu'on appelle la droite est dépendante du positionnement que prendra la gauche, elle se définit systématiquement dans un langage idéologique dont elle ne maîtrise ni les codes, ni les mutations : elle se condamne à l'impuissance intellectuelle, et donc, politique. Elle ne peut s'extraire de cette dynamique d'abdications à répétition qu'en acceptant à l'avance sa diabolisation. Mais dans la mesure où il semble illusoire de congédier un système de représentation bien implanté dans la culture politique occidentale, et systématiquement reconduit comme cadre d'analyse par le système médiatique, il faut probablement accepter, à la manière d'une catégorie incommodante mais incontournable, l'existence de la droite. Dans ce cas, à tout le moins, elle n'a pas intérêt à entretenir le même rapport à la politique que la gauche. Elle n'a pas à défendre un système idéologique alternatif mais une civilisation, dans ses milles visages. La droite n'a pas seulement d'autres idées : elle a un autre rapport aux idées. La droite n'entend pas construire une société idéale avec sa propre maquette. Elle ne prétend pas rationaliser intégralement le monde, en le soumettant à sa propre logique – elle se veut, du moins théoriquement, consciente du caractère fondamentalement irréconciliable de l'ordre social, qui ne peut jamais en arriver à une synthèse définitive, où toutes les valeurs et tous les intérêts viendraient s'emboîter dans une mosaïque parfaite. Sa politique n'entend pas fondre en une synthèse idéale la communauté politique – elle vise une synthèse pratique, toujours inachevée, toujours décevante, aussi, pour ceux qui entendent accomplir sur terre la cité parfaite[66]. L'art politique consiste à tenir ensemble une communauté politique particulière, nouée dans l'histoire, et qui n'a pas la prétention à se refonder dans une mystique de la transparence, en se confiant aux ingénieurs sociaux convaincus des vertus du constructivisme absolu. Marc Crapez l'avait finement noté : « la droite n'est pas ce que croit la gauche. Le dilemme ne se joue plus autour de la Révolution française ou du critère religieux. Ni sur des valeurs comme l'individualisme pluraliste. La droite n'a rien contre la justice, l'égalité devant la loi ou le caractère sacré de la personne. Elle se définit par un petit rien : un rapport privilégié à l'histoire, en tant que mesure[67]. » La droite, en d'autres termes, est le parti des médiations qui ancrent l'homme dans une humanité concrète et qui rappellent à la modernité son insuffisance anthropologique. Dès lors qu'elle entend s'opposer à une entreprise de reconstruction idéologique permanente de la communauté politique, elle se condamne à un conflit politique qu'elle redoute. La droite, en dernière instance, ne sera jamais assez respectable pour la gauche.

4

LE PROGRESSISTE ET LES LÉPREUX
Le populisme comme dérive réactionnaire de la démocratie

> Nous n'avions pas prévu le retour, flambant neuf, de l'ancien.
>
> RÉGIS DEBRAY.

> Les paysans polonais ne se trouvaient certes pas sur les sommets de la civilisation. Ceux que j'observais étaient peut-être illettrés. Mon ami eût dit certainement que c'étaient des imbéciles puants et abominables à qui il fallait apprendre à penser. Mais une semence était préservée en eux, ou chez les Baltes, ou chez les Tchèques ; elle pouvait l'être parce qu'on ne les avait pas guéris à la manière de M. Homais. Je ne suis pas certain que la tendresse avec laquelle les femmes baltes soignaient leurs petits jardins – les superstitions des femmes polonaises ramassant les herbes magiques – la tradition de laisser une assiette pour un voyageur lorsqu'on s'assied au souper, la veille de Noël – ne soient pas gages d'une force bienfaisante qui peut être développée. [...] Pour les cercles dans lesquels vit mon ami, supposer que l'homme soit un mystère, c'est une insulte abominable. Et pourtant ces gens veulent ériger un homme nouveau – mais ils font comme le sculpteur qui tire une image de la pierre en rejetant tout ce qui est superflu. Il me semble qu'ils se trompent – que leur savoir, si grand soit-il, est insuffisant, et que le droit de vie et de mort qu'ils tiennent dans leurs mains est une usurpation.
>
> CZESLAW MILOSZ.

À l'été 2018, à Quimper, en Bretagne, à l'annonce d'une longue campagne pour les élections européennes se dessinant alors comme un référendum sur l'immigration massive, Emmanuel Macron a voulu situer la querelle à l'échelle historique en se présentant comme le champion du progressisme contre la « lèpre populiste » et nationaliste[1]. La formule laissait aisément comprendre que la civilisation européenne était à la veille de revivre, dans un nouveau décor historique, la lutte entre la démocratie et le fascisme, ce que le président français confirma quelques mois plus tard en confiant à la presse qu'il sentait planer sur notre temps l'ombre des années trente, une référence devenue obsessive chez ceux qui veulent contenir le retour des nations et même en finir avec elles. D'ailleurs, c'est l'imaginaire de la contagion qu'a mobilisé Emmanuel Macron pour parler de ses adversaires. La lèpre fait des lépreux, et on n'invite pas le lépreux à participer comme si de rien n'était à la vie publique. D'abord on le met en quarantaine, et ensuite, dans la mesure du possible, on le soigne. Il s'agissait ici, naturellement, d'une lèpre politique susceptible de corrompre moralement la cité. La poussée populiste était assimilée à une maladie susceptible de nécroser le corps social. Selon la formule belge, il serait nécessaire de tendre un « cordon sanitaire » pour empêcher la contamination de l'espace public. La mobilisation était urgente. L'Europe serait au cœur de l'abîme. Jamais la démocratie européenne n'aurait été aussi fragilisée depuis que planait sur elle la menace totalitaire.

Rien de tout cela n'était vraiment nouveau, faut-il le dire. Depuis le début des années 1990 et la chute du mur de Berlin qui a pour un temps laissé croire à une fin de l'histoire dissolvant une fois pour toutes les affrontements politiques dans une simple querelle gestionnaire, la vie politique européenne s'est repolarisée à travers le combat contre « l'extrême-droite ». Ce dernier est vite devenu l'obsession du système médiatique et de la science politique. Il s'agissait de construire une catégorie repoussoir servant à la fois à décrire le phénomène et à le décrier. La figure de l'ennemi, constitutive du politique mais neutralisée par l'anthropologie libérale, se recomposait à partir du retour d'un péril oublié. Une force depuis longtemps vaincue reviendrait hanter la démocratie, en sortant des marges où on l'avait tenue enfermée. La vieille extrême-droite, depuis longtemps vaincue, reviendrait avec de nouveaux habits : c'est ce que laisse entendre la dénonciation épouvantée du « retour des populismes ». Mais ce récit sonnait faux. Il y a des limites à sonner les cloches contre l'éternel retour des années 1930, sauf à vouloir assimiler toute forme de critique de la modernité à une pensée à la dérive conduisant inévitablement au fascisme et au nazisme. La bête immonde n'est pas toujours à nos portes et son ventre n'est plus nécessairement fécond.

Historiens, politologues et sociologues ont cherché à formuler des concepts et des grilles interprétatives pour rendre compte de ce qu'il y avait de fondamentalement neuf dans la poussée populiste, sans pour autant cesser de la traiter comme une menace. À tout le moins, il s'agissait d'une menace partiellement inédite, qui ne reconduisait pas de manière simpliste les querelles d'hier dans le monde d'aujourd'hui. Taguieff parlera ainsi d'une mouvance national-populiste, pour clarifier notre compréhension d'un nouvel objet. « La fausse clarté de la catégorie "extrême-droite", relayée par celle de "droite radicale", aura constitué le principal obstacle devant les tentatives d'analyser les formes émergentes d'une contestation globale non-marxisante des sociétés contemporaines. Elle conduit à postuler que les néo-populismes de droite européens, réduits à des rejetons de la vieille extrême-droite, sont une « menace pour la démocratie » alors qu'ils sont d'abord un symptôme du malaise démocratique [...][2]. » Mais les précisions conceptuelles de la science politique et cet appel à ne pas réduire le mouvement historique à l'éternel retour du même ne relativisaient que bien partiellement la mise en scène du péril populiste : la démocratie se redéfinira positivement à la manière d'un programme de lutte contre toutes les discriminations, et plus particulièrement, de lutte contre le racisme, le sexisme et l'homophobie. L'antifascisme, dans la démocratie contemporaine, s'est affranchi de la lutte contre le fascisme historique et s'est reconverti dans la lutte contre toute forme de conservatisme entendant s'opposer à la mutation civilisationnelle associée aux *Radical Sixties*. Le nouveau régime diversitaire est ainsi parvenu à récupérer sa mémoire pour associer ses adversaires à l'ennemi diabolique de la démocratie, contre lequel tout serait permis[3]. La lutte contre l'intolérance prend le relais de la lutte contre le fascisme – tel devrait être le projet politique de notre temps, et il passerait par la déconstruction des particularismes historiques comme les cultures nationales ou des identités civilisationnelles les plus profondes, relatives à la nature humaine – on pensera à la différence sexuelle. L'antifascisme est désenclavé de l'expérience historique du fascisme : il a désormais pour vocation de mener la bataille pour la société ouverte contre la société fermée. On retrouve ici la théorie de l'École de Francfort pour qui le fascisme n'était finalement qu'un conservatisme radicalisé en situation de crise reposant sur les structures sociales traditionnelles de la civilisation occidentale et la personnalité autoritaire qui se jetterait naturellement vers lui pour contenir une décadence fantasmée[4]. « Tant d'énergie déployée contre un fascisme illusoire, note Jean Sévillia, n'a pour fonction que de préserver l'héritage idéologique dont les élites sont dépositaires, leur utopie d'un univers sans contraintes et sans barrières[5]. »

Sans le moindre doute, une puissante poussée protestataire se fait sentir, qui remue les couches profondes de la société et bouleverse les cadres généralement entendus de l'analyse politique, comme si le système d'interprétation global censé rendre intelligible cette crise à grande échelle peinait à y voir ce qui est pourtant une mutation de la vie démocratique occidentale. Elle est étiquetée populiste mais ce terme n'est pas toujours revendiqué, loin de là, d'autant qu'il agrège des phénomènes qui, s'ils se répondent sur certains plans, ont peu à voir entre eux sur bien d'autres[6]. En règle générale, qualifier un adversaire de populiste, c'est l'injurier. Le populisme est aussi souvent associé à un style insurrectionnel, presque tribunicien. Si nous le retenons ici, on l'aura compris, c'est avec la volonté de décrypter le traitement de cette poussée par le système politico-médiatique. Dans plusieurs pays, les partis populistes sont parvenus à quitter la seule fonction tribunitienne dont ils s'étaient emparés, où ils constituaient politiquement le peuple dans une posture insurrectionnelle, ce qui paradoxalement, consacrait son exclusion du jeu politique[7]. C'est à une recomposition politique de grande envergure qu'on assiste. Les thèmes mêmes investis au cœur de la conversation civique mutent. Devant l'émergence de la question identitaire, la gauche social-démocrate et la droite libérale, qui s'étaient longtemps querellées respectueusement dans les paramètres de l'État social, trouvent enfin l'occasion de se réconcilier. Quant aux forces nouvelles, elles parviennent à s'imposer, et même à concourir pour les fonctions gouvernementales. Aux États-Unis, le système politique n'a pas été capable de contenir l'insurrection populiste, qui est parvenue à s'emparer à travers la campagne de Donald Trump d'un des deux pôles du système politique partisan alors que traditionnellement, le populisme, qu'il soit de gauche ou de droite, misait sur la case du troisième parti, censé délivrer la politique américaine du combat toujours reconduit entre Républicains et Démocrates. En d'autres mots, si la stratégie de Trump était populiste, il ne faut pas oublier qu'il l'a menée non pas exclusivement à partir des marges du jeu politique, mais en s'emparant d'un des deux grands partis de la politique américaine, et cela à un moment où les Démocrates faisaient le choix d'une candidature incarnant de manière caricaturale un système de plus en plus erratique. De même, en Grande-Bretagne, le système parlementaire traditionnellement capable de contenir les poussées protestataires, ou du moins, de les neutraliser en les déradicalisant, aura échoué avec le Brexit : UKIP, le parti souverainiste et conservateur, est parvenu, en misant essentiellement sur la scène politique européenne, à occuper un espace politique suffisant pour forcer les grands partis à tenir un référendum, ce qui leur fut reproché. En Europe occidentale, le populisme parvient à participer aux coalitions gouvernementales, comme on l'a vu en Italie, alors qu'en Europe de l'Est, il a pris le pouvoir en faisant basculer de nombreux pays dans la *démocratie illibérale*, selon la formule aujourd'hui certifiée, dont la signification est moins évidente qu'on ne le croit. Il n'est pas certain qu'on puisse intégrer dans un seul et même phénomène global ces réalités, mais la politologie progressiste qui domine mentalement le système d'interprétation médiatique occidental les appréhende ainsi [8]. L'image souvent retenue est celle du tremblement de terre global, qui fragiliserait la démocratie occidentale. Ce populisme, identitaire, conservateur et souverainiste, remettrait en question le système de la mondialisation, qui s'est déployé depuis le début des années 1990, et plus encore, la société diversitaire issue des *Radical Sixties*.

On ne doutera pas de la sincérité de la croisade macronienne – elle est typique de la psychologie politique progressiste qui se représente la cité non pas comme le lieu d'un affrontement entre plusieurs pôles idéologiques légitimes, chacun traduisant à sa manière une anthropologie en philosophie politique, mais comme une lutte à finir entre le bien et le mal. Mais le discours d'Emmanuel Macron avait aussi une finalité stratégique explicite et représentait une forme de contre-offensive à l'échelle globale contre la poussée populiste : il s'agissait de configurer l'espace politique à son avantage, dans une lutte à finir entre le progressisme et le populisme, en liquidant la droite conservatrice, comme si cette dernière n'était plus qu'une quantité négligeable dans le débat public, ses maigres troupes devant soit se fondre à la majorité progressiste et consentir à leur neutralisation, soit se rallier à la mouvance populiste, et consentir à leur exclusion symbolique du périmètre républicain, soit conserver une existence résiduelle entre les deux, marquée au sceau de l'insignifiance. Le système politique français semblait épuisé et a trouvé en Emmanuel Macron une manière de se reconstituer sans passer par ce qu'on appelle les « extrêmes ». Venu de la « gauche », Emmanuel Macron est parvenu, en moins d'un an, à passer auprès d'une partie de l'opinion pour un président de « droite », sans se laisser pourtant circonscrire dans une identité politique précise. Il a théorisé avec son accession au pouvoir une représentation de l'espace public lui permettant de se mettre à l'abri, pour un temps, du moins, des courants les plus remuants de la politique française. Pour le dire en termes géographiques, Emmanuel Macron a su se placer en position centrale et refouler ses adversaires dans la périphérie. Ainsi positionné, il espérait une victoire presque totale – cette stratégie ne date pas d'hier, elle a été élaborée une première fois par Giscard qui prétendait rassembler deux Français sur trois et laisser dans les marges les oppositions décrétées radicales, qu'elles soient de gauche ou de droite, qu'elles se réclament du communisme ou du gaullisme conservateur.

Macron voulait s'engager dans un duel qu'il croyait avantageux avec le populisme et rééditer le scénario du deuxième tour de la présidentielle de 2017, lorsqu'il avait liquidé la droite pour n'avoir devant lui que la candidate du Front national – une stratégie qui lui avait aussi permis, dans la première année de sa présidence, de choisir ses contradicteurs privilégiés, notamment Jean-Luc Mélenchon, en en profitant pour liquider à peu près complètement la question identitaire à propos de laquelle il se savait en situation désavantageuse[9]. Le président français ne voulait pas représenter seulement un camp sur deux ou sur trois, mais se présenter comme le candidat naturel de l'ensemble des intérêts sociaux et politiques légitimes. Il s'agissait ainsi d'occuper tout l'espace de la légitimité politique et de refouler à l'extérieur du périmètre de la respectabilité démocratique les partis ne se reconnaissant pas dans l'avenir postnational et diversitaire qu'il destinait au vieux continent. Il entendait rassembler toutes les contradictions fécondes et raisonnables dans le grand parti présidentiel qui serait celui de l'unification des forces modernisatrices et libérales du pays et laisser aux marges les désaccords de fond. Il serait l'avenir : ses adversaires seraient le passé. Le macronisme serait le parti de l'intelligence. On pouvait aussi y voir aussi une réaffirmation de la théorie du « cercle de la raison » un temps avancée par Alain Minc et qui représentait bien le point de vue des élites médiatiques et politiques des trois dernières décennies : s'il peut y avoir des désaccords de méthode lorsque vient le temps de résoudre les problèmes de la cité, il ne saurait en avoir lorsque vient le temps de les définir et de les conceptualiser. La seule opposition valable serait constructive. Il y aurait les Européens modernes d'un côté et les vieux Gaulois réfractaires de l'autre. Le progressisme y revient toujours : il faut départager entre les forces vives et le bois mort d'une société, entre l'avant-garde et les retardataires, entre les voies du progrès et celles de la réaction, entre la société ouverte, tournée vers l'avenir, et la société fermée, hantée par la nostalgie. En d'autres mots, au-delà d'une simple manœuvre stratégique en contexte électoral, Emmanuel Macron entendait ainsi refonder les critères de la légitimité politique européenne, en distinguant entre les contradicteurs légitimes et ceux qui ne le sont pas, entre ceux qui devraient être intégrés à la conversation publique et ceux qui devraient en être exclus, à défaut d'en être formellement expulsés, la légalité et la légitimité démocratique ne se recoupant jamais parfaitement. La presse anglo-saxonne l'érigera pour un temps en héros européen, capable de remettre l'Europe sur le droit chemin.

La démocratie contradictoire

C'est la grande panique des élites progressistes. Nous entrerions dans l'âge de la régression caractérisée par le recentrement de la politique autour de dimensions comme « l'appartenance nationale, les promesses de sécurité et la restauration de la grandeur d'antan[10] ». Heinrich Geiselberger, dans la préface d'un ouvrage international rassemblant des intellectuels majeurs pour penser une riposte idéologique au populisme écrira que c'est un processus de « dé-civilisation » qui se mettrait « en branle sous nos yeux[11] ». Ce commentaire désolé s'accompagne d'une forme de lucidité tardive : « il est permis d'affirmer qu'un "nous" cosmopolitique convaincu n'est jamais véritablement parvenu à prendre forme. Bien au contraire, nous assistons aujourd'hui à un renouveau des différenciations ethniques, nationales et confessionnelles[12] ». Arjun Appadurai croira résumer ainsi la querelle de notre temps : « la grande question que pose notre époque consiste à savoir si nous assistons, oui ou non, à un rejet à l'échelle mondiale de la démocratie libérale et à son remplacement par une forme ou une autre d'autoritarisme populiste [13]. » La libération de la parole correspondrait donc à un effondrement des digues contenant la part mauvaise d'une civilisation que la modernisation diversitaire du dernier demi-siècle avait permis de refouler. Comme l'écrivait Natacha Tatu dans un « éloge du politiquement correct », « faire tomber la barrière de la bien-pensance, c'est prendre le risque de libérer les pires pulsions. Xénophobes, antisémites, islamophobes, misogynes, homophobes, maniaques des armes à feu, extrémistes de toutes sortes se sentent pousser des ailes [14] ». La dissidence politique à grande échelle est jugée inadmissible et il faut conséquemment rebâtir l'espace public pour éviter qu'elle ne sorte des marges ou ne parvienne à occuper autre chose que la fonction tribunitienne. En fait, c'est la dynamique idéologique dominante qui est de plus en plus ouvertement remise en question, qui conjugue le paradigme diversitaire avec la logique de l'émancipation.

Mais l'hypothèse du rejet de la démocratie libérale mérite d'être examinée de plus près. Car dans ce grand récit de la démocratie à sauver de ces nouveaux barbares que sont les plébéiens enracinés, on bute sur un problème majeur : loin de s'exclure eux-mêmes de l'imaginaire démocratique ou de considérer la démocratie comme un régime dégénéré qu'il faudrait mettre à bas pour restaurer la puissance de la nation, ceux qu'on appelle les populistes s'en réclament, et plus encore, s'en veulent les meilleurs traducteurs politiques, les meilleurs défenseurs. Les populistes n'acceptent pas le rôle d'antidémocrates, et à moins de les dépeindre exclusivement à la manière de manipulateurs sournois jouant avec le sens des mots pour dissimuler un programme inavouable, il faut prendre au sérieux cette prétention et voir comment ils comprennent la démocratie. S'ils versent assurément dans la démagogie, ils n'en ont pas le monopole, et leur défense d'un peuple sacralisé, homogène dans sa révolte contre une élite conspuée, répond en partie au discours d'une élite éclairée, tenant la bride à une population intoxiquée par ses préjugés ethnocentriques. Les populistes se veulent aujourd'hui les restaurateurs, et même les sauveurs d'une démocratie devenue étrangère à sa promesse inaugurale et entendent renouer avec un principe oublié, ou même méprisé : la souveraineté populaire, qui promet à un peuple de décider de lui-même des finalités qu'il placera au cœur de son existence politique et des grandes décisions lui permettant de construire son avenir. Le populisme, en réactivant la dimension agonique de la vie politique, contribue en fait à la repolitisation de la démocratie – il réintroduit des désaccords substantiels là où il n'y avait plus que des désaccords secondaires. L'imaginaire démocratique est interprété de manière si contradictoire par les progressistes et les populistes que nous sommes en fait témoins d'une réouverture de la question du régime. Il ne s'agit plus seulement d'aménager une société dont les paramètres sont généralement acceptés par l'ensemble des acteurs sociaux mais bien de redéfinir la mise en forme du pouvoir. En d'autres mots, le progressisme comme le populisme se réclament tous deux de la démocratie, et s'accusent mutuellement de la trahir, ce qui nous rappelle son caractère irréductiblement polysémique.

De manière bien trop schématique, on pourrait dire que les progressistes s'attachent à la dimension formelle de la démocratie libérale, alors que les populistes s'attachent à sa dimension substantielle, et qu'on ne saurait en sacrifier aucune des deux. La mouvance populiste mobilise des affects qui étaient depuis longtemps dépolitisés dans l'ordre libéral d'après-guerre, qui s'est voulu technocratique et qui ne définissait plus la nation qu'à travers une référence aseptisée et asséchante aux valeurs, comme si son épaisseur historico-culturelle ne comptait plus. Il ne semble plus possible d'invisibiliser ainsi la part charnelle de la communauté nationale. Le retour des passions politiques est assimilé par la politologie progressiste à une submersion de la raison par l'émotion ou pire encore, à un simple retour de la « haine[15] ». Alors que la modernité technocratique avait cherché à dépolitiser la chose publique en la soumettant à la logique rationaliste du plan ou en la neutralisant à travers celle du marché, le retour des temps tragiques replace au cœur de l'histoire la décision politique – c'est l'existence même de la communauté politique qui est remise en question et ce sont des conceptions contrastées de l'être humain qui finissent par surgir dans un affrontement déclaré. On a beaucoup glosé au fil des dernières années sur l'émergence de clivages se substituant à l'affrontement consacré entre la gauche et la droite, certains voyant les conservateurs affronter les progressistes alors que d'autres décrétèrent plutôt le temps venu du conflit ouvert entre les souverainistes et les mondialistes. Ces clivages ne se recoupent pas nécessairement et ne mettent pas l'accent sur les mêmes enjeux mais s'ancrent dans des terreaux sociologiques clairement identifiables, qu'on ne saurait réduire à de simples préférences idéologiques[16]. Une chose semble certaine : les catégories politiques apparues dans le cadre de la modernité providentialiste, qu'il s'agisse de la gauche sociale-démocrate ou de la droite néolibérale semblent de moins en moins opérantes.

À plusieurs reprises ces dernières années, on a noté la difficulté croissante des sondages à prédire adéquatement les résultats électoraux ou référendaires, comme s'ils scrutaient seulement en surface les préférences populaires[17]. C'est qu'ils ne fouillent plus nos sociétés en profondeur. Ils ne cherchent plus à décrypter les fantasmes qui les traversent, les peurs plus ou moins avouées qui logent dans l'inconscient des électeurs. Conséquemment, ils n'explorent qu'en surface les motivations électorales et cèdent souvent à une explication strictement matérialiste du monde[18]. Plus une élection s'inscrit dans un cadre politique stable, où les grandes alternatives sont bien connues et balisées, plus les sondages sont fiables. Mais dès qu'il s'agit d'une élection dans un climat insurrectionnel, où les passions se réchauffent et parviennent à remuer la vie politique, ils font défaut, quand ils ne font tout simplement pas faillite. Leur méthode semble intimement liée à la définition gestionnaire du politique, qui cherche à identifier à la manière de clientèles électorales les différentes catégories d'électeurs – pour le dire autrement, ils ne vont pas assez en profondeur et peinent à retrouver le peuple où il se trouve.

La question du peuple

À la suite de Vincent Coussedière, on pourrait dire que le populisme surgit lorsque le peuple, quelle que soit la définition qu'on en donne, exprime politiquement le refus de sa propre dissolution et se manifeste pour rappeler son existence[19]. La démocratie ne saurait se séparer de la figure du peuple, semblent soutenir les populistes, au moment même où elle semble difficile à ressaisir. Car le populisme passe souvent, et même d'abord pour une forme de protestation identitaire contre l'immigration massive, et plus largement, contre une mondialisation dépossédant politiquement les nations. La révolution migratoire, partout présente dans la politique occidentale contemporaine, rouvre une question qui a été peu à peu censurée dans la deuxième moitié du XXe siècle :

celle de l'identité du *demos*. C'est que la démocratie moderne, à bien des égards, repose sur un paradoxe : elle sacralise théoriquement la souveraineté populaire en en faisant le fondement du pouvoir politique mais se montre incapable de caractériser le peuple qui en est dépositaire. Plus encore : elle marque une hostilité manifeste envers ceux qui rappellent que le peuple démocratique est toujours un peuple particulier, avec son histoire, sa culture, ses mœurs, ses institutions et ses frontières. La dynamique de l'émancipation démocratique obligerait plutôt chaque peuple à se dépouiller de son particularisme pour s'engager dans la construction d'une humanité unifiée, glorifiée à travers la figure du citoyen du monde. Au nom de la lutte contre les discriminations, il faudrait délivrer la citoyenneté de tout contenu identitaire particulier, les pays devant devenir théoriquement interchangeables entre eux. À certains égards, on pourrait dire de la démocratie contemporaine qu'elle pousse à l'invisibilisation du *démos*, que l'on veut réduire à une pure catégorie procédurale sans substance. Mais les grandes migrations, qui mettent des populations en mouvement, font exploser brutalement le paradigme du demos invisible, dans la mesure où ce sont des communautés qui s'installent dans les démocraties occidentales font resurgir au sein même de la communauté politique la différence entre le nous et le eux. La présence de plus en plus massive de populations culturellement étrangères aux nations occidentales oblige ces dernières à ouvrir la question de leur identité et à expliciter l'arrière-fond culturel et civilisationnel qui fonde la communauté politique. À quoi doit-on s'intégrer ou s'assimiler lorsqu'on les rejoint ?

La question migratoire oblige la démocratie à se questionner sur ses propres fondements et cela pousse même à une réécriture de l'histoire, pour dissoudre le fantasme supposé de l'identité nationale – l'identité nationale serait un refuge imaginaire qu'il faudrait déconstruire pour que s'expriment enfin des sociétés plurielles. La trace du peuple devrait être effacée pour qu'on ne la retrouve plus. Il suffit, pour le comprendre, de rappeler la vive querelle provoquée par la publication de l'*Histoire mondiale de la France*. Certains y virent le signe d'une passion spécifiquement française pour l'histoire. C'est une erreur de perspective, même si c'est probablement en France, effectivement, que ce débat est le plus intellectualisé, et c'est en cela qu'il était instructif. Patrick Boucheron expliquait, pour ceux qui en auraient douté, qu'à son avis, l'histoire devait lutter « contre l'étrécissement identitaire qui domine aujourd'hui le débat public[20] ». L'histoire du monde serait celle de peuples se métissant sans cesse, et devant refuser de se laisser figer dans une définition substantielle d'eux-mêmes. Pour peu qu'on traduise politiquement la conception de l'histoire qu'il nous propose, l'histoire métissée a pour conséquence une dissolution du vieux pays sous la pression migratoire, qui serait une chance et qu'il faudrait encenser sans jamais lui résister. Sans surprise, le Canada – on pourrait plus méchamment parler d'un Canada Potemkine – joue dans l'imaginaire politique contemporain le rôle de Disneyland diversitaire – il est proposé à l'admiration de tous comme un modèle universel, le pays ayant renoncé à toute identité substantielle et ne se définissant plus que par sa diversité, et plus encore, par son désir de pousser le plus loin possible la quête de la diversité. Son ouverture au niqab, par exemple, vient confirmer à ses propres yeux sa propre tolérance, et la supériorité de son modèle justement capable de transcender et même de contrarier le malaise populaire au nom du droit des minorités. Le Canada se construirait en se déconstruisant, et en ne tolérant plus que les entraves venues du monde d'hier contiennent une mutation de plus en plus accélérée, qui ne semble plus connaître de fin. Le Canada, qui revendique le titre de superpuissance morale, ne se présente pas seulement, selon la rhétorique longtemps utilisée par le gouvernement fédéral, comme le meilleur pays au monde, mais plus encore, comme le pays le plus en avance au monde, comme s'il représentait la prochaine étape dans l'histoire de l'humanité[21].

La réaction identitaire serait le nouveau visage de la contre-révolution : c'est elle qui empêcherait la logique universaliste de la modernité de se déployer pleinement, en substantialisant des identités qu'il faudrait plutôt déconstruire[22]. S'il est permis, par exemple, de s'opposer tièdement aux excès diversitaires en proposant d'interdire le voile intégral dans l'espace public, il ne sera pas permis d'affirmer que certaines populations sont bien plus difficilement assimilables que d'autres[23], une telle réflexion étant assimilée au racisme différentialiste. Nous sommes tous des immigrants : ce slogan repris en boucle partout dans le monde occidental venant ainsi disqualifier l'idée d'une population fondatrice ou si on préfère, d'un noyau identitaire propre à chaque pays, auquel il serait nécessaire de s'agréger pour s'intégrer. La désincarnation de la communauté politique pousse à une fracture de plus en plus prononcée entre la citoyenneté et l'identité, la première se réinventant avec la valorisation de la diversité, la seconde étant appelée à s'effacer pour faire oublier le privilège hégémonique qui fut trop longtemps le sien. La théorie du racisme systémique en vient à traduire l'existence d'une culture historique au sein d'un pays à la manière d'un système discriminatoire servant exclusivement les natifs et qu'il faudrait démonter. Ils voudraient maintenir à tout prix des privilèges ethnoculturels illégitimes, seulement dus aux hasards de l'histoire. Tel qu'il est aujourd'hui utilisé par le régime diversitaire, le concept de racisme a surtout pour fonction de neutraliser politiquement et d'inhiber culturellement toute réaction politique trop vive à ce que les peuples ressentent comme une forme de submersion migratoire qui sans être provoquée, est néanmoins tolérée et peut-être même encouragée par la frange dominante des élites occidentales. L'extension infinie de la définition du racisme a pour fonction de délégitimer toute particularisation de la citoyenneté – l'élan cosmopolitique traversant la mondialisation devant non seulement relativiser la notion de frontière mais la distinction même entre celui qui est citoyen et celui qui ne l'est pas, la figure sacralisée du migrant devant être normalisée, celle du citoyen attaché à son pays et à sa continuité historique devant être disqualifiée. Le vocabulaire devra même s'adapter : l'immigré illégal ou le clandestin ne sera plus nommé que le migrant irrégulier. La population historique réfractaire à son déclassement symbolique et institutionnel devra être rééduquée, pour apprendre à célébrer la beauté de la différence là où ses catégories mentales traditionnelles la poussaient à voir un échec de l'intégration et un émiettement du corps politique[24]. La démocratie, pour aller au bout d'elle-même, devrait liquider les peuples historiques et concrets et embrasser tôt ou tard la figure de l'humanité réconciliée à la manière d'un *démos* diversitaire mondialisé. C'est parce qu'il n'y aurait plus de différences substantielles entre les communautés humaines qu'une humanité philosophiquement unifiée pourrait enfin passer d'idéal à réalité, à tout le moins sur le plan du droit. Nous ne sommes pas loin du mythe de l'homme nouveau, comme si l'homme devait se purger de son existence historique pour renaître d'une matrice virginale, sans corruption aucune, l'amenant à communier dans une humanité enfin réconciliée, parce que délivrée de sa pluralité, qui ne lui était pas consubstantielle, mais était simplement le fait de sa *chute dans l'histoire*.

Au-delà de la célébration de la diversité, Carolin Emke ira jusqu'à dire que « le recours au concept de peuple est ambigu[25] ». Le peuple ne serait qu'une forme vide et on ne le saurait le définir à la manière d'un substrat démographique et culturel avec son propre cadre politique, soutiendra par exemple Pierre Rosanvallon dans sa vaste histoire de la démocratie française. Le peuple ne prendrait forme qu'à travers son travail de représentation et la souveraineté populaire devrait se délivrer de la mystique de l'unité du peuple – mieux encore, c'est en pluralisant sans cesse la représentation qu'on permettrait au peuple de faire l'expérience de sa diversité[26]. Yascha Mounk se veut aussi perplexe : « la démocratie promet de laisser le peuple gouverner. Mais cela suscite aussitôt une question faussement simple : qui, au juste, est le peuple[27] ? » Chantal Mouffe, dans la perspective de la démocratie radicale, soutiendra aussi que le peuple est une construction politique sans substrat sociohistorique : il n'existerait qu'à travers la mise en scène de revendications particulières qu'il permettrait de synthétiser[28]. Jan Werner Muller écrira quant à lui « que le peuple s'exprime au pluriel, qu'il est polyphone et qu'il n'existe pas une vox populi ; oui, il serait même possible de dire que le peuple, ce faisant, devient processus[29] ». Ce processus serait en perpétuelle réinvention et devrait sans cesse élargir ses frontières et diversifier sa composition selon les exigences de l'inclusion démocratique. Le peuple achève ici son processus de dissolution. Le contractualisme, qui fut d'abord une fiction philosophique nécessaire à sa représentation du consentement à l'origine de la démocratie moderne, s'est transformé en matrice à partir de laquelle repenser tous les lieux sociaux. Telle serait la prochaine étape de la démocratie : le peuple devrait pouvoir s'autofonder et non plus accepter sa définition par l'histoire, d'autant que la découverte de sa diversité interne, rendue possible par le travail des sciences sociales, révélerait les rapports de domination le traversant et disqualifiant la souveraineté populaire, accusée de masquer simplement la tyrannie de la majorité. Tout en reconnaissant que la démocratie « ne naît pas du néant », Werner-Muller précisera que les démocraties sont « toutes le résultat de hasards historiques – et notamment de nombreuses injustices[30] ». Nous serions rendus au moment dans l'histoire où la démocratie pourrait s'affranchir du cadre qui l'a vu naître – en fait, elle le devrait, et la nation, désormais décrétée vieille béquille, pourrait être abandonnée. On y revient. Alors que le contractualisme moderne présupposait sans nécessairement l'admettre l'existence d'un peuple entendu à la manière d'une communauté politico-historique, la modernité tardive travaille à sa dissolution, d'abord et avant tout en réduisant l'appartenance collective à une adhésion consciente à des valeurs universelles qui seraient seules fondatrices du pacte politique – c'est bien évidemment le modèle du patriotisme constitutionnel habermassien[31], qui correspond plus largement à une neutralisation de l'identité dans les paramètres de la citoyenneté, chaque communauté politique devant s'extraire de sa propre culture et s'arracher à sa propre histoire pour se refonder dans un contractualisme diversitaire où il ne sera plus possible de reconnaître le noyau identitaire d'un peuple auquel doivent s'assimiler ceux qui le rejoignent, aucune réalité ne devant se manifester au-delà du droit à l'égalité[32].

La neutralisation de la souveraineté populaire

On l'aura compris, la référence au peuple ou à la nation comme réalité historique substantielle est désormais assimilée implicitement ou explicitement au racisme. Il n'en demeure pas moins, toutefois, que cet appel à la nation particulière, ou si on préfère le dire plus largement, cet appel au particularisme collectif, demeure politiquement mobilisateur. Il emporte l'adhésion de larges couches de la population. Il excite l'imaginaire et pousse à la révolte, comme s'il répondait à des aspirations irrépressibles inscrites dans la nature même du corps politique, liées à l'appartenance et à l'identité. Même si elles sont traduites médiatiquement comme une poussée xénophobe relevant du repli sur soi, de grands segments de la population continuent d'être animées par des préoccupations identitaires. La question est alors la suivante : que faire d'une population jugée indigne de la promesse émancipatrice de la modernité. On est tenté de la jeter aux poubelles de l'histoire. Si la démocratie moderne accorde la souveraineté au peuple, c'est à condition, dit-elle sans le dire, qu'il soit suffisamment compétent pour voter – c'est-à-dire pour bien voter. Cette compétence était traditionnellement associée au sens commun, mais ce dernier est désormais déchu comme l'autre visage du préjugé[33].

Comment concilier l'idée d'un sens de l'histoire, ce qui est l'autre nom du progrès, et le pouvoir reconnu au peuple de construire librement son avenir politique, à partir de ses préférences. Cette contradiction n'est pas qu'apparente et elle est au cœur de l'insurrection populiste. C'est au nom de la démocratie qu'on condamne le vote populaire qui entend restaurer le caractère national de l'État, et c'est au nom de la démocratie que ce vote s'exprime. Cette question se traduit en termes électoraux : que faire du peuple lorsqu'il vote mal ? Quel statut accorder aux élections dans la mesure où elles replacent rituellement la figure de la souveraineté populaire au cœur de la vie démocratique alors que celle-ci, on l'a vu, ne se définit plus à partir d'elle ? Que faire de la souveraineté populaire lorsqu'elle révèle son potentiel conservateur, que d'autres vont jusqu'à dire réactionnaire, surtout lorsqu'elle en vient à remettre en question certaines avancées sociétales et les droits obtenus au nom de la diversité ? Autre manière de le dire : sur quoi la souveraineté populaire devrait-elle avoir une emprise ? Lorsqu'un grand débat est organisé, sur quoi peut-il porter ? Est-il permis de discuter librement des grandes décisions collectives ou la dynamique de la modernité programme-t-elle à l'avance les droits à reconnaître au nom de la diversité ? Est-il permis de remettre en question certaines « évolutions » relevant du droit international ? Est-il permis de remettre en question la construction européenne, ou le dépassement de la souveraineté nationale ? Est-il possible de remettre en question les grandes avancées sociétales des dernières décennies ou ces dernières étaient-elles mises à l'abri de la souveraineté populaire par le sens de l'histoire ou celui du progrès ? Mais qui a l'immense pouvoir de trier entre les questions qui peuvent de nouveau être l'objet de la délibération publique et celles qui s'y dérobent ? Les droits de l'homme, à moins d'être pensés sous le signe de la révélation, sont nécessairement posés politiquement, et les institutions qui prétendent interpréter leur développement et leur déploiement disposent finalement de la souveraineté effective comme force de transformation sociale. On revient au paradoxe fondateur de la démocratie diversitaire : que faire quand le peuple d'hier, qui s'entête à ne pas se dissoudre, vote mal, et de manière assez massive pour entraver ce qui est perçu comme la marche de l'histoire ? Que faire quand les catégories sociales qui ne vivent pas selon les codes de la mondialisation diversitaire ne semblent pas capables ou désireuses de s'y adapter ? Doit-on accorder à ceux qui ne sont pas jugés moralement à la hauteur de l'idéal démocratique le droit d'entraver son accomplissement, parce qu'ils en auraient une conception primitive ?

L'histoire de la répression vendéenne est à certains égards un révélateur d'une tentation récurrente de la modernité : celle de l'éradication des catégories sociales jugées retardataires. Une communauté enracinée, refusant de sacrifier sa culture et ses mœurs au nom de l'abstraction révolutionnaire, était liquidée. Plus encore : on avait fait le projet de l'éradiquer, à la manière d'un résidu historique désagréable dont la simple existence retardait la marche de l'histoire. À plusieurs reprises, cette scène se reproduira, comme on le verra aussi avec les koulaks. Naturellement, elle ne se mène plus de la même manière dans les paramètres de la démocratie libérale, mais demeure au cœur du régime diversitaire la notion de populations retardataires. On destinera à la broyeuse historique les petites nations – on réduira souvent leur existence nationale à une forme de régionalisme égoïste. Si on laisse de côté la question certainement pas négligeable de la violence, on peut reconnaître un même schème de pensée dans le mode de fonctionnement du régime diversitaire. Les populations périphériques risqueraient, en fait, de détourner la démocratie ou plus exactement, de lui faire connaître une *dérive réactionnaire*. Lorsque la France périphérique entrave le déploiement de la France mondialisée, lorsque les *people of somewhere* limitent l'épanouissement des *people of everywhere*, c'est que la démocratie fait faillite[34]. Lorsqu'un vieux peuple historique restaure ses droits contre le régime diversitaire, elle fait faillite aussi. Il faut bien voir de ce point de vue à quel point le vote en faveur du Brexit a été présenté médiatiquement et politiquement non seulement comme un mauvais choix politique, mais comme une catastrophe morale, témoignant d'une forme d'échec démocratique.

« On vient d'entrer dans une ère où les idées très acquises, sur lesquelles on ne pensait plus avoir de débats, sont remises en question », pourra-t-on écrire sans gêne au lendemain de la victoire de Donald Trump. « On a sous-estimé la volonté de nos sociétés de se replier sur elles-mêmes, on a sous-estimé cette peur de l'autre, on a sous-estimé la volonté de ne pas accueillir de musulmans. Ces mouvements-là existent, et plus fort qu'on ne le pensait[35]. » Le jugement sera définitif : le trumpisme serait « la revanche de l'homme blanc ». Plus encore, « cette politique du revanchisme a aujourd'hui trouvé son accomplissement absolu dans une insurrection de l'homme blanc moyen, effaré de ne plus être la norme et qui a peur de voir d'autres que lui disputer son hégémonie culturelle[36] ». Au mieux, on expliquera cette dérive réactionnaire en parlant de la crédulité naturelle du peuple devant la démagogie, ce qui pousse à un contrôle de plus en plus serré de l'information au nom de la lutte contre les *fake news*. Un journaliste de grand nom, revenant sur les récents événements, écrira : « Nous voici face à une entreprise industrielle de désinformation dont la victoire du Brexit en Grande-Bretagne et celle de Trump dans la course à la Maison Blanche ont montré la puissance[37] ». Un peuple bien éduqué n'aurait pas l'idée de mal voter, un peuple rééduqué encore moins, ce qui rappelle l'importance des campagnes de sensibilisation permanente et de lutte contre les préjugés et les stéréotypes. Une information éclairée conduirait *automatiquement* à un vote dans le sens de l'histoire. Le peuple ne se serait pas trompé : il aurait été trompé, et même désinformé. Comme le note François-Bernard Huygues, « l'identification du parti du faux à celui de la clôture politique et culturelle s'impose tout naturellement après le référendum britannique [...][38] ». Mais d'autres ne veulent plus disculper le peuple et entendent trier entre les électeurs dignes de voter et les autres, qui pollueraient la démocratie de leurs préjugés. Au lendemain du vote, de nombreux analystes soutenaient que les catégories sociales urbanisées, évoluées, éduquées et sophistiquées auraient appuyé sans l'ombre d'un doute le maintien de la Grande-Bretagne dans l'Union européenne, alors que les partisans du *Leave* étaient pour l'essentiel des électeurs déphasés, sous-éduqués, en réaction contre la mondialisation et la modernité, et enfermés dans des schèmes mentaux pétrifiés, inadaptés aux exigences de notre temps. Ces électeurs-boulets ne seraient plus qualifiés civiquement[39]. Quand le peuple vote mal, on se permet de le décrire de la plus vile manière. Les électeurs du Brexit étaient dépeints comme les représentants de catégories sociales résiduelles, inadaptées, enfermées dans des schèmes mentaux périmés. Il s'agissait d'une population trop vieille, trop blanche, trop homogène, qui protesterait vainement pour stopper l'arrivée des temps diversitaires. Le *Brexiter* moyen était un « homme blanc de plus de 50 ans » ancré dans la Grande-Bretagne périphérique, faiblement éduqué et hostile à la diversité. À partir de l'automne 2018, les Gilets Jaunes, en France, furent présentés comme les déclassés symboliques et matériels de la mondialisation, attachés à un mode de vie contradictoire avec la survie de la planète, et incapables de comprendre les exigences propres à la transition énergétique. On entendra la même chose au lendemain de la victoire inattendue de Donald Trump lors de l'élection présidentielle américaine. Hillary Clinton avait déjà lancé le signal quelques semaines avant l'élection en assimilant les électeurs de son opposant à un « basket of deplorables[40] », autrement dit, à une collection de paumés.

Derrière l'appel au peuple des populistes s'exprimerait un sursaut clanique de la part la plus rabougrie de la civilisation occidentale. Le vote pour Trump était un vote communautariste blanc, témoignant de la psychologie anxiogène dans laquelle évolueraient les Américains d'origine européenne, conscients de perdre le contrôle démographique sur le pays, se replieraient sur un candidat autoritaire prétendant empêcher ce déclassement historique et symbolique. Pour reprendre les mots de Guy Sorman, « [Trump] leur a dit ce qu'ils voulaient entendre, que l'Amérique authentique, c'était eux. « Quand l'Amérique était grande », pour reprendre le slogan de Trump, l'homme blanc, maître chez lui, dictateur de sa femme et de ses enfants, généralement protestant, travaillant de ses mains à la ferme ou à l'usine, méprisant envers les gens de couleur, soldat en cas de nécessité, celui-là seul était un Américain. Depuis les années 1960, cet homme blanc a vu son univers se déliter : la libération des femmes, la domination des musiques, des artistes, des sportifs afro-américains et latinos, la discrimination positive, l'exaltation de la diversité culturelle, le mariage homosexuel, le langage politiquement correct, tout cela a été perçu par le mâle blanc comme la substitution d'une identité nouvelle, mondialiste, cosmopolite et métisse à l'identité authentique. Dans cette dépossession telle que ressentie par le mâle blanc, la race, comme toujours aux États-Unis, était discriminante[41]. » Il s'agirait donc, essentiellement, d'un vote raciste : si seuls les Américains des deux côtes et des grandes villes avaient voté, la candidate démocrate l'aurait emporté. Il faudrait fabriquer un nouveau peuple – et l'optimisme serait de rigueur car le processus serait bien enclenché. Guy Sorman, avec quelque agressivité, écrira aussi : « Car l'immigration, légale ou non, se poursuivra – en raison de la prospérité américaine –, le métissage intérieur continuera et la nouvelle race américaine, arc-en-ciel, se substituera nécessairement à la résistance identitaire des mâles blancs. Cette transition pourra être douloureuse, voire violente, si Trump l'exacerbe au lieu de l'accompagner ; mais le pire n'est pas toujours certain[42] ». La transformation de la civilisation occidentale par l'immigration massive modifierait à terme son substrat démographique et condamnerait à l'impuissance les catégories sociales réactionnaires qui pour l'instant encore, seraient capables de nuire[43].

La dérive réactionnaire de la démocratie demeure néanmoins un risque que le progrès ne saurait plus courir et on ne saurait attendre le parachèvement de la mutation démographique occidentale pour se mettre pour de bon à l'abri du populisme. À défaut d'abolir la démocratie, il faudrait trouver le moyen de suspendre les effets les plus dommageables de la souveraineté populaire. Jacques Attali s'adonnera à cet exercice très concrètement dans les suites du Brexit. « Une génération devrait y réfléchir à deux fois avant de modifier une situation ayant un impact sur les générations suivantes. Il faudrait ensuite modifier la procédure de réforme constitutionnelle, pour s'assurer qu'un vote de circonstances ne puisse pas avoir des conséquences de long terme non désirées. Toute décision ayant un impact lourd sur le sort des générations suivantes, ne devrait pas pouvoir être prise par une majorité de moins de 60 % des votants, réaffirmée à trois reprises à au moins un an d'écart. Certains ne verront dans cette prise de position qu'une tentative désespérée d'une oligarchie dépassée pour maintenir un ordre démodé, en méprisant les désirs des peuples. Il s'agit au contraire de donner aux peuples le temps de réfléchir aux conséquences de ses actes et d'éviter qu'une génération, par caprice, ne détruise ce que les précédentes ont voulu laisser aux suivantes[44]. » Cette proposition, qui entend « sanctuariser le progrès » est certainement extrême mais elle révèle bien l'état d'esprit général d'une intelligentsia pour qui la démocratie sera progressiste ou ne sera pas : « admettre qu'on puisse remettre en cause des acquis, revient à nier la notion même de progrès ». Ce qui compte en démocratie, on l'aura compris, ce n'est pas la souveraineté populaire mais la logique du déploiement des droits, qui devrait aller jusqu'au bout d'elle-même.

Le régime diversitaire entend surtout encadrer de manière toujours plus serrée la souveraineté populaire au nom de l'« État de droit », dont on ne cesse d'étendre l'empire en en faisant paradoxalement l'essence véritable du projet démocratique – inversement, le domaine de la souveraineté populaire se rétrécira sans cesse. Le référendum sera généralement mal vu puisqu'il permettrait au peuple de se rassembler dans un grand moment unitaire, en lui permettant de trancher une question au-delà des paramètres habituels du débat public. Le référendum, en fait, permettrait au peuple de se reconstituer au moment où on cherche à le dissoudre, en plus, généralement, de reconduire la légitimité de l'espace national où il se tient. Sans surprise, le référendum d'initiative populaire, qu'on appelle aussi le référendum d'initiative citoyenne, est fondamentalement rejeté dans la mesure où il créerait les conditions institutionnelles pour que le peuple, ou du moins, certaines catégories suffisamment mobilisées de la population, puissent se mobiliser et imposer à l'agenda politique des enjeux qui n'étaient pas programmés dans la matrice médiatique. Cela dit, il est indéniable que le RIP peut contribuer au règne des factions, dans la mesure où les minorités les plus militantes et les mieux organisées peuvent le détourner à leur avantage en prenant en otage l'agenda politique pour le soumettre à leurs obsessions idéologiques. Plus l'histoire avance, plus le vieil idéal du gouvernement du peuple par le peuple se délite, comme si le multiculturalisme arrivé au terme de sa logique rendait tout simplement scandaleux le principe majoritaire. La judiciarisation du politique permet une mise en tutelle de la souveraineté populaire pour éviter la multiplication des dérives réactionnaires. La souveraineté populaire correspondrait au fantasme d'un peuple cohérent, capable de s'engager historiquement à travers le processus électoral. Ce fantasme se dissiperait devant l'avènement d'une société faisant de plus en plus intimement l'expérience de la diversité, qui s'épanouirait davantage sous le signe du gouvernement des juges, affranchi du contrôle populaire[45]. Les grandes réformes sociétales sont fréquemment initiées ou encouragées par les tribunaux, décrétés plus éclairés parce que justement affranchis de ce qu'on nommera péjorativement « l'humeur populaire ». Cette mutation institutionnelle de la démocratie s'est déployée « naturellement », sans jamais être avalisée formellement par un peuple, qu'on veut de toute façon congédier – cela en pousse certains à dire que les « droits de l'homme se retournent contre le peuple[46] ». On en dira de même de l'immigration massive, qui a transformé le substrat démographique européen et nord-américain sans jamais que cette révolution ne soit endossée démocratiquement[47] – les théoriciens militants de l'immigrationnisme expliquent désormais qu'elle relèverait de la simple logique du droit[48]. Si la forme institutionnelle des démocraties libérale est demeurée officiellement la même, et si le théâtre électoral est maintenu, il est désubstantialisé. Un gouvernement qui voudrait aujourd'hui appliquer un programme de sortie du régime diversitaire devrait d'abord travailler à *restaurer le pouvoir démocratique,* autrement dit, à réinvestir substantiellement la coquille vide qu'est devenu le gouvernement sorti des urnes.

La démocratie « illibérale » ou le pouvoir politique comme contre-pouvoir

C'est probablement à la lumière de ces derniers développements qu'il nous est possible de mieux comprendre la querelle de la démocratie illibérale, qui hante l'actualité politique, mais qui n'est peut-être rien d'autre que celle du populisme arrivé au pouvoir. Commentant la présente insurrection populiste en cherchant à la situer à l'échelle de la modernité, Yascha Mounk dira que « le peuple se soulève contre la démocratie », en entendant par-là qu'il se braquerait surtout contre l'État de droit et de libéralisme au nom de la souveraineté populaire – dans son vocabulaire, il parlera ainsi de la démocratie sans la liberté[49]. Ceux qu'on appelle les populistes ne se contentent-ils pas de récupérer des aspirations populaires abandonnées, comme celles liées à l'identité collective, ou celle liée au désir d'être gouverné par autre chose que des processus impersonnels qui rendent le pouvoir immaîtrisable ? Les populistes voudraient en revenir à une conception du peuple entendue comme réalité historique et sociologique substantielle, et non seulement comme association juridique de citoyens individuels. Dans un même esprit, Ivan Krastev parlera d'une « insurrection d'ampleur mondiale (adoptant) la forme d'une révolte de la démocratie contre le libéralisme[50] ». Ce qu'on reproche essentiellement à la démocratie illibérale est d'être une démocratie d'avant-hier – c'est-à-dire d'avant le passage du peuple historique à la société diversitaire et celui de la souveraineté populaire au gouvernement des juges. La démocratie illibérale se caractériserait alors par une survalorisation de la souveraineté populaire et dans le même esprit, par la survalorisation aussi d'une conception identitaire de la nation, qui entraverait l'émergence et l'expression des identités minoritaires ou sociologiquement étouffées. Il s'agirait d'une démocratie réactionnaire ne cherchant plus à faire aboutir le mouvement historique diversitaire et qui se donnerait même le droit de le renverser, au nom de la volonté du peuple[51].

La démocratie sans le progressisme est-elle encore démocratique ? Malgré les prétentions hasardeuses de certains leaders politiques qui s'en réclament, on est en droit de se demander si la démocratie illibérale n'est pas qu'un mauvais slogan, faisant diversion sur la bonne manière de comprendre le conflit entre le progressisme et le populisme. En d'autres mots, nous sommes à bien des égards dans une querelle interne à la démocratie libérale, sauf à réduire cette dernière à un principe évolutif seulement défini par les interprètes officiels et consacrés du mouvement de l'histoire. Le populisme, si on le prend au sérieux, et si on ne suppose pas qu'il porte en cachette un autre programme que celui qu'il revendique, entend donc moins abolir la démocratie libérale qu'en restaurer une conception antérieure, en reconstruisant ses conditions d'exercice, ce qui implique une revalorisation du peuple et de la souveraineté populaire par lequel il s'institue. Il ne s'agit pas de brandir l'étendard populiste, mais de comprendre qu'il faut moins y voir un retour de la bête qu'une forme de réaction interne à la démocratie. Il y a là néanmoins un paradoxe, qui nous ramène à notre point de départ : si la démocratie libérale est appelée à se déployer en reniant la souveraineté populaire, pour se neutraliser complètement dans l'élan diversitaire, elle devient dès lors étrangère non seulement à sa fondation philosophique, mais à certains des moments les plus importants de son histoire. Selon les critères contemporains, De Gaulle comme Churchill seraient à classer parmi les démocrates illibéraux les plus infréquentables. Le paradoxe de notre temps est que la démocratie diversitaire, qui prétend s'inscrire dans la longue histoire de la démocratie libérale et de ses combats au XXe siècle, combat ardemment les vertus et l'imaginaire historique qui lui ont permis de se défendre contre ses ennemis. La démocratie libérale, au XXe siècle, ne s'est pas sauvée que par ses propres moyens. De même, l'antitotalitarisme, à l'Est, s'est inscrit dans une vision du monde nationale et religieuse qui est aujourd'hui disqualifiée au nom de la démocratie libérale. Il n'est pas certain, d'ailleurs, que le libéralisme mérite d'être réduit à la définition qu'en proposent les promoteurs de la société diversitaire : Raymond Aron, probablement le philosophe politique le plus éclairant de la deuxième moitié du XXe siècle, savait équilibrer ses principes avec la souveraineté populaire dans la composition de la communauté politique.

C'est la fonction du politique qui se transforme dans la modernité avancée[52]. Le pouvoir politique, pour peu qu'il n'entende plus simplement adapter la société à la mondialisation diversitaire, devient un contre-pouvoir vers lequel se tourne le peuple, ou du moins, de grandes catégories de la population, pour contenir l'avènement d'un monde qu'elles ne désirent pas – un contre-pouvoir qui cherche péniblement à restaurer les conditions de son exercice mais qui trouve devant lui un capitalisme mondialisé déterritorialisant les sociétés, un pouvoir juridique qui profite de la sacralisation des droits pour se placer en position de surplomb par rapport à ceux qui se réclament de la souveraineté populaire et un pouvoir médiatico-universitaire qui transforme la société en champ d'expérimentation sociale. Le pouvoir politique devient l'instance symbolique et institutionnelle où le peuple peut se recomposer comme peuple, et s'apparaître à lui-même ainsi. La querelle entre le progressisme et le populisme ne représente peut-être, finalement, qu'une querelle interne à l'imaginaire démocratique, entre deux interprétations concurrentes et radicalisées du principe à partir duquel se constitue le pouvoir dans la modernité. De ce point de vue, au-delà des indéniables exagérations rhétoriques de chaque camp, on devrait chercher à dégager cette question des mauvaises controverses et nous recentrer sur sa part essentielle, soit la définition de la démocratie à laquelle nous nous référons dans la vie publique. On est certainement en droit de préférer une option à l'autre mais on se demandera pour quelle étrange raison il faudrait faire de cette querelle une poursuite de la Seconde Guerre mondiale dans un autre contexte.

5

LES BLANCS, LES RACISÉS ET LES AUTRES

La liberté d'expression sous le régime diversitaire

> On crie qu'on veut façonner un avenir meilleur, mais ce n'est pas vrai. L'avenir n'est qu'un vide indifférent qui n'intéresse personne, mais le passé est plein de vie et son visage irrite, révolte, blesse, au point que nous voulons le détruire ou le repeindre. On ne veut être maître de l'avenir que pour changer le passé. On se bat pour avoir accès aux laboratoires où on peut retoucher les photos et récrire les biographies et l'Histoire.
>
> MILAN KUNDERA.

> On entreprendra de défaire et de refaire, conformément à la raison et à la seule raison, tous les usages, les fêtes, les cérémonies, les costumes, l'ère, le calendrier, les poids, les mesures, les noms des saisons, des mois, des semaines, des jours, des lieux et des monuments, les noms de famille et de baptême, les titres de politesse, le ton des discours, la manière de saluer, de s'aborder, de parler et d'écrire, de telle façon que le Français, comme jadis le puritain ou le quaker, refondu jusque dans sa substance intime, manifeste par les moins détails et de ses dehors la domination du tout-puissant principe qui le renouvelle et de la logique inflexible qui le régit.
>
> HIPPOLYTE TAINE.

À l'été 2018, les députés français, dans un exercice de révision constitutionnelle à grand déploiement, multiplièrent les propositions pour mettre à jour le texte fondateur de la Ve République. Ils étaient nombreux à s'imaginer suffisamment malins pour modifier pour le mieux la constitution du général de Gaulle. C'était l'occasion de briller et de faire valoir l'idée géniale qu'ils croyaient avoir dans leur cartable. Mais parmi les propositions mises de l'avant, l'une était particulièrement attendue, d'autant qu'elle avait déjà été avancée par François Hollande au moment de la campagne présidentielle de 2012, soit le retrait du mot « race » de la constitution française, sous prétexte que la science aurait établi depuis longtemps que les races n'existaient pas[1]. Il s'était alors fendu d'une déclaration sans ambiguïté : « Il n'y a pas de place dans la République pour la race. Et c'est pourquoi je demanderai au lendemain de la présidentielle au Parlement de supprimer le mot "race" de notre Constitution[2]. » En fait, la proposition datait de 2002 et avait d'abord été amenée par le député communiste des Bouches-du-Rhône Michel Vaxes[3]. Il lui aura fallu plus de quinze ans pour aboutir. On s'y était longtemps opposé parce que l'oblitération de la référence à la race dans la constitution rendrait plus difficile la lutte contre le racisme. On avait d'ailleurs opposé cet argument à François Hollande. La référence à la race maintiendrait dans l'imaginaire public un concept disqualifié et serait même la trace d'un âge révolu de l'humanité. Après avoir déconstruit la race comme catégorie politique dans la seconde moitié du XXe siècle, et l'avoir fait déchoir symboliquement, il faudrait la faire disparaître du vocabulaire public, pour l'effacer mentalement, la disparition du mot litigieux consacrant en quelque sorte l'abolition sociologique de la chose.

La proposition pouvait sembler aller de soi dans un pays très attaché aux valeurs universalistes et qui interdit les statistiques ethniques pour éviter de morceler le corps social selon une logique identitaire : qui pousse à l'utilisation de catégories ethno-raciales dans la gestion de la société s'éloigne assurément de l'idéal porté par l'universalisme républicain et pousse la population à se reconnaître dans de telles catégories, qui finiront par construire le social sur une base ethnique. L'essentiel était pourtant ailleurs. Au moment où la députation française militait ardemment pour en finir avec la référence à la race, on assistait à une racialisation nouvelle des rapports sociaux, née aux États-Unis mais frappant désormais les sociétés européennes. En d'autres mots, au moment où l'État entend dissoudre une fois pour toutes les dernières traces de la race dans la vie publique, ce concept revient au cœur de la pensée sociale et politique, à la manière d'une catégorie offensive permettant de dévoiler la face cachée de l'ordre républicain. Un peu partout dans le monde occidental, on recommence à classer les hommes et les femmes à partir de catégories comme « blancs », « noirs », « latinos » ou « asiatiques », ce qui transforme radicalement notre perception des phénomènes sociaux. De telles catégories sont non seulement portées par les sciences sociales, mais elles sont aussi normalisées par les médias, qui les intègrent à leur grille de lecture de la réalité sociale. De nombreuses administrations publiques les mettent de l'avant au nom de la lutte contre les discriminations. Elles sont aussi au cœur de l'action militante de groupes qui se mobilisent sur cette base et qui entendent racialiser explicitement les rapports sociaux en prétendant dévoiler des structures de domination rendues invisibles par le passage des siècles.

Le phénomène n'est pas nouveau. Dès 1983, Pascal Bruckner avait noté l'avènement d'une ère pénitentielle, qu'il désignait comme celle des « sanglots de l'homme blanc ». Cette tendance s'accentuera vingt ans plus tard, il parlera de la « tyrannie de la pénitence[4] ». Elle est désormais normalisée, et chaque institution cherche à sa manière à s'excuser pour ses péchés à l'endroit de la diversité, qu'elle aurait tardé à reconnaître, et même, à admirer. De la télévision à l'école, du musée à la grande entreprise, l'heure serait venue d'un examen de conscience. Il est bien vu de battre sa coulpe, de s'accuser, de se montrer intraitable envers soi-même. Qui se dénonce se grandit, puisqu'il ne voudrait plus vivre dans le mensonge d'un passé radieux, irréprochable, digne d'une légende, digne d'une chanson. Le monde devrait être le théâtre d'une nouvelle nuit des privilèges, celle de « l'homme blanc » qui, pendant trop de temps, aurait fait trop de mal. Les institutions dominantes sont appelées à confesser leurs crimes contre la diversité, comme on l'a vu de manière quelque peu ubuesque lorsque *National Geographic* a cru bon d'avouer en 2018 que « pendant des décennies, nos reportages étaient racistes. Pour nous en détacher, il nous faut le reconnaître[5] ». La décolonisation connaîtrait une nouvelle vague. Ceux qui avaient été refoulés dans les marges de l'existence par l'expansion de la civilisation européenne auraient l'occasion d'une revanche historique. De vieilles identités enfouies ou recouvertes renaîtraient dans leur révolte contre l'Occident. C'est le cas des nations colonisées d'Afrique et de leurs ressortissants installés en Europe, les conquérants et les conquis d'hier s'échangeant les rôles, dans la construction tumultueuse mais nécessaire d'une humanité égalitaire. « La ruée vers l'Europe », pour reprendre la formule de Stephen Smith, serait un juste retour des choses, après la ruée européenne vers l'Afrique[6]. On y verra même une manière honorable pour le colonisateur d'hier de payer sa dette au colonisé. L'explication est même récurrente dans la sociologie médiatiquement dominante, si les pays autrefois colonisateurs ont des problèmes avec les populations issues de leurs anciennes colonies, ce serait un juste ressac post-colonial – elle laisse néanmoins de côté le fait que bien des pays européens n'ayant aucune histoire coloniale sont aussi aux prises avec de réels problèmes d'intégration des populations immigrées. C'est en s'arrachant à sa propre civilisation que l'Europe pourrait enfin connaître sa nécessaire rédemption. Elle expiera ses péchés en se dissolvant. C'est ainsi qu'elle est appelée à célébrer tout ce qui la contredit, car elle ne devrait plus s'apercevoir qu'à partir de ses marges, en embrassant la perspective de ceux qu'elle aurait maltraités. Mais c'est aussi le cas des populations amérindiennes au Québec, au Canada comme aux États-Unis, qui font désormais le procès de la présence européenne en Amérique, avec la complicité d'une partie de la gauche nord-américaine qui présente désormais ces pays comme des territoires non-cédés, qui devraient se réinventer à partir de leurs traditions autochtones primordiales[7]. La renaissance du militantisme amérindien s'exprime ainsi par un appel à chasser symboliquement les peuples issus de l'expansion européenne, ou du moins, à les contraindre à une forme de contrition permanente. La frange la plus militante de la mouvance autochtone incite à revisiter l'histoire pour présenter la découverte de l'Amérique en 1492 par Christophe Colomb à la manière d'une invasion, le souvenir du découvreur de l'Amérique devant désormais être effacé ou maudit[8]. Il faudrait décoloniser le nouveau monde.

Une sociologie historique désespérée pourrait soutenir que cette racialisation est peut-être favorisée par les grandes migrations, qui font ressortir les fractures archaïques du genre humain : le brassage à grande échelle de populations qui n'avaient pas l'habitude de se côtoyer autrement que de manière marginale peut contribuer à l'émergence d'une conscience raciale chez des groupes humains qui n'avaient pas l'habitude de se définir ainsi. Les migrations massives pousseraient ainsi moins au métissage généralisé des populations du monde qu'à un réveil d'identités enfouies, ou du moins, invisibilisées par la modernité. Ce refoulement arriverait aujourd'hui à son terme, et leur rejaillissement serait inévitable. Chose certaine, certaines franges des populations issues de l'immigration accèdent souvent à la conscience politique à travers la conscience diversitaire qui pousse à se racialiser pour se singulariser plutôt qu'à s'assimiler pour s'intégrer. On aurait tort, toutefois, d'endosser une perspective naturalisant la réactivation de la conscience raciale. Nous sommes plutôt devant une décomposition politique. La désymbolisation radicale de la nation pousse à la tribalisation des appartenances. On pourrait néanmoins croire que lorsqu'on ne respecte pas les capacités d'intégration culturelle d'une société, l'ethnicisation des rapports sociaux s'enclenche, surtout lorsque sa population devient de plus en plus hétérogène. La mise en garde ne date pas d'hier, qui déconstruit les nations ne renoue pas avec l'individu mais avec l'identité ethnique et la race. Qui dynamite les nations favorise la renaissance des appartenances primitives et régressives, enfermant les individus dans un univers clos dont ils ne peuvent plus sortir et les condamne à l'asphyxie clanique et tribale[9]. Chose certaine, la racialisation semble surtout naître de la politisation délibérée d'une catégorie pour son potentiel explosif, dans la mesure où elle permet, selon ses utilisateurs, de faire éclater le fondement même de la légitimité occidentale et expliciter les rapports de domination entre les communautés qui seraient occultés par l'universalisme républicain ou libéral. Des mouvements sociaux entendent désormais faire émerger des catégories sociales à partir du langage de la race[10]. Ils la réactivent comme concept politique et l'investissent d'affects, en plus d'œuvrer à sa médiatisation, ce qui en fait ensuite un principe de mobilisation efficace.

En fait, la décolonisation n'aurait été qu'une étape. Il faudrait poursuivre dans les anciens pays colonisateurs la lutte amorcée dans les anciennes colonies et décoloniser le monde occidental de l'intérieur. Ce n'est pas d'hier, en effet, que la gauche radicale s'est réalignée sur une critique radicale de la civilisation occidentale, qui serait fondamentalement coupable d'avoir construit un ordre planétaire discriminatoire et raciste[11] – cette grille d'analyse s'est normalisée à la fois en philosophie politique, en sociologie et en histoire, sans qu'on n'oublie le droit. L'extinction de la civilisation occidentale serait la condition du surgissement d'une humanité diversitaire. La dynamique engagée dans les *Radical Sixties* poussait à la critique de toute norme sociale instituée, pour la faire apparaître dans un rapport de domination à abolir entre majorité et minorités. La famille, l'école, la nation, devaient ainsi être déconstruites avant d'être reconstruites en suivant les plans de la maquette diversitaire, cette logique poussant même jusqu'à la déconstruction des identités sexuelles ou de la simple idée qu'il vaut mieux avoir ses pleines capacités mentales ou motrices qu'être handicapé. Loin de se dissoudre dans les marges, cette critique s'est radicalisée depuis le début des années 2000. Il faudrait dévoiler intégralement l'arrière-fond du système social, sans rien plus concéder aux catégories conceptuelles dominantes de la modernité, qui auraient surtout servi à dissimuler la violence et la sauvagerie de la domination subie par les populations minoritaires ou provenant de la périphérie du monde occidental. C'est sur ce paradigme théorique que repose ce qu'on appelle la « lutte contre les discriminations [12] » devant conduire à la construction d'une citoyenneté inclusive.

Réflexions sur la « question blanche »

L'heure serait venue de réfléchir à la « question blanche [13] ». Et c'est une sociologie militante aux prétentions scientifiques qui la mène. Ce multiculturalisme à prétention scientifique qui institutionnalise sur le plan universitaire la critique de l'homme blanc s'appuie sur la prolifération des *studies* (*white studies, black studies, women's studies, postcolonial studies, disabilities studies*, etc.) dont François Furet s'inquiétait il y a plus de vingt ans déjà. Commentant la popularité de pamphlets anticolonialistes au cœur même de la vie universitaire au début des années 1990, il précisait qu'ils « forment la pointe avancée d'une dénonciation des *dead whites European males*, [...] la tradition européenne tout entière, des Grecs jusqu'aux Lumières, est mise en accusation, comme coupable de sexisme (*males*), de racisme (*white*) et de passéisme (*dead*). C'est contre elle que se dresse la coalition bigarrée des vrais émancipateurs de l'humanité contemporaine, les Noirs, les femmes, les ''minorités''[14] ». Jean-François Revel, à la même période, s'inquiétait aussi du phénomène. « [L]es universités américaines sont rongées par un étrange virus : ''le politiquement correct''. Selon cette lubie, pour les étudiants américains, toute la culture occidentale, de Platon à Tolstoï en passant par Dante, Montaigne, Cervantès, Shakespeare ou Nietzsche, serait à rejeter parce qu'elle exprimerait le point de vue du seul « chauvinisme mâle et blanc ». Il en résulte sur les campus un sectarisme qui, sous ce fantasmagorique chef d'accusation, tend à bannir ou ''déconstruire''. D'après le ''politiquement correct'', toute civilisation, si barbares soient les violations des droits de l'homme en son sein et envers les autres sociétés, se conforme de plein droit à sa propre identité. Elle est donc légitime, à la seule exception de la civilisation européenne et de son rejeton américain. Celle-là est l'unique à laquelle soit refusé le droit à l'identité, ou plutôt, dont l'identité soit frappée d'illégitimité congénitale. Ce nihilisme culturel atteindra-t-il son objectif ? Si oui, ce ne sera pas la première fois qu'on aura vu un prétendu progressisme organiser, au nom de l'universalisme humaniste, l'autodestruction, l'intolérance et la censure[15]. » Le moins qu'on puisse dire est que la dynamique du politiquement correct s'est radicalisée. Il a transformé la haine de l'Occident en savoir scientifiquement reconnu.

La discussion publique autour de la question raciale, suggérera Reni Edno-Lodge, une figure majeure de l'antiracisme racialiste britannique, devrait être réservée à ceux qui reconnaissent sans chipoter l'existence d'un racisme structurel au service des Blancs. Ceux qui n'adhéreraient pas à cette thèse et insisteraient pour la discuter ou la remettre en question feraient preuve d'insensibilité à l'endroit des populations non-blanches « comme si le fait d'être accusé de racisme est bien pire que le véritable racisme[16] ». L'argument est à peu près le suivant : le refoulement de la conscience raciale en Occident aurait surtout servi à dissimuler l'hégémonie blanche, qu'il faudrait enfin nommer. La dynamique émancipatoire de la modernité ne saurait plus se contenter de pousser toujours plus loin l'idéal universaliste. Ce dernier aurait à la fois servi à dissimuler l'identité blanche de l'Occident, ce qui permettrait de la légitimer, tout en masquant les processus sociaux entraînant la subordination et l'exclusion des populations issues de l'immigration. Pire encore, il culpabiliserait ces dernières, dans la mesure où il ne reconnaîtrait pas leur désavantage systémique à l'intérieur de l'ordre social. Reni Edno-Lodge dénoncera ainsi le déni blanc, « sorte de politique de la race omniprésente et d'autant plus efficace qu'elle est foncièrement invisible[17] ». Le Blanc se poserait comme norme universelle et « raciserait » les populations autres – de là l'utilisation du terme racisé. L'universalisme, en fait, serait une ruse blanche pour assujettir les populations issues du monde colonial. Les racisés seraient en révolte et dénonceraient désormais l'imposture de l'universalisme occidental qui aurait masqué une forme de domination néocoloniale à l'endroit des populations d'origine étrangère. Le racialisme est théorisé à partir de la logique de l'inversion du stigmate : le minoritaire reprend la catégorie à partir de laquelle il est dominé pour la revendiquer positivement et faire le procès d'un ordre illégitime qui l'invisibiliserait et qu'on ne pourrait contester qu'en s'affichant[18]. Un antiracisme conséquent devrait racialiser explicitement sa lecture des rapports sociaux pour mieux combattre le système discriminatoire qui les structurerait. L'antiracisme, aujourd'hui, consisterait d'abord à mener la guerre des races, et plus exactement, à mener la guerre contre le pouvoir blanc. L'universalisme ne serait rien d'autre que le masque d'une domination à prétention vertueuse de l'Occident : l'immigration massive aurait l'immense vertu d'obliger le monde occidental à avouer l'arrière-fond ethnoracial de sa représentation de la citoyenneté, pour mieux engager sa déconstruction[19]. C'est le discours des Indigènes de la République, dont la portée dépasse largement les seuls militants se réclamant explicitement de cette mouvance, mais c'est aussi le discours des populations autoproclamées racisées dans la plupart des sociétés occidentales.

La mouvance indigéniste transpose sans trop souci de nuance des catégories liées aux franges les plus radicales du mouvement noir américain. Des concepts intimement liés à la part traumatique de l'expérience historique américaine sont intégrés dans une grille de lecture qu'on plaque artificiellement sur des sociétés qui y sont étrangères, comme on le voit au Québec où l'application du concept de majorité blanche rend fondamentalement inintelligible son histoire en fondant dans une seule catégorie les francophones et les anglophones qui se sont pourtant affrontés au fil des siècles sans ressentir particulièrement quelque sentiment de fraternité raciale. La gauche racialiste ne veut y voir qu'une société blanche, et coupable de sa « blanchité ». On l'aura compris, les peuples français, allemand, italien, écossais ou danois n'existent plus : ce ne sont que des subdivisions de la civilisation blanche. De même, le peuple haïtien, les Afro-Américains et les nombreux peuples africains se fondraient dans une commune identité « noire ». Le néoracialisme à prétention progressiste pousse à l'abolition des cultures, des identités, des patries, et ne veut voir dans l'histoire qu'une guerre des races entre groupes absolument étanches entre eux. S'appuyant sur la théorie postcoloniale, qui postule que la France ne pourra achever sa décolonisation qu'en se dénationalisant, en contestant les privilèges de la nation française historique qui est désormais réduite à un communautarisme blanc et catholique, la mouvance indigéniste entend convertir la société française à un multiculturalisme extrême[20].

La France ne serait plus autorisée à imposer sa culture aux populations immigrées qui la rejoignent. Traditionnellement, le colonialisme consistait à vouloir imposer sa culture chez les autres. Dans la logique indigéniste et postcoloniale, cela consiste désormais à vouloir imposer sa propre culture chez soi. Le sens des mots est inversé. C'est seulement le jour où les Français seront définitivement étrangers chez eux que la décolonisation sera achevée. Il en est naturellement de même pour toutes les nations occidentales.

C'est dans cet esprit, par exemple, que la sociologie antidiscriminatoire, qui s'alimente au paradigme diversitaire, s'est lancée dans l'explicitation et la déconstruction de la « blanchité » des institutions sociales – c'est-à-dire de leur biais racial inassumé[21]. On dénoncera ainsi par exemple le suprémacisme blanc de ceux qui n'entendent pas renoncer à l'universalisme parce qu'à travers lui, ils défendraient justement leur « privilège blanc[22] ». Et la déconstruction du privilège blanc devra se traduire par des initiatives concrètes, qui se multiplient tout en se normalisant : chacun devrait se montrer conscient de ses privilèges et faire des efforts pour s'en défaire, ce qui exige une vigilance envers soi-même de tous les instants. Une personne privilégiée ne devrait plus se donner le droit de se prononcer sur ceux qui sont par rapport à elle en situation de subordination structurelle. Il est ainsi bien vu, désormais, de pratiquer le décompte des employés dans une organisation pour savoir si elle est « trop blanche » : un sceptique pourrait y voir une réinvention du délit de faciès. La comptabilité raciale devient essentielle à la construction d'une société juste. Il faut déblanchir la société. Comme on le voit sur certains campus américains, on célébrera la disparition des Blancs de l'espace public, à travers l'organisation de Journées d'absence, où ceux-ci ne se présenteraient pas à l'université pour s'effacer de la scène sociale[23]. De même, on justifiera une forme de ségrégation à travers la multiplication des Journées racisées non-mixtes – ce qui correspond, dans les faits, à l'organisation d'assemblées dont les Blancs sont proscrits[24]. La non-mixité permettrait aux racisés de partager leur expérience en se tenant à l'écart du groupe social dominant. Ce serait, pour emprunter les mots de Christine Delphy, la « non-mixité choisie[25] » – on notera que la non-mixité est plus généralement revendiquée par une partie de la mouvance féministe comme mode de résistance au patriarcat[26].

Si le passé glorieux des nations occidentales est toujours fantasmé et imaginaire, il n'en est jamais de même pour le passé meurtri des peuples anciennement colonisés, qu'il faut accepter tel qu'il est raconté, sans jamais le relativiser ou le nuancer. Régis Debray avait noté ce travers intellectuel en revenant sur ses années de jeunesse : « autant en France ou traquait l'imposture derrière toute légende, autant nous prenions les légendes du tiers-monde au pied de la lettre, sans chercher l'imposture[27]. » Une éthique de la bienveillance, et même de la complaisance, à l'égard des souffrances revendiquées et transmises au fil des générations devrait s'imposer[28]. Surtout, les Blancs, ou du moins, ceux qui sont désignés comme tels, devraient accepter le récit de cette souffrance et ne jamais la discuter. Ils devraient accepter le diagnostic posé sur leurs sociétés, s'y rallier, et travailler à déconstruire les structures discriminatoires qui les avantageraient. Ils deviendraient des *alliés*, qui devraient par ailleurs accorder aux racisés le premier rang dans les luttes, en se soumettant aux stratégies qu'ils mettent de l'avant. Ainsi, il serait essentiel de reconnaître que les sociétés occidentales seraient déterminées par un racisme systémique constitutif des relations sociales, qu'il faudrait jeter à terre pour construire une toute nouvelle société. Il n'y aurait aucune remise en question possible du constat de ce racisme systémique et chacun devrait prendre les moyens de s'en extraire. Les disparités statistiques relatives entre les communautés formant la société en seraient la preuve, et on ne saurait les expliquer autrement. Et ceux qui afficheront de grandes réserves devant cette racialisation revendiquée des rapports sociaux seront accusés de « fragilité blanche[29] » – c'est-à-dire que les Blancs se montreraient incapables d'aborder la question du racisme sereinement et se réfugieraient dans leurs nobles intentions morales pour ne pas remettre en question une structure sociale qui les avantagerait de manière systémique.

Cette virulence en pousse plusieurs à voir dans l'antiracisme contemporain une forme de « racisme antiblanc[30] ». Cette accusation est contestée par la sociologie antiraciste, qui réclame un monopole de la légitimité scientifique, en soutenant que le racisme antiblanc est une impossibilité théorique, dans la mesure où les Blancs seraient le groupe avantagé par le système discriminatoire occidental et que le racisme ne serait pas un simple sentiment d'aversion envers un groupe ethnique mais un dispositif exclusionnaire au service d'un groupe dominant[31]. Il suffira alors de s'opposer à la théorie du racisme systémique pour contribuer dans les faits à la reproduction d'un système social raciste. Le racisme antiblanc serait même « une notion que l'extrême-droite tente de populariser depuis les années 1980 et qui est aujourd'hui largement reprise par la droite[32] ». Éric Fassin pourra ainsi écrire que « le racisme anti-Blancs n'existe pas pour les sciences sociales, ça n'a pas de sens. [...] Les sciences sociales de ce point de vue sont très attentives à dire : si on commence à reprendre à son compte le discours de l'extrême-droite qui nous dit qu'au fond tous les racismes se valent, on est en train de nier la réalité de l'expérience d'une partie importante de nos concitoyens et concitoyennes[33] ». Plus encore, le racisme antiblanc qui se manifeste quelquefois de manière particulièrement désinhibée ne serait finalement qu'un réflexe d'autodéfense malheureux mais légitime qui ne serait pas fondamentalement condamnable[34]. Cette désindividualisation du racisme permet ainsi de normaliser la haine raciale à l'endroit des Blancs ou du moins, de la dédramatiser en le réduisant à une forme d'aversion individuelle sans portée collective. On ne s'interdira pas de pointer un paradoxe : un individu étranger à toute forme de pensée raciste mais attaché aux principes universalistes sera jugé complice d'un système raciste alors qu'un individu animé par la haine des Blancs, donc par une forme de haine raciale, serait disculpé de racisme, puisque son aversion ne serait pas systémique et ne constituerait pas un rapport de pouvoir. L'universalisme, qui permettait pourtant à chacun d'affirmer son individualité et sa personnalité propre sans se laisser déterminer par la logique du déterminisme ethnoracial n'est plus qu'une vieille lune.

La querelle de l'appropriation culturelle

Il faut avoir cette sociologie en tête pour comprendre la pression en faveur de la censure qui s'exerce de plus en plus ouvertement au nom de la diversité, ce dont s'inquiètent désormais ouvertement des intellectuels qui en sont témoins et victimes[35]. Et c'est au Québec, là où l'américanité et l'européanité s'entremêlent, que cette nouvelle tendance s'est probablement révélée le plus radicalement récemment. À l'été 2018, alors que la société québécoise s'apprêtait à entrer dans ce qu'elle appelle la saison des festivals, la ville de Montréal fut secouée par une double controverse publique absolument saisissante. Le dramaturge Robert Lepage, qui devait présenter deux pièces de théâtre, fut la cible de militants « antiracistes » l'accusant de racisme et d'appropriation culturelle. Dans le premier cas, sa pièce, *SLAV*, entendait mettre en scène des chants d'esclaves, mais un groupuscule racialiste noir s'offusqua que des chanteurs blancs puissent reprendre devant le public des chants composés par des esclaves noirs – ils se rendaient alors coupables d'appropriation culturelle, apparemment. Dans le deuxième cas, avec la pièce *Kanata*, Lepage voulait raconter l'histoire du Canada du point de vue des autochtones et non des « Blancs » (la perspective était étrange dans la mesure où les Français et les Anglais, aussi blancs soient-ils, n'ont pas la même expérience de ce pays), mais des militants amérindiens lui reprochèrent alors de ne pas avoir intégré dans sa pièce des artistes amérindiens. Seul un Amérindien pouvait jouer le rôle d'un Amérindien. Lepage n'avait rien d'un néocolonialiste enragé et passait généralement pour un homme de gauche. Il sembla néanmoins secoué, dans un premier temps, par cette charge : l'homme de gauche était débordé sur sa gauche, et repoussé malgré lui à droite, dans le camp des héritiers impénitents de l'aventure occidentale. Lepage s'inquiéta d'abord publiquement d'une menace contre la liberté d'expression venant du camp progressiste, ce qui semblait l'étonner, la gauche culturelle ayant plutôt l'habitude de l'associer au cléricalisme.

Mais cette position rendait manifestement mal à l'aise Lepage. Lepage était un homme de gauche décidé à rester à gauche : il s'est donc aligné sur la nouvelle doctrine. Quelques mois plus tard, entre Noël et le Jour de l'an, après une résistance de façade, Robert Lepage publiera sur sa page Facebook une longue lettre en forme de mea culpa à propos de la pièce SLAV, où il s'excusera à ses accusateurs de ne pas avoir compris dès le début qu'ils avaient raison de le fustiger. Piteusement, il les présentera comme « des gens qui faisaient preuve d'une grande ouverture et qui se sont avérés très sensibles, intelligents, cultivés, articulés et pacifiques ». Dans une autocritique de forme soviétique, il ajoutera que « dans ce climat d'ouverture et de transparence, il était plus facile pour moi d'admettre mes maladresses et mes manques de jugement et de tenter d'expliquer le bien-fondé de notre démarche ». Mieux encore, il confessera que « ce n'était peut-être pas par hasard que les problèmes dramaturgiques dont souffrait le spectacle correspondaient exactement aux problèmes éthiques qu'on lui reprochait ». L'autoaccusation était complète. La faille esthétique était d'abord une faille éthique et c'est en s'alignant idéologiquement sur ses accusateurs que Lepage parviendra à améliorer sa pièce, enfin soumise intégralement à la nouvelle morale diversitaire en promettant même d'assurer une meilleure représentation des communautés issues de l'immigration dans le milieu artistique et d'accorder aux militants issus de la diversité un droit de regard sur son œuvre. Si l'autocritique était exemplaire, elle n'avait pourtant rien d'exceptionnelle, car de telles controverses sont aujourd'hui fréquentes, et même banales[36]. La mésaventure de Lepage avait toutefois l'immense vertu de représenter de manière presque caricaturale la nouvelle censure qui traverse les sociétés occidentales, qui n'est plus exercée d'abord par l'État, même s'il n'y est pas étranger, mais par le système médiatique, qui prescrit un nouvel ordre moral diversitaire, auquel sont tenus de se soumettre ceux qui entendent participer d'une manière ou d'une autre à la vie publique.

Une définition courante de l'appropriation culturelle la présente comme l'utilisation ou l'exploitation par une culture dominante de références culturelles propres à une culture dominée, ce qui reconduirait à son endroit un processus d'exploitation symbolique proprement néocolonial. Il n'est plus vraiment permis de ne pas croire à la théorie de l'appropriation culturelle. Car qui refuse d'y souscrire participerait à la poursuite du colonialisme. Qui confessera ses doutes, et plus encore, avouera ne pas y adhérer, sera transformé en suspect. On pourra même le congédier et l'expulser de la vie publique, comme cela s'est vu au Canada anglais, avant de l'inviter à une rééducation idéologique en allant à la rencontre des groupes qui s'en disent victimes pour demander pardon[37]. Et les querelles liées à l'appropriation culturelle se sont multipliées en l'espace de quelques années. Si elles semblent incompréhensibles au commun des mortels, elles sont pourtant au cœur d'une radicalisation de l'antiracisme. Une femme blanche peut-elle chanter des chants d'abord composés en d'autres temps par des esclaves noirs ? Un Blanc peut-il donner un atelier de yoga sans exploiter au même moment une tradition qui a dû subir la pression colonialiste occidentale[38]? Comment peut-on se déguiser lors d'une fête sans heurter le sacré traditionnel des différentes communautés composant une société[39]? Un acteur en pleine possession de ses moyens peut-il jouer le rôle d'un handicapé[40]? Une entreprise de mode peut-elle s'inspirer oui ou non des traditions vestimentaires de telle ou telle communauté africaine et intégrer certains éléments qui en viennent aux vêtements qu'elle propose ? Ces querelles touchent même les milieux artistiques, et peuvent entraîner, on l'a noté, l'annulation de spectacles ne respectant pas les nouveaux codes du sacré diversitaire. La pire erreur consisterait à traiter ces événements comme des faits divers. Ce sont d'authentiques événements politiques. La querelle de l'appropriation culturelle en est devenue la représentation symbolique la plus marquée : la civilisation occidentale se serait construite en pillant symboliquement les peuples dominés, et l'heure serait venue pour eux de reprendre leurs symboles perdus. L'Amérique du Nord sert de champ de bataille exemplaire pour cela, surtout en ce qui concerne les peuples amérindiens, dont certaines figures stéréotypées ont été récupérées par la culture populaire, et même par la culture de masse. C'est le cas de nombreuses équipes sportives, notamment. On les invite à renoncer à leur nom, même s'il porte une longue tradition : elles devraient désormais en changer[41].

C'est un dispositif idéologique singulier qui s'est ainsi installé au cœur de l'espace public des sociétés occidentales, et qui corsette plus que jamais la vie démocratique. L'espace public est soumis à une surveillance intégrale par des lobbies d'offusqués professionnels : toutes les œuvres sont théoriquement appelées à se convertir à la logique diversitaire, et les créateurs doivent eux-mêmes s'y rallier pour contribuer, comme on le dit officiellement, à faire évoluer les mentalités. Les lobbies sont à la recherche de scandales à dénoncer – c'est-à-dire de propos transgressant l'orthodoxie diversitaire. Et le simple fait de leur résister est un scandale. Leur grand pouvoir, en fait, est de décréter le scandale. Les militants de l'entreprise diversitaire ont l'immense pouvoir de définir ce qui peut être dit en toute quiétude, et ce qui ne peut l'être à moins de consentir à en payer le prix. Pour emprunter les mots de Milosz, « l'orthodoxie ne peut pas relâcher sa pression, sous peine de cesser d'être une orthodoxie[42] ». Contes et légendes, héros et superhéros devront s'y soumettre, pour marquer chaque fois la césure entre le vieux monde, associé apparemment à la suprématie blanche, et le nouveau, qui permettrait aux exclus autoproclamés de faire valoir leurs droits. D'ailleurs, pour éviter la reproduction de stéréotypes offensants, c'est même la littérature qui sera passée au filtre de la sensibilité identitaire des différentes catégories d'offusqués potentiels qui sont publiquement connues[43].

La liberté d'expression renversée : l'espace public comme safe space

La parole publique semble comprimée, étouffée, formatée. La pensée correcte étend son empire et ce sont les conditions mêmes de la liberté d'expression qui se transforment, au moment où cette dernière est redéfinie pour justifier l'institutionnalisation d'un procès permanent contre la culture majoritaire. Les sensibles et les offusqués réinventent à leur manière le blasphème en mettant de l'avant le droit de ne pas être offensé, et plus largement, le droit fondamental de voir l'ordre social les reconnaître tels qu'ils se voient eux-mêmes. Les minorités autoproclamées, engendrées sur le mode de l'identité victimaire par le régime diversitaire, réclament un droit de veto sur la manière de les représenter publiquement. C'est ainsi que les groupes identitaires issus de la décomposition du corps politique seront chacun tentés de rendre scandaleux les propos tenus sur la société ou à leur sujet qui entre en contradiction avec leur sensibilité ou leur philosophie. Ces groupes, écrit Patrick Moreau, « privatisent en quelque sorte la censure à leur profit[44] ». Le droit de ne pas être offensé favorise ainsi une culture conjuguant censure et autocensure, chaque minorité pouvant s'insurger dès lors qu'elle ne sera pas définie publiquement exclusivement dans les termes qu'elle privilégie[45]. On ne saurait naturellement établir une liste de critères objectifs distinguant les propos offensants de ceux qui ne le sont pas : la subjectivité de chaque groupe, et probablement de sa frange la plus susceptible et la plus militante, servira de balise. Sans surprise, on a vu la mouvance islamiste chercher à récupérer la censure diversitaire en voulant notamment interdire les propos qui entrent en contradiction avec l'islam, ou pour le dire dans les termes d'une militante islamique canadienne participant à une consultation publique sur les discours haineux : il faudrait interdire les « allégations voulant qu'une confession religieuse soit incompatible avec la démocratie, étant donné que nous sommes citoyens d'un pays démocratique[46] ».

Cette censure s'exerce au nom du concept de *safe space*, particulièrement en vogue dans l'université américaine. Les minorités nouvelles émancipées, pour s'exprimer pleinement, ne devraient plus avoir à sentir le regard de la majorité et doivent pouvoir se protéger contre les discours qui potentiellement les incommoderaient. Dans les salles de classe, par exemple, de plus en plus, on réclamera que le professeur avertisse ses étudiants qu'il risque de tenir des propos pouvant les déranger, les offenser ou les blesser – ce sont les fameux avertissements préventifs (*trigger warning*). Comme l'écrit Géraldine Smith en parlant des étudiants des campus américains, « ils ont intégré l'idée que l'environnement devait s'adapter à leurs émotions, et non l'inverse[47] ». Il s'agirait en fait de dégager des espaces où les membres des minorités pourraient s'exprimer en toute liberté, sans risquer la contradiction ni la confrontation et plus largement, créer un environnement universitaire purgé des traces du *vieux monde* et libéré de la présence de ceux qui s'en réclament encore, ce qui impliquera souvent d'empêcher la venue sur les campus de conférenciers jugés offensants ou susceptibles de contredire les exigences diversitaires. Il faudra considérer ces *safe spaces* comme autant de zones libérées d'une civilisation raciste, patriarcale et homophobe. La décolonisation identitaire et sexuelle d'une société délivrée à la fois du racisme structurel et de l'hétéronormativité patriarcale y serait achevée. Il serait alors possible de lancer à partir de ces zones de nouvelles luttes intersectionnelles contre les oppressions multiples engendrées par la civilisation occidentale. À plusieurs reprises, à la grandeur du territoire nord-américain, et surtout dans les universités, des conférenciers se sont vus désinvités parce que des groupes militants s'opposaient à leur venu, le cas de Jordan Peterson étant peut-être devenu le plus emblématique d'entre tous[48]. La chose peut aller encore plus loin, comme on l'a vu lorsqu'une université londonienne a fait signer aux humoristes appelés à se produire sur place un contrat où ils s'engageaient à présenter un humour non offensant. Le texte du contrat avait quelque chose de caricatural: « en signant ce contrat, vous acceptez notre politique de tolérance zéro envers le racisme, le sexisme, les discriminations fondées sur la classe sociale, l'âge et le handicap, ainsi que l'homophobie, la biphobie, la transphobie, la xénophobie, l'islamophobie, l'antireligion et l'anti-athéisme. » Le contrat se poursuivait ainsi : « tous les sujets doivent être présentés d'une façon respectueuse et bienveillante. Cela ne veut pas dire que tous les sujets ne peuvent pas être discutés. Mais cela doit être fait d'une façon respectueuse et non injurieuse[49] ». Les propos qui n'endossent pas la vision du monde des minorités issues de l'ultime étape de la décolonisation des consciences seront traduits comme une forme de violence symbolique moralement inadmissible[50].

C'est la liberté d'expression qui est directement ciblée, et à travers elle, la démocratie libérale qu'il faudrait pour de bon dévêtir de sa légitimité usurpée. La liberté d'expression serait une fiction à l'avantage des dominants et ceux qui se plaindraient d'être privés de leur droit de parole seraient des privilégiés réfractaires à l'émancipation diversitaire – Reni Eddo-Lodge parle du « cadre pernicieux de la "liberté d'expression" », laissant entendre par là qu'on la brandirait aujourd'hui pour justifier des propos racistes[51]. « Travestir l'opposition aux discours et aux manifestations antiracistes en un noble combat pour la liberté d'expression n'a d'autre but que de protéger les Blancs de la critique[52]. » Alors que la question de la liberté d'expression sur les camps s'imposait de plus en plus dans la société québécoise, une intellectuelle-militante du féminisme radical formulera à sa manière ce qui est probablement la position dominante de sa mouvance idéologique : « ce ne sont pas les populations déjà fragilisées qui hurlent qu'on attaque leur liberté d'expression. [...] Ce sont ceux qui ont toujours eu le crachoir, c'est-à-dire généralement des hommes blancs[53]. » On rencontre là l'insurmontable paradoxe de la tolérance politique dans la modernité, qui a d'abord soutenu qu'il ne fallait pas accorder de liberté aux ennemis de la liberté, et qui aujourd'hui, n'entend pas tolérer les ennemis de la tolérance – elle se désole même de leur accès à l'espace public et ne désespère pas de parvenir à les en exclure. La perturbation d'une conférence pour empêcher sa tenue est justement une des modalités de la liberté d'expression, surtout pour ceux qui n'ont pas de tribunes publiques – ce serait une révolte admirable contre la parole des dominants. Plus encore : combattre les perturbations visant à troubler et empêcher une conférence, telle serait la véritable négation de la liberté d'expression, et elle serait d'autant plus scandaleuse qu'elle piétinerait la liberté des sans-pouvoir[54]. Inversement, ceux qui sont ainsi « perturbés » et qui s'en désolent publiquement ou discrètement sont accusés de se victimiser. La mouvance diversitaire dénoncera « l'instrumentalisation de la liberté d'expression et de la liberté académique lorsque celle-ci sert à tenir des propos oppressifs » et rajoutera que « la liberté d'expression ne devrait pas « justifier le droit de prononcer des discours ou d'exercer des actions haineuses ou dégradantes particulièrement lorsque celles-ci sont racistes, colonialistes, xénophobes, transphobes, homophobes, sexistes, misogynes, antiféministes, classistes ou capacitistes[55] ». La liberté d'expression n'est pas celle de dire n'importe quoi, mais celle d'aller dans le sens du progrès – autrement dit d'accorder aux groupes minoritaires en voie d'affranchissement le pouvoir de s'exprimer eux-mêmes en ne subissant plus la parole du groupe l'ayant historiquement subordonné et défini de l'extérieur. Le véritable combat pour la liberté d'expression serait celui pour lutter contre l'accès inégal à la parole publique. Une militante féministe bien en vue à qui on demandera « si des étudiants de gauche empêchent un chroniqueur de droite de prononcer une conférence dans leur université, est-ce de la censure ? » répondra que « la plupart des gens qui crient à la censure dans ce genre de cas ne font pas vraiment pitié. Ils ne manquent pas de tribunes. Ils parlent déjà le plus fort. Il y a tellement d'autres paroles inaudibles. Si on veut défendre la liberté d'expression, il faut s'attaquer aux inégalités dans l'accès à la parole » avant d'ajouter que « le discours qui se scandalise du politiquement correct a été créé à droite, par des gens qui se souciaient plus de conserver leur propre pouvoir que de protéger la liberté d'expression et la nécessité d'un débat sain et ouvert. Le discours contre le politiquement correct – on l'appelle "politiquement abject" – s'intéresse surtout au droit de dire des horreurs[56] ». Ce que revendiquent les militants de ce qu'on pourrait bien appeler l'extrême-gauche identitaire, c'est naturellement de définir les critères de l'horreur. En gros, le combat pour la liberté d'expression serait un cache-sexe idéologique et il ne faudrait pas se laisser berner par ceux qui le mènent. Ce serait même un « thème d'extrême-droite[57] » : ainsi présenté, il devient d'un coup repoussant. La liberté d'expression servirait seulement à normaliser le discours des dominants. Et c'est ainsi que la prétention au libre examen de toutes les croyances et à la libre expression des différentes manières de percevoir la cité au fondement de la délibération démocratique devient suspecte. La tentation est grande d'étendre le concept de *safe space* à l'espace public. Alors que la démocratie libérale devait accoucher d'une culture où les acteurs sociaux s'habituent à la contradiction et perdent le réflexe de vouloir censurer ceux qui la portent, la société diversitaire pousse plutôt à la multiplication des interdictions sociales et symboliques, sans lesquelles les minorités seraient condamnées à entendre en boucle un discours les définissant de l'extérieur, et les assignant à une identité dans laquelle elles ne se reconnaîtraient pas. « Nouvelles morales, nouvelles censures », écrira ainsi Emmanuel Pierrat, qui reconnaît aussi dans cette tendance une tentation hygiénique portée par des « ligues de vertu du troisième millénaire[58] » aspirant à nettoyer la société de toutes ses aspérités.

Le nouvel iconoclasme et la guerre contre les statues

Si on prend quelque distance avec le bouillon de culture empoisonné qu'est devenue l'université américaine, il faut bien convenir que c'est la simple présence dans l'espace public du monde ancien et de ses œuvres qui heurte les nouvelles minorités émancipées. Cette grande revanche des exclus s'accompagne d'une fureur iconoclaste, portée par la tentation de détruire jusqu'aux dernières traces du monde d'hier, dont le simple souvenir est devenu intolérable. « Que savent nos contemporains des siècles qui les ont précédés sinon qu'ils furent esclavagistes, racistes, misogynes, sexistes, inégalitaires ? », demande avec raison Bérénice Levet[59]. La conscience historique des peuples occidentaux semble de moins en moins se référer à leurs histoires respectives et de plus en plus se reporter sur la seule mémoire des crimes contre l'humanité, qui devrait devenir leur trame commune. La trame de fond de cette nouvelle histoire, c'est une entreprise exterminatrice à grande échelle motivée par une intolérance à la différence qui aurait à jamais marqué la civilisation occidentale d'une tache noire, et qui devrait l'obliger à un repentir permanent, qui serait sa seule voie de salut. Il faut jeter à terre le vieux monde pour le piétiner.

La scène a fait le tour du monde : au mois d'août 2017, des manifestants se sont affrontés à Charlottesville, en Virginie, autour d'une statue du général Lee, une figure majeure de la guerre civile américaine, que des militants d'extrême-gauche voulaient renverser. Dans une Amérique assistant à une renaissance des tensions raciales, traversée par des passions politiques violentes, et où se manifeste encore une mouvance authentiquement raciste, les simples traces de la mémoire confédérée semblaient désormais intolérables, alors qu'elles semblaient encore tout récemment résiduelles, ou qu'elles s'inscrivaient dans une forme de patrimoine local, plus folklorique qu'autre chose. Mais on ne saurait oublier que dans l'histoire américaine, la guerre de Sécession s'est longtemps présentée, et se présente encore, à bien des égards, comme la *Civil War*, la guerre civile, autrement dit, et qu'une fois terminée, il y a de cela un siècle et demi, les autorités américaines ont cru devoir réconcilier la nation, qui devait refaire symboliquement son unité, notamment en reconnaissant la mémoire des vaincus. Il fut un temps où la restauration de la paix civile ne présupposait pas l'éradication du vaincu mais paradoxalement, sa réintégration dans la communauté politique en cherchant à comprendre les bonnes raisons des uns et des autres. C'est que la paix se pensait en termes politiques sous le signe de la concorde civique et non à la manière d'un absolu moral : il fallait réconcilier des hommes ayant eu des raisons intelligibles de s'affronter et non pas le camp du bien et celui du mal. Dans cette perspective historique, l'enjeu de la guerre civile était non pas l'esclavage mais l'unité du pays. La reconnaissance de la mémoire des vaincus par les vainqueurs consolidait une union qui avait risqué l'explosion. Dans une telle perspective, il est possible de respecter les deux étendards tout en rappelant lequel a gagné. On comprend aussi qu'une fois la guerre terminée, il faut réunifier le pays, le réconcilier, en tenant compte des héros de chacun, ce qui oblige à chanter leur gloire commune. Jusqu'aux années 1980, à tout le moins dans les États de sud, il était possible de se réclamer de la mémoire du sud et de témoigner d'une certaine nostalgie pour son idéal sans trébucher sur la question de l'esclavage. Le Sud n'était pas qu'un symbole de racisme : on l'associait à une civilisation aujourd'hui disparue, dont a témoigné *Autant en emporte le vent*, un film qui a aussi été censuré dans un festival dans la dynamique des événements, puisqu'il ne jetait pas sur le vieux sud un regard compatible avec celui qu'on lui réserve aujourd'hui[60]. Encore tout récemment, ils étaient nombreux à témoigner de leur attachement au drapeau des confédérés, partout présent dans les États du sud, à la manière d'une civilisation vaincue mais non humiliée[61].

Mais cette mémoire complexe, attentive à la pluralité de l'expérience historique américaine, n'est plus tolérable. Du haut de l'histoire, l'enjeu de cette guerre ne fait point de doute : il s'agissait d'abolir l'esclavage, et c'est à ce titre qu'elle est entrée dans l'histoire universelle. On ne saurait en relativiser l'importance. C'est naturel : à partir du moment où la politique s'accroche à des absolus moraux, elle transforme les adversaires en ennemis et les ennemis en monstres. On peut comprendre l'accès de colère d'une jeunesse qui constate que le racisme américain n'est pas que chose du passé et qui cherche des symboles à combattre pour manifester son désir d'une autre société. Dès lors que cette perspective est renversée, la mémoire ne peut que se recomposer en divisant les adversaires d'hier entre représentants du bien et du mal. Ceux qui, pour une raison ou pour une autre, s'opposent à l'effacement du statuaire confédéré sont accusés de complicité avec ce qu'on lui reproche aujourd'hui.

La grande majorité des Américains, qu'ils viennent des États du nord ou du sud, a bien mal réagi à la volonté de déboulonner cette statue, d'autant qu'il fut suivi par d'autres initiatives du même genre, un peu partout sur le territoire national. Ce n'est pas seulement l'illégalité qui heurtait, mais la brutalité de vandales qui se croient permis de réduire en poussière des monuments inscrits dans le paysage historique des différentes communautés. On voyait de jeunes hommes et de jeunes femmes s'acharner sur de vielles statues, dans ce qui avait l'air d'une crise d'hystérie collective, rappelant les deux minutes de la haine évoquées par Orwell dans *1984*[62]. D'autant qu'on a vite compris que cette furie destructrice dépassait de beaucoup la seule question de l'esclavage. Dans les semaines qui ont suivi, on a assisté à une flambée iconoclaste un peu partout aux États-Unis, et plus largement, dans le monde occidental. Le maire de New York, Bill de Blasio, a annoncé dans un premier temps son intention de retirer la statue de Christophe Colomb, dans une entreprise visant à éradiquer les symboles de haine de l'espace public[63], car elle serait jugée offensante pour les Amérindiens, d'autant que les mouvances les plus militantes prétendant les représenter ont radicalisé depuis quelques années leur critique de la colonisation européenne, au point de la réduire à une entreprise d'extermination ethnique. Les Européens, en Amérique, ne seraient pas chez eux et l'heure serait venue de réécrire le récit de la colonisation du nouveau monde en en criminalisant les origines. En frappant Christophe Colomb, c'est à l'expansion européenne amorcée à la fin du XVe siècle qu'on s'en prenait[64]. L'Amérique serait à l'heure de la décolonisation : la moindre des choses consisterait à contester le rôle fondateur des puissances coloniales à l'origine des différents pays ayant émergé sur le continent. Aux États-Unis, au Canada comme au Québec, c'est au nom d'une approche décoloniale qu'on entend criminaliser les grands explorateurs européens, qui auraient inauguré un génocide culturel se poursuivant jusqu'à aujourd'hui. C'est l'expansion européenne qui est mise en procès et le monde occidental n'a plus le droit de se comprendre qu'en empruntant le regard de ceux qu'il aurait marginalisés. L'Occidental ne doit plus seulement faire pénitence mais s'effacer complètement. Son point de vue sur le monde est vidé de toute légitimité. C'est aussi dans cet esprit que certains ont proposé de déboulonner les statues de John A. Macdonald, un des pères fondateurs du Canada, à cause de sa politique à l'endroit des Amérindiens[65]. On pensera aussi au CRAN, qui prétend représenter les Noirs de France et qui a voulu en finir avec les statues de Colbert pour sa responsabilité historique dans l'esclavage[66]. Pour reprendre le vocabulaire de la mairesse de Montréal qui cède à cette vision des choses, sa ville serait un « territoire autochtone non-cédé », manière comme une autre de disqualifier moralement les États nés de la colonisation européenne, qu'il s'agisse des États-Unis, du Canada ou du Québec.

La saison était au dynamitage symbolique, comme s'il fallait épurer la société des traces du passé pré-diversitaire. On l'a vu au King's College de Londres où le statuaire à l'entrée de l'établissement, qui rendait hommage aux pères fondateurs de l'établissement, a été dénoncé : il s'agirait d'une collection « d'hommes blancs de plus de cinquante ans portant la barbe[67] ». On imagine difficilement pire reproche. On a entrepris son remplacement par des figures issues de la diversité et représentant les différentes minorités pour bâtir un statuaire conforme à l'iconographie diversitaire. On ne célèbre plus les accomplissements singuliers mais on instrumentalise toute la symbolique officielle pour y projeter le nouvel idéal de diversité. Le parti diversitaire entend marquer le changement d'époque en marquant une rupture absolue avec celle qui l'a précédé[68]. Certes, cette tentation n'est pas neuve : elle caractérise l'esprit de la modernité, hantée par le fantasme d'un monde absolument rationalisé, arraché à l'histoire, lavé du passé, étranger aux limites anthropologiques. Elle pousse à faire table rase, mais chaque fois, on constate que le monde d'hier a laissé quelques traces, et celles-ci, pour cela, sont d'autant plus intolérables. Elles semblent donc plus que jamais intolérables. Tocqueville avait théorisé la chose à sa manière :

dans une société démocratique, animée par le principe égalitaire, la moindre inégalité résiduelle fait scandale. Dans un monde arraché à l'histoire et qui veut renaître dans la pureté virginale de l'autoengendrement, le moindre privilège associé à la continuité historique est un symbole qu'il faut condamner à tout prix. Ce qu'on doit comprendre, c'est qu'il ne doit plus rester de traces du monde d'hier – ou du moins, plus de traces équivoques. L'histoire ne mettrait en scène finalement que le conflit du bien et du mal, qui s'exprimerait aujourd'hui dans la lutte entre l'ouverture et la fermeture, à travers un programme de désoccidentalisation du monde. La conscience historique ne doit plus être pensée en tenant compte de ses différentes couches mémorielles, et des significations contradictoires ou complémentaires qui peuvent s'y entremêler.

On sent nos sociétés hypnotisées par le néant et la possibilité de leur propre dissolution, comme si l'effondrement des grandes formes historiques ramenait l'homme à une forme d'indétermination originelle, à partir de laquelle il pourrait renaître enfin délivré des contraintes qui l'auraient aliéné. Sans cesse reprise, l'entreprise épuratrice porte l'espoir d'une société délivrée de ses restes venus du passé, enfin pacifiée parce qu'intégralement d'accord avec elle-même – c'est l'espoir d'une société achevée, et arrivée au terme de son processus historique. Il n'est tout simplement plus permis de témoigner d'un quelconque attachement pour une étape antérieure, puisqu'elle entrerait dans la catégorie du passé pré-diversitaire. La gauche diversitaire est une gauche religieuse, qui croit possible, un jour, d'en arriver à une société délivrée de toute forme d'hétéronomie. Dans les termes de la sociologie diversitaire, il s'agirait d'une société intégralement déhiérarchisée, ayant pour de bon déconstruit les anciennes structures de pouvoir et l'imaginaire les soutenant. Les privilèges seraient enfin abolis – du vieux monde, il ne resterait plus que le souvenir euphorisant de sa disparition. Mais elle ne saurait s'arrêter, car la résistance du réel à l'utopie n'est pas conjoncturelle, mais inscrite dans la nature des choses. La fanatisation du progressisme vient de là – du sentiment d'une résistance qui toujours vient démentir ses promesses. Plus le réel s'obstine à ne pas plier, plus il faut radicaliser sa déconstruction. La tentation totalitaire est irrésistible. L'homme n'est pas une créature absolument malléable, fabriquée et confectionnée dans une société pensée comme un laboratoire. Une part de lui-même toujours se dérobera même au planificateur social le plus ambitieux, même si « la machine et les rouages[69] » sont d'une absolue efficacité. C'est que l'homme n'est pas absolument transparent à lui-même. Milosz, dont a souvent croisé la figure dans ces pages, constatait que pour les milieux socialistes, « supposer que l'homme soit un mystère, c'est une insulte abominable[70] ». Car qui suppose que l'homme n'est pas une créature exclusivement sociale invalide à l'avance toute tentative de le reprogrammer intégralement, de le rééduquer de telle manière qu'il se conforme exactement au modèle de société auquel on le destine.

6

LE SENTIMENT DE LA FIN D'UN MONDE OU LA CRIMINALISATION DE LA NOSTALGIE

> Je refuse de m'inscrire à ce parti unique de l'avenir, qui sait trop où il va.
>
> MATTHIEU GALEY.

> J'avais en somme trop lu Péguy, le chant de gloire élevé à ceux qui ne se rendent pas, l'anathème jeté sur ceux qui livrent les places qui leur ont été confiées. Je voulais continuer mon histoire de France. Je n'avais pas compris que j'étais arrivé à la fin du dernier chapitre.
>
> RAOUL GIRARDET.

> M'éloignant à regret du vieux rivage où je suis né...
>
> CHATEAUBRIAND.

Les temps tranquilles sont derrière nous. Nous sommes contemporains de la fin de la démocratie apaisée. Si la vie politique occidentale est redevenue passionnelle, pour le meilleur et pour le pire, c'est qu'elle porte désormais sur l'existence même des nations qui la composent et de la civilisation dans laquelle elles s'inscrivent. « [Q]uand l'âme de la Cité même est malade, l'individu est menacé, non plus seulement dans les parties supérieures de son être, mais dans son existence immédiate, dans son socle vital. Le "péché" devient proprement catastrophique quand il cesse d'être péché : quand il ne procède plus d'un choix individuel et délibéré, mais d'une conscience collective corrompue. Alors il ne se borne plus à dégrader l'homme, il le détruit[1]. » En écrivant ces quelques lignes, Gustave Thibon croyait décrire ce qu'il a appelé la « décadence d'un monde chrétien ». Mais plus fondamentalement, on y verra une méditation sur les liens intimes entre l'homme et la cité, de plus en plus étrangère à l'anthropologie libérale, qui tend à privatiser intégralement la question du Bien et s'entête à réduire la vie politique à sa dimension instrumentale.

Pourtant, c'est le réflexe le plus naturel des hommes de se soucier du monde dans lequel ils vivent. Qui sectionne le lien entre la cité et l'âme affaiblit la première et dessèche la seconde. Qui trop désacralise la cité crée les conditions d'un sacré de substitution, qui se transférera sur des objets secondaires qui ne méritent pas d'approcher le domaine de l'absolu. Si la communauté politique finit par s'affaisser, l'homme s'affaissera aussi, et les grandes choses qu'il espérait traditionnellement accomplir deviendront simplement inconcevables, son imagination se rabougrira, ses espérances aussi. On ne vit pas de la même manière par temps calmes et quand vient la tempête. L'homme ne s'épanouit pas de la même manière si son pays est puissant et s'il est en décomposition, doute de lui-même et en vient à se reconnaître dans le pire portrait qu'on peut faire de lui-même. La philosophie politique aristotélicienne était dans cette perspective plus riche que celle des Modernes, qui ont voulu fonder la communauté politique sur la neutralisation symbolique et affective de la chose commune. Lorsque les assises anthropologiques de la cité sont compromises, et lorsque les structures symboliques qui encadraient l'expression de la subjectivité s'émiettent et s'égrènent, la personne peine à se former.

La mondialisation accentue cette tendance : un monde sans frontières est un monde aux milles névroses. Ce qu'on appelle plus ou moins adéquatement la perte d'identité enferme l'homme dans une adolescence éternelle. Il peine à s'instituer comme adulte. Michel Houellebecq, mieux que quiconque, a su d'un livre à l'autre faire le portrait de cette déshérence existentielle. Ses personnages errent dans une civilisation en fin de parcours, incapables de se transcender, cherchant seulement à survivre sans trop savoir pourquoi, de temps en temps hantés par le désir d'une conversion religieuse devant laquelle ils échouent chaque fois. Leur civilisation les a abandonnés. Philippe Muray, de même, a décrit un homme ne sachant plus que se perdre dans un totalitarisme du rire qui se donne un air de fête. Ébaubi, condamné à une existence parodique dans une civilisation ne sachant plus que courir derrière un progrès dont le sens lui échappe, l'homme sent que le monde d'hier, qui n'était pas sans malheur, n'était pas sans grandeur non plus. Il se laisse dès lors hanter par la nostalgie :

cette tentation ne se pardonne pas. Il n'est pas permis de pleurer le monde de ses parents, et confesser « le regret du pays de notre enfance est devenu un crime[2] ». Toujours, le sentiment de la perte serait illusoire. Rien n'est moins admissible dans la vie publique qu'un homme osant soutenir, même à voix basse, que c'était peut-être mieux avant.

La conscience contemporaine est pénétrée de la certitude d'un changement d'époque. Nous ne ferons pas l'erreur d'y voir seulement la mélancolie récurrente des modernes. « L'exil en terre étrangère est un déchirement. Le sentiment d'exil sur ses propres terres est un traumatisme encore plus grand[3] », écrit très justement Alexandre Devecchio. La peur de devenir étranger chez soi est certainement l'inquiétude politique la plus profonde, celle à travers laquelle se redéploie la vie politique. On aurait tort d'y voir une peur irrationnelle alimentée par des démagogues sans scrupule. L'immigration massive, conjuguée à la déconstruction de tous les repères anthropologiques et identitaires des nations occidentales, suscite une angoisse existentielle qui se transforme en carburant politique. La mauvaise conscience semble aujourd'hui dominante dans une civilisation qui cultive la haine de soi, qui s'est laissée convaincre qu'il lui fallait moins assumer son histoire que s'en extraire et qui déconstruit sans fin ses grandes institutions en croyant mener une lutte à finir contre des phobies souvent imaginaires. Un certain perfectionnisme moral peut aisément virer à l'autoflagellation morbide. L'Occident s'est laissé convertir mentalement à un messianisme humanitaire qui lui fait perdre le sens du politique, lequel est toujours, quoi qu'on en pense, une pensée du particulier. C'est à partir du moment où le corps politique comprend qu'il ne se confond pas avec l'humanité que le politique se découple de l'éthique et révèle son autonomie tout comme ses propres exigences. La radicalisation de l'universalisme entraîne l'extinction inévitable du politique. Car l'universalisme bien compris repose d'abord sur une conscience des médiations qui le rendent possible. C'est probablement un signe de déclin pour une civilisation que de perpétuellement se questionner sur ses fondements plutôt que de les assumer pleinement. Si la question de l'identité passionne autant, et si elle libère les passions politiques les plus fondamentales, c'est qu'elle ouvre une discussion publique sur les fondements mêmes de la cité. Mais ce penchant excessif à l'introspection n'est-il pas le symptôme d'une profonde fragilité ? L'identité devrait moins se présenter comme un perpétuel questionnement sur soi que comme principe de vie. Elle relève moins du projet rationnellement construit que de l'héritage vivant et de la continuité historique, ce qui ne veut pas dire qu'elle n'évolue pas dans une tension entre les deux pôles de l'idéal et de la mémoire. C'est dans la mesure où un peuple assume sa condition historique qu'il peut se projeter dans l'avenir. S'il en vient à douter de sa propre existence, il s'affaissera inévitablement. Malgré les exactions commises en son nom, le mythe de la table rase ne cesse de renaître sous des formes inédites, comme s'il témoignait de la tentation démiurgique irréductible de l'humanité. Cette liberté n'a évidemment pas de sens. Le nihilisme et l'utopisme partagent la même fascination du vide : le premier est fasciné par le néant lui-même, le deuxième croit possible d'en faire sortir un ordre social parfait.

Le charme des écrivains crépusculaires

On en trouve évidemment pour jouir de cette fin d'époque. Si la décadence est bien vraie, tout est permis. Tout ce que la civilisation avait refoulé pour se construire se libère en bénéficiant d'une décompression inespérée de l'ordre social. C'est la puissance bien connue du ressentiment, qui domine les temps vengeurs, et qui corrode le principe même de civilisation. Mais si certains s'enivrent au parfum de la décomposition, d'autres sont étrangers aux passions morbides. « Je me demande si je ne m'indigne pas dans le désert, en mémoire d'un monde englouti, et dont peu se souviennent[4]. » En confessant un tel sentiment au début des années 1980, Louis Pauwels n'était certainement pas le premier, depuis Paul Valéry, à constater que les civilisations sont mortelles. Cette question hante le monde depuis la chute de Rome : les formes historiques ne sont ni éternelles, ni immortelles, un jour, elles périront et ne laisseront plus que de belles ou moins belles ruines. L'intelligence contemplative, lorsqu'elle médite sur elles, cherche à pénétrer la part d'éternité qu'elles recèlent. Mais c'est une chose de savoir que les civilisations sont toutes appelées à mourir, c'en est une autre de sentir que c'est la sienne qui connaît ses « derniers jours[5] ». « La plus grande révolution dans l'histoire humaine est que, de façon de plus en plus sensible, nous apprenons que nous ne mourrons pas dans le monde où nous sommes nés[6] ». Le monde auquel on tient s'effondre, un autre, fait de tout ce qu'il avait refoulé, remonte à la surface. « L'histoire est comme un sac de billes ; les secousses attirent à la surface les billes de fond. Dans les diatribes contre la culture et l'ordre bourgeois, l'impérialisme, la société de consommation, etc., c'était l'accent des fanatici appelant la malédiction sur Rome. On invoquait aujourd'hui les masses comme jadis le Messie, le tiers-monde comme le Saint-Esprit, la révolution comme l'Apocalypse, et, chez beaucoup, le pain et l'acide remplaçaient le pain de communion. Sans doute, l'ardente bataille antique était-elle plus pure que la bagarre entre les enragés de 1968 et notre société. Cependant, les armes rouillées peuvent aussi blesser mortellement. Et peut-être les éclatements d'aujourd'hui, qui nous paraissent incongrus et vulgaires, auront-ils une confondante postérité. Peut-être sommes-nous, comme les Romains, aux prémices de notre fin[7]. » La référence à Rome ne trompait pas : dans son roman tardif *Les orphelins*, Pauwels évoquait l'univers de la décadence. Celle d'un monde qui s'effondre, où ce qui est sacré est transgressé, où les dieux sont piétinés, à moins qu'on ne se contente de ne tout simplement plus croire en eux. On imagine que si Pauwels avait écrit son roman au milieu des années 2010, il aurait puisé dans le folklore de notre époque avec ses minorités revendicatrices et histrioniques qui veulent en finir avec ce qui reste du vieil Occident.

Pauwels est un écrivain oublié. On l'a classé dans la catégorie des pamphlétaires de second ordre, qu'on enferme dans une ou deux controverses mineures censées révéler leur triste nature. Dans l'histoire des idées, il ne compte pas, et on ne se souvient de lui que pour se féliciter de l'avoir oublié ou pour rappeler qu'il était décidément trop marqué à droite. On pourrait pourtant aisément le classer dans la grande famille des écrivains crépusculaires : ceux qui décrivent la fin d'un monde. Certes, on trouve dans son œuvre bien des aberrations et autres extravagances. Un monde qui meurt voit souvent sa religion mourir et ce n'est probablement pas sans raison que ce grand chasseur d'absolu que fut Pauwels, après une longue quête spirituelle qui le fit passer de Gurdjeff au paganisme indo-européen, en passant par les ovnis et le *new-age*, en revint, dans ses derniers jours, au catholicisme, comme s'il cherchait à se réfugier dans le noyau spirituel et historique de sa civilisation mourante. Aujourd'hui, on prie moins dans les églises qu'on ne les visite en touristes, avec un guide pour nous expliquer l'histoire racontée par les murs. Michel de Jaeghere a su décrire tristement et drôlement cette déculturation dans son journal romain, où il raconte la visite d'une église. « Les groupes se succèdent devant le Moïse. Les guides racontaient ici aux touristes, il y a quelques années, les péripéties de la construction du tombeau de Jules II et la vie ardente de Michel-Ange. Ils tentaient de montrer comment le sculpteur avait réussi ce prodige de faire, avec la figure du prophète, un portrait moral qui était par sa force, son énergie, son ardeur, celui de son commanditaire ; par l'inquiétude inextinguible du regard, son propre autoportrait en géant harassé. Aujourd'hui, ils s'efforcent de leur expliquer qui était Moïse, sans retenir plus d'un instant leur attention[8] ». L'homme déraciné et déculturé est surtout un homme étranger à lui-même, incapable de lire le texte symbolique de sa propre civilisation, qu'il habite comme un musée, à moins de se convertir à la philosophie du monde jetable. Il ne verra alors dans les traces de l'histoire que des vieilles pierres insignifiantes, et il ne lui viendra jamais l'idée de s'agenouiller devant quoi que ce soit, sauf devant le sens de l'histoire, qui l'oblige.

Malgré les moqueries dont ils font parfois l'objet, les penseurs crépusculaires, hantés par la décadence, posent une question vitale. Ils cherchent à ressaisir ce qu'il y a de précieux dans un monde dont ils sentent qu'il est en voie de disparition. Ils savent que la civilisation est une œuvre fragile et qu'il suffit de peu pour que l'homme chute, qu'il perde pied et que les pulsions refoulées s'emparent de la cité et la jettent dans le chaos. Évidemment, ils ont parfois le défaut de leur qualité et confondent un faux pas avec une dérive fatale. Le ridicule les guette. Si le conservateur a souvent tendance à croire que tout va mal, le réactionnaire croit que tout est foutu. Le premier croit conséquemment aux vertus du politique alors que le second se réfugie dans le mythe d'une catastrophe rédemptrice, où les hommes payeraient leurs fautes et en reviendraient à une civilisation plus saine. Devant le sentiment des plus grands périls, les cœurs aventureux se rebellent et peuvent même en venir à rêver d'un exploit pour renverser le sens des événements. Est-ce qu'un grand geste pourrait réveiller les consciences, sortir les hommes de leur torpeur et créer les conditions d'une crise rédemptrice ? On rêve alors d'un sacrifice rédempteur. Certains voudront plutôt pousser la société aux extrêmes, dans une lutte qui laisserait de côté les tièdes et les modérés pour que s'affrontent enfin, dans un combat à finir ceux qui, d'un côté comme de l'autre, sont décidés à aller jusqu'au bout d'une aventure politique transformée en quête de l'absolu. C'est le fantasme effrayant de la guerre civile rédemptrice, censée purifier la cité et lui redonner sa virile jeunesse. Autant le réactionnaire peut être un écrivain lumineux, autant en politique, il a trop souvent tendance à se comporter comme un illuminé. Le réactionnaire partage en cela l'eschatologie des révolutionnaires, tout en la connotant négativement.

Mais au-delà de cette tentation morbide, il y a probablement une éthique propre aux écrivains crépusculaires. Que faire si l'on survit à son propre monde ? Avec Michel Onfray, ils nous invitent tout simplement à mourir debout, au nom de l'honneur. « La vérité cruelle est que notre civilisation s'effondre. Elle a duré 1 500 ans. C'est déjà beaucoup. Face à cela, je me trouve dans une perspective spinoziste : ni rire ni pleurer, mais comprendre. On ne peut pas arrêter la chute d'une falaise ». Onfray écrira aussi : « Le bateau coule, restez élégant. Mourez debout[9]. » Que faire, quand le monde auquel on tient nous échappe ? Rien. C'est la morale honorable d'un vieux Romain. Pauwels, encore lui, écrira stoïquement : « Dans les vagues de fin de siècle, s'il faut couler, coulons debout[10]. » Avec le Caton de *La guerre civile* de Montherlant, on en entend plusieurs dire : « Quelque chose naît ; quelque chose meurt. Je suis avec ce qui meurt. C'est là que j'aime être[11]. » Les meilleurs transfigureront leur désespoir dans la littérature. La tentation fataliste se présentera : le monde a toujours changé et toujours changera. Il ne servirait à rien de résister à cela. Rien ne semble arrêter cette vague, elle emporte tout, la résistance semble futile, ceux qui se dressent contre elles sont brisés, ou condamnés à l'épouser, ce qu'ils justifient en s'imaginant alors qu'ils vont la diriger ou la dompter. Les dernières pages des *Mémoires d'Outre-tombe* de Chateaubriand sont probablement celles qui ont le mieux dit ce que pourrait être un sentiment d'apaisement devant le passage des siècles. « On touchera sans doute à des stations pénibles ; le monde ne saurait changer de face sans qu'il y ait douleur. Mais, encore un coup, ce ne seront points des révolutions à part ; ce sera la grande révolution allant à son terme. [...] on dirait que l'ancien monde finit, et que le nouveau commence. Je vois les reflets d'une aurore dont je ne verrai pas se lever le soleil. Il ne me reste qu'à m'asseoir au bord de ma fosse ; après quoi je descendrai hardiment, le Crucifix à la main, dans l'éternité[12]. » Il y a une beauté morale dans la capacité d'un homme à faire la paix avec l'inévitable.

Le recours au grand homme

Mais tous ne veulent pas simplement se laisser engloutir par le nouveau monde. C'est la posture la plus admirable, celle de l'homme qui ne cède pas. Rien n'est plus naturel que de croire que tout n'est pas perdu, et qu'à défaut de ramener le monde d'hier, on puisse restaurer ce qui n'aurait pas dû être sacrifié. Même quand le monde semble s'affaisser, la question du politique demeure centrale. Mais selon l'époque dans laquelle on vit, le politique change de vocation. Marguerite Yourcenar, dans *Les Mémoires d'Hadrien*, fait dire à l'empereur : « Et je remerciais les dieux, puisqu'ils m'avaient accordé de vivre à une époque où la tâche qui m'était échue consistait à réorganiser prudemment un monde, et non à extraire du chaos une matière encore informe, ou à se coucher sur un cadavre pour essayer de le ressusciter[13]. » Convenons que les élites politiques d'aujourd'hui n'ont pas la chance d'Hadrien. Bernanos, dans *Nous autres Français*, écrivait : « Chaque jour perdu consolide la mauvaise fracture, elle sera demain sans remède. La restauration de la Monarchie ne peut plus être une entreprise comme une autre, il est déjà trop tard, il faut qu'elle soit une aventure – ou si l'on a pas peur des mots, un miracle[14]. » Il ne s'agit évidemment pas de restaurer la monarchie ou quoi que ce soit dans cet esprit, mais la restauration de la souveraineté démocratique et des conditions du politique, nécessaire pour agir en des temps troublés, exigerait néanmoins de parler un même langage, et de s'inscrire dans un semblable imaginaire. Raymond Aron, dans son œuvre, a considéré positivement la figure du Grand Législateur, capable de refonder une cité emportée vers l'abîme. Aron pensait alors à de Gaulle. Cette réflexion trouve son écho dans le monde d'aujourd'hui. On comprend alors le succès de ceux qui, devant le sentiment d'impuissance générale, parviennent à incarner le volontarisme et la détermination. La hantise de la fin d'un monde favorise naturellement l'avènement de leaders, souvent des démagogues, qui prétendent pouvoir renverser le cours de l'histoire par la simple force de leur volonté, comme s'ils avaient une volonté prométhéenne, plus forte que tout. Les hommes rêvent à un grand élan politique incarné par un homme d'exception, à la volonté presque providentielle, qui pourrait redresser la collectivité et lui fixer un nouveau cap.

La réflexion sur les grands hommes, qui traverse la pensée politique antique mais qui semble étrangère à la philosophie moderne, repose sur un admirable pari : l'homme peut changer le cours de l'histoire, et selon que tel individu ou tel autre se retrouve en position d'autorité, le destin pourra basculer d'une manière ou d'une autre. Le grand homme vient rappeler que l'action humaine n'est pas une lubie. La philosophie politique aime à se moquer du fantasme de l'homme providentiel, qui représenterait un résidu archaïque dans la pensée moderne, alors que cette dernière aurait démontré à tant de reprises que les mouvements historiques échappent à la volonté humaine. L'histoire a pourtant démontré le contraire, et on ne saurait non plus oublier que la vie politique est un domaine incarné, où les idées doivent prendre un visage pour capter l'attention du commun et transformer la matière du monde. « L'histoire de la droite est une galerie de portraits, celle de la gauche, une enfilade de mouvements de foule[15] », écrit Régis Debray, ce qui pourrait nous pousser ici à reconnaître la plus grande perspicacité du parti conservateur, attentif à la charge symbolique du politique, et sachant qu'une cité désincarnée est une vue de l'esprit ou une sinistre bureaucratie. Le culte des grands hommes repose sur une réalité qui échappe aux libéraux comme aux marxistes, lorsque ceux-ci veulent réduire l'histoire au déploiement de processus impersonnels qui ferait peu de cas de ce qu'on pourrait appeler la part humaine. Le scientisme appliqué à l'histoire ne veut voir dans l'action humaine qu'une variable mineure, résiduelle, insignifiante. On oublie pourtant que l'histoire est riche de ces situations où l'action d'un individu d'exception ou de quelques hommes de grande valeur a pu changer le cours des choses. Il est vrai que la volonté politique est aujourd'hui entravée par la judiciarisation du politique : d'un traité international à l'autre, et d'une convention des droits de l'homme à l'autre, on assiste à l'effacement du politique et à la conversion intégrale du lien social à la logique contractualiste. Une décision politique est de plus en plus difficile, si elle entre en contradiction avec cette logique. En fait, elle est jugée réactionnaire. Il ne saurait y avoir de politique contre le sens de l'histoire. Dès lors que la politique semble s'épuiser dans un processus historique sur lequel l'homme n'a aucune emprise, elle se vide de sa substance et devient parodique.

On se méfiera avec raison des individus erratiques à l'ego boursouflé qui confondent la politique avec une aventure personnelle qui pourrait bien mal finir. Mais on ne réduira pas l'appel à l'homme providentiel à une pure mystique du chef ou à une coupable tentation autoritaire. On ne sait pas toujours à l'avance qui est le grand homme – on ne sait pas s'il ne deviendra pas un individu fantasque ou un tyran. Il faut de toute façon avoir une personnalité trouble pour entrer en dissidence avec un régime – la plupart du temps, le sort qui attend le dissident, c'est l'ostracisme médiatique, la diabolisation politique, la psychiatrisation sur la place publique. Il faut probablement un caractère ubuesque et démesuré pour être capable de faire face à l'agressivité extrême dont peut faire preuve le système lorsqu'il se sent menacé. Il faut quelquefois aussi un homme qui passe pour fantasque pour porter pendant des années, sous les moqueries générales, une idée qui semble saugrenue mais qu'il parviendra néanmoins à porter et normaliser. Un homme qui désire demeurer respectable auprès de ceux qu'il conteste est condamné à ne plus les contester ou à se contenter d'une contestation de façade. Il participera à la comédie des faux débats qu'on nous présente souvent comme l'expression sophistiquée de la démocratie. L'histoire ne s'écrit pas seulement avec des hommes respectant les codes bon chic bon genre de la bourgeoisie et avec en toile de fond une musique d'ascenseur. Winston Churchill passait pour un fou mais a sauvé son pays du nazisme, avant de contribuer à la déroute finale de ce dernier alors que le général de Gaulle a d'abord eu le mauvais rôle d'un général temporaire factieux et mégalomane avant de devenir le sauveur de la France. On ne sait pas à l'avance si la démesure d'un jour ne sera pas comprise le jour suivant comme la manifestation d'une exceptionnelle vitalité.

Mais l'espoir d'un sursaut peut sembler vain. Quelquefois, un homme voit ce qu'il a aimé, et ne croit plus possible de le sauver. Pour le dire avec les mots du poète, il arrive « trop tard dans un monde trop vieux ». Trop tard. Ces deux mots peuvent témoigner d'une psychologie démissionnaire devant une tâche trop difficile à relever ou d'une forme de lucidité supérieure, celle d'un homme qui comprend qu'il ne sert à rien de s'acharner. Dans un texte qu'il consacre à la mort de Caton, Montherlant écrit une phrase terrible : « Il regarde à droite, il regarde à gauche, il regarde en haut, il regarde en bas, et il ne trouve que l'horrible. C'est quelquefois la tragédie d'un peuple, à un moment donné : il n'y a personne[16]. » La vie politique du dernier demi-siècle peut laisser croire à la vanité de l'engagement public. Rares sont ceux qui se sont penchés sur le paradoxe des années 1960 et 1970. On semble l'oublier, mais la plus éclatante victoire électorale de Richard Nixon fut remportée en 1972, quand il se présenta comme le candidat de l'ordre contre l'agitation idéologique qui bouleversait le monde occidental en général et l'Amérique en particulier. Cette victoire ne fut pas la seule du camp conservateur pendant les années 1970, mais ce fut, pour paraphraser quelqu'un d'autre, une *étrange victoire*. Ailleurs, les conservateurs l'emportèrent aussi, mais ne parvinrent pas vraiment à contenir l'avènement de la société née de la poussée contre-culturelle et du grand renversement des valeurs.

La figure du paria

Dès lors se pose la cruelle question : que peut-on sauver d'une civilisation qui meurt[17]? Dans *Symmaque*, Jacques Bainville mettait en scène de belle manière le mauvais sort de ceux qu'on appellera les vaincus de l'histoire. Son personnage, Symmaque, écrira ainsi : « je crois à l'éternité du monde, mais à son perpétuel renouvellement. C'est pourquoi les conservateurs sont destinés à perdre toujours, car ils s'attachent aux formes et aux choses, qui sont changeantes et périssables [18]. » Il n'est pas surprenant que Bainville ait situé ses personnages dans la Rome tardive, qui demeure le théâtre le meilleur pour penser la décadence et les passions qu'elle suscite. Le plus puissant des empires pourra durer longtemps, mais ne pourra durer toujours, c'est pourtant la noblesse de l'homme de tout faire pour l'immortaliser. La chute de Rome demeure, dans l'histoire universelle, un événement à la fois improbable et inévitable. Tôt ou tard, puisqu'il en est ainsi, et qu'on ne peut rien y faire, le monde auquel nous tenons sera transformé en ruine. Pour le dire avec Gustave Thibon, c'est « le risque de toute fidélité [...] de confondre l'essentiel et l'anachronique », et pourtant, c'est un pari qui vaut la peine d'être fait, sans quoi, l'homme risque de se dissoudre dans un flux sans fin. Mais cette fidélité est souvent flageolante. Il arrive que le conservateur qui s'attache à défendre tous les lambeaux encore flottants du monde d'hier soit convaincu, au fond de lui-même, que la cause de la sauvegarde de sa civilisation est perdue. Il se bat sans y croire, il s'attache à une position tout en sachant qu'il ne la tiendra pas absolument, et qu'il saura, en temps et lieux, au nom du pragmatisme, battre en retraite, en croyant ainsi se ménager une position dans le nouveau monde. Ce déclassement symbolique s'accompagne souvent d'un déclassement social, et on comprend pourquoi les élites, qui tiennent à conserver leurs situations, préfèrent se plier au nouveau monde plutôt que lutter pour que survive l'ancien. Elles savent aujourd'hui que leur maintien en place exige un ralliement au régime diversitaire, et font avec. On pourrait parler de l'instinct de survie des bourgeoisies. Elles ne peuvent s'imaginer ailleurs qu'au sommet de la société et préféreront se convertir au nouveau régime que demeurer fidèles aux valeurs désormais vaincues et déchues de l'ancien. Elles sont assez rares, les élites entêtées à demeurer fidèles à un régime déchu, et se croyant appelées à le restaurer. On se convainc aisément de ne pas vouloir à tout prix habiter les ruines. On ne s'enthousiasme pas facilement pour un destin dans l'arrière-garde. On se convainc même peut-être qu'on pourra sauver l'essentiel en pactisant avec le nouveau régime, en se disant qu'il faut bien que le monde se poursuive. Aujourd'hui, on transmet à ses enfants certaines valeurs de base, puis on les prépare pour la mondialisation.

Qui refuse le nouveau monde risque le destin d'un paria. Certes, aucune société n'est jamais complètement acceptée. Roger Caillois l'avait noté : une société bien installée est une société apaisée, qui valorise le compromis et qui tolère une certaine médiocrité des choses [19]. Les aventuriers s'ennuient, mais ils peuvent toujours s'engager dans un parcours individuel, dans une existence risquée, sans confort, loin des chemins connus, sur les « chemins noirs » ou en s'installant en

Sibérie. Ils pourront en tirer une œuvre méditative géniale, qui ne pousse toutefois pas à l'action. Il en est de même du dandy, qui refuse la massification et l'uniformisation du monde moderne et qui cherchera dans le culte de la singularité esthétique une manière de s'extraire par le haut d'un ordre social qu'il méprise ou dédaigne. Les individus en quête d'absolu politique ou de pureté idéologique risquent aussi de s'ennuyer dans une société qui ne peut vivre sur le registre de la mobilisation permanente. On pensera spontanément aux extrémistes qui sont incapables d'accepter une société qui ne soit pas exclusivement soumise à leurs principes. Car, on trouve dans toutes sociétés des hommes pour refuser le principe de légitimité dominant : ils sont refoulés dans les marges, et eux-mêmes se pensent généralement comme des dissidents. C'est que leur philosophie politique semble tout simplement incompatible avec les représentations sociales dominantes. Ils ne voient pas le monde comme on doit le voir si on veut parvenir, ils ne l'abordent pas à partir du même imaginaire. Manière comme une autre de dire qu'en toute société, on trouve un lot de marginaux, et que ceux-ci exprimeront leur sensibilité dans tous les domaines de l'existence. Ces marginaux ne sont tout simplement pas faits pour la norme commune : c'est une question de tempérament. Tous les hommes ne sont pas faits pour vivre en se pliant à la norme dominante.

Mais l'authentique paria est autre. C'est le déclassé du régime précédent, qui a décidé de ne pas se rallier au nouveau. On trouvera souvent dans les marges les défenseurs des évidences d'hier, qui ne se sont pas dédits, et qui demeurent fidèles à un monde historiquement révolu, qu'on juge souvent dépassé au nom du progrès de la simple évolution du cours des choses. Ils sont là, vieux fonctionnaires, écrivains oubliés, anciens ministres, historiens ringardisés, militants des causes perdues, tous déclassés, à maudire leur déclassement, les plus combatifs ourdissant un complot pour programmer leur retour, que rendrait possible un miracle politique et qui permettrait peut-être au moins de retarder la fin des temps. Il arrive que des hommes s'entêtent dans la fidélité à un dieu mort, ou du moins, qui ne survit plus qu'à travers quelques traditions défraîchies. Il faut dire qu'il est difficile de savoir en temps réel si on vient de basculer dans une nouvelle époque dont on se sentira étranger et qui condamnera à la mort sociale ceux qui ne s'y rallient pas. Devant cela, la tentation sera forte, pour le proscrit, de lancer une charge ultime pour contenir un monde qu'il abhorre et le broiera. Mais la politique ne saurait se contenter du baroud d'honneur des vieux baroudeurs, qui fédèrent autour d'eux tous les proscrits du monde, dans une tentative désespérée de faire revenir ce qui ne reviendra pas.

Le mythe de l'arche

Et pourtant, à la question que faire, la réponse n'est pas toujours immédiatement politique. C'est peut-être parce qu'il refusait à la fois le consentement à la catastrophe et un volontarisme illusoire que François Taillandier s'est engagé dans un cycle romanesque exceptionnel, qui entend retracer les origines de notre civilisation dans le crépuscule de celle qui l'a précédé. Un peu comme s'il voulait délivrer ses contemporains du fantasme restaurationniste, il semble dire qu'il est nécessaire, quelquefois, de laisser aller les choses en cherchant néanmoins à conserver ce qu'il y a de mieux dans la civilisation qui meurt, sans savoir exactement quel sera le résultat de cette conservation et de cette transmission. On devine qu'il s'agit d'une question que se posent ceux qui se sont engagés et qui un jour, n'y trouvent plus ce qu'ils cherchent. Il peut s'agir d'un intellectuel qui a fait le pari aronien d'une existence au cœur de la cité, ou d'un homme qui s'est jeté en politique, mais qui découvre peu à peu les limites de l'action publique. Il s'agit de transformer le rapport à l'action. On trouve cela magnifiquement exprimé dans ce passage et qui met en scène Cassiodore, un homme politique romain d'après la chute de Rome qui comprend peu à peu que la survie de la civilisation ne dépend plus des hommes d'action. « Il ne disait pas seulement adieu au temps personnel de sa vie, ce modeste apanage où s'inscrivent nos joies, nos affections, nos drames, nos rires et nos regrets. Il prenait congé aussi d'une forme collective du temps, dans laquelle s'étaient exercés ses décisions et ses vouloirs, mêlés aux vouloirs et aux décisions de bien d'autres. Fallait-il l'appeler le temps politique ? Le temps de l'époque ? Oui – quelque chose comme ça. [...] Il lui semblait avoir compris que, si quelque chose devait jamais naître ou renaître de ce tohu-bohu, ce n'était pas à vue d'homme, de la sienne en tout cas. Vient un moment inévitable où, si l'on agit, travaille, désire et entreprend encore, ce n'est plus pour soi, mais pour ceux qui viendront, qui vivront à leur tour quand on n'y sera plus. [...] Car en fin de compte, songeait-il, il y a bien trois rythmes du temps : celui d'un homme, celui de la cité, celui de Dieu, qui sont comme les trois cordes d'un instrument de musique, et peuvent s'harmoniser ou dissoner. Son temps d'homme ne durerait plus. Le temps de la cité n'offrait désormais que des formes d'ordre précaires, compromises de toutes parts. Quant au temps de Dieu, d'une étendue incommensurable à la conscience humaine, il lui apparaissait empli d'un avenir qu'il se représentait indistinct, grisâtre, insondable, comme, au soir, l'horizon marin de la Calabre. Mais souvent lui venait la pensée que cet avenir comportait une infinité de possibles, et que chaque entreprise humaine, si minime fût-elle, pouvait en modifier les aléas. Ce qu'il lui restait à accomplir était de cette sorte [20]. »

Autrement dit, la cité qui meurt n'emporte pas tout avec elle. Sa part la plus précieuse peut être conservée par des hommes renonçant au prestige social et politique pour conserver dans les marges, à l'abri du grand nombre, certains trésors précieux. Encore faut-il avoir une certaine idée de la transcendance pour transmettre au fil du temps ce que l'on croit sacré. Mais cette réponse exige aussi une forme de renoncement civique : l'homme de la culture n'entend plus féconder le monde commun des principes fondamentaux et des œuvres vitales. Il entend les mettre à l'abri de la destruction pour qu'un jour, ils contribuent à une renaissance. « Les hommes véritablement utiles, ajoute Taillandier, sèment ce qu'ils ne verront pas fructifier. L'arbre qu'ils ont planté donnera de l'ombre à leurs descendants, ils le savent, et se résignent de gaieté de cœur, ayant labouré et semé, de n'être plus là quand viendra le temps des moissons. » Il n'est pas interdit de penser que le monde occidental soit appelé à se poser de telles questions, en sachant que le temps politique ne se confond pas avec celui de l'histoire et que les conséquences concrètes d'une idée ou d'une action peuvent se faire attendre longtemps avec d'infléchir la marche du monde. L'action humaine a mille visages et la cité même la meilleure ne sera jamais achevée. On ne saurait donc, à moins de se contenter d'une action strictement technique, espérer voir tous les fruits de son action dans le monde de son vivant[21]. Mais l'homme sait-il encore se projeter dans le monde au-delà de sa propre existence ? Taillandier nous guide encore lorsqu'il rappelle que les spéculations philosophiques sur la nature de l'homme portent à conséquence : « Cassiodore, en secret, avait été souvent sceptique face aux disputes de la théologie. Qu'est-ce que l'homme pouvait savoir de tout cela ! N'était-ce pas folie que de nourrir tant de hargnes, de rancœurs, d'antagonismes, à partir de tant d'allégations que personne ne pouvait prouver ? Pour la première fois peut-être de sa vie, il en comprit, au contraire, le caractère décisif. De ce que l'homme acceptait de croire, de ce que l'on installait dans sa conscience hasardeuse et aveugle dépendaient ses actes. L'être humain ne sait d'abord pas ce qu'il est. À peine sait-il qu'il est. Les mots et les notions dont on le munit pour s'examiner et se comprendre gouverneront sa vie. Il importait qu'on lui fît percevoir sa faiblesse et sa force. Ainsi édifiait-on l'homme, ainsi l'instituait-on[22]. »

Allan Bloom l'avait suggéré, « c'est dans la relation qu'elle entretient avec les préoccupations permanentes de chaque génération qu'on peut le mieux découvrir la nature de chaque génération[23] ». Il faut se demander quelle part de l'âme humaine demeure inaccessible au moderne et par quels chemins l'atteindre. Que l'on mise sur la politique ou le long travail de la culture, on retrouve là une philosophie de l'action qui replace l'homme dans le temps long de l'histoire. On renoue ici avec la nostalgie, qu'il est criminel de criminaliser, mais qu'on ne saurait laisser déchoir en simple muséification d'un passé devenu refuge contre le présent. Elle rappelle plutôt à l'homme moderne l'insuffisance de sa condition, et témoigne, par le sentiment du manque qui l'accompagne, de possibilités inexplorées dans une civilisation condamnée au flux permanent. Elle représente la trace de toutes les autres époques dans la nôtre. Il ne sert à rien de s'y lover, mais loin d'aplatir l'homme, elle l'éduque autrement à la liberté.

7

COMMENT PEUT-ON ÊTRE CONSERVATEUR ?

> Je crois qu'il faut choisir son camp. Mais vous êtes passeur de frontières. Je suis gardien de frontières. À chacun sa nature.
>
> LOUIS PAUWELS.

> [...] il suffit d'un petit nombre d'esprits fidèles pour que le lien soit maintenu, pour que le courant passe. C'est la permanence d'une certaine famille d'esprit, en dépit des coupures arbitraires que nous établissons entre les époques, qui nous assure d'une continuité.
>
> FRANÇOIS MAURIAC.

La scène est vieille d'il y a quelques années et comme on dit dans la médiasphère, elle a fait le buzz. Elle met en scène Jacques Attali et Eugénie Bastié. Le premier pontifiait. Il chantait le monde de demain, recoupant de bien des manières celui de ses fantasmes. La seconde l'a défié d'une amusante formule : le vieux monde est de retour, Monsieur Attali ! Si la scène a tant marqué, c'est qu'elle symbolisait un retournement inattendu dans l'ordre symbolique. Le soixante-huitard, même sur ses vieux jours, ne s'imaginait pas un jour dans le rôle du défenseur décati de l'ordre établi. L'époque n'avait pas programmé le surgissement du jeune conservateur : voilà qu'il s'impose sur les plateaux télés et prend même les traits d'une brillante jeune femme sûre d'elle-même confrontant un bonze progressiste désarçonné. Depuis, les articles se sont multipliés. D'un magazine à l'autre, on a consacré de nombreux dossiers au conservatisme renaissant. On a même cru qu'il allait déboucher politiquement avec la candidature de François Fillon, qui s'est vu investi d'une mission conservatrice inattendue, en devenant le représentant de la permanence française. Le temps d'une saison, il a enthousiasmé sa base moins pour ce qu'il proposait que pour ce qu'on s'était mis à imaginer qu'il incarnait.

On veut croire, maintenant, que la renaissance conservatrice a avorté. N'était-elle qu'une illusion ? En macronie, elle ne serait plus qu'une ombre, un souvenir déjà pâli. On devine déjà le récit qu'on en fera : dans une société en mutation, les privilégiés de l'ordre ancien ont toujours tendance à se braquer une dernière fois avant de mourir. Ils se crispent, imposent quelques convulsions sociales, puis finissent par accepter leur défaite et se joignent aux vaincus de l'histoire. L'histoire marche à son rythme et ceux qui ne veulent pas le suivre périssent. En la matière, il faudrait s'interdire tout sentimentalisme. On peut bien pleurer le pays de son enfance : ce serait apparemment une sottise de vouloir renouer avec lui. D'autres accusent même le conservatisme d'avoir plombé la droite, d'avoir causé sa défaite. En 2012, on avait fait le procès de Patrick Buisson, en 2017, on fait le procès de Sens commun. Chose certaine, le conservatisme aurait peu d'avenir. Le conservatisme était l'avenir de la droite, et même, l'avenir de la France. À part Patrick Buisson, rares sont ceux qui reprendraient à leur compte cette prophétie. N'était-il qu'une saison dans la vie des idées, une coquetterie parisienne déjà fanée ? Coincé entre le progressisme et le populisme, on ne lui prédit pas un grand avenir.

Il arrive que les mouvements intellectuels peinent à se traduire politiquement. La vie des idées politiques ne recoupe pas nécessairement celle de la cité. Les grandes tendances idéologiques ne trouvent pas toujours un parti pour se relayer. Mais un courant intellectuel, à défaut de s'incarner politiquement, peut se dissoudre ou se perdre dans ses spéculations strictement théoriciennes. Il peut aussi poursuivre son chemin sans parvenir à mordre sur l'actualité, ce qui ne veut pas dire qu'il n'y parviendra jamais : les secousses politiques font sombrer certains courants idéologiques comme ils en font remonter d'autres à la surface. La droite conservatrice avait connu une première renaissance, dans la première moitié des années 1980, à l'époque du *Figaro Magazine* de Louis Pauwels : son offensive idéologique amènera la droite à se doter d'un programme ferme et rigoureux, qui sera celui de la première cohabitation. Il se décomposera avec le gouvernement Chirac, terrassé moralement pas le drame de Malik Oussekine. La rumeur veut qu'aujourd'hui Louis Pauwels soit un infréquentable au point même où on a oublié jusqu'à son souvenir, ce qui en réjouira plusieurs. Il n'est jamais bon d'être vaincu politiquement dans le monde des idées : on rejoint le monde des parias, on cesse de nous lire, on nous crée une réputation de farfelu.

Faisons le saut aujourd'hui. La recomposition politique française prophétisée depuis un bon moment est en cours. Elle n'a pas atteint son point d'aboutissement en 2017. La politique ne saurait durablement tenir dans une forme de consensualisme repoussant toute forme d'opposition dans les marges, à la manière de positions résiduelles extérieures à la discussion éclairée des élites éclairantes. Quelle sera la place du conservatisme ? Se réfugiera-t-il dans ce qui reste de la droite, ou se laissera-t-il à nouveau happer et recycler par la force appelée à se substituer à un Rassemblement national discrédité à la fois par sa ligne néo-mélenchoniste et par son échec lors de l'élection présidentielle ? Cessera-t-on tout simplement de le prendre au sérieux ? Ce n'est pas impensable non plus. Quelle sera la place du conservatisme ? Il faut dire que la recomposition politique n'est pas une exclusivité française : partout en Occident, le système politique craque sous le poids du réel. Une certaine politologie, bien superficielle, aime croire que les déterminants socio-économiques sont les seuls à peser dans le choix électoral : on oublie pourtant que les passions politiques se réveillent lorsque resurgit l'idée que la patrie est en danger et qu'il faut la sauver. Sans aucun doute, elle aura occupé les consciences ces dernières années, comme en témoignait ce sentiment, par plusieurs partagé, qu'il s'agissait de l'élection de la dernière chance. Philippe de Villiers le demandait de manière dramatique : *les cloches sonneront-elles encore demain ?* Il y aura pour encore très longtemps sur terre un territoire nommé France : mais s'agira-t-il encore du pays du peuple français ?

Le conservatisme et la modernité

Pourtant, malgré ses déconvenues politiques, le conservateur intrigue encore : c'est qu'il s'empare des questions vitales engendrées par la modernité radicale et transforme quelques points d'exclamation en points d'interrogation[1]. Heureusement, la pensée politique n'est pas simplement une forme de spéculation idéologique ayant vocation à construire un programme aux partis à la recherche d'un discours. C'est une sensibilité qui renaît, une manière d'habiter le monde qui s'affirme. L'ébullition intellectuelle des dernières années relevait moins de la logique médiatique que d'une forme de redécouverte philosophique : la modernité radicale cause vraiment problème. On a beau la chanter, elle agace. On a beau dire à chacun qu'il vit une époque merveilleuse, c'est un sentiment de perte qui flotte dans l'esprit de nos contemporains, même si on ne saurait au même moment définir exactement l'objet de cette perte. On a beau dire du mal de la nostalgie, elle témoigne quand même d'aspirations enfouies dans le cœur de l'homme. Pour reprendre les mots de Raymond Aron, « notre civilisation est assez imparfaite pour justifier les réquisitoires ; pourquoi n'y aurait-il pas des procureurs qu'animent le regret du passé et non pas l'attente utopique[2] ? » Une part de l'homme trouve la modernité inhabitable et est à la recherche d'autre chose : n'est-ce pas le sens de la quête de la *communauté* qui la traverse, comme si elle devait trouver sa part manquante, et réinscrire l'homme dans le monde, plutôt que l'en arracher ?

Le conservatisme, depuis ses origines, qu'on a l'habitude de rattacher à Burke, se caractérise essentiellement comme une critique de la *démesure* moderne[3]. On aurait tout avantage à voir dans le conservatisme une philosophie inscrite dans le code génétique de la modernité, à la manière d'une protestation de la conscience humaine contre ses effets dissolvants. C'est ce qu'avait compris Hannah Arendt, qui ne l'appréciait pas. « Historiquement, la pensée conservatrice et les mouvements réactionnaires puisent non seulement leurs arguments clés et leur élan mais leur existence même dans l'événement que fut la Révolution française. Ils en sont restés des dérivés au sens où ils n'ont pratiquement pas émis une seule idée, une seule notion, qui ne soit pas d'abord polémique. [...] Contrairement à la pensée libérale ou révolutionnaire, le conservatisme est originellement et quasiment par définition polémique[4]. » On retiendra ici l'essentiel, au-delà des piques de la philosophe : le conservatisme se pense généralement comme une critique de la modernité et de sa tentation de déconstruire et reconstruire le réel au nom d'une utopie rationaliste qui se charge d'un programme distinct selon les époques.

Le conservateur n'entend pas congédier la modernité – à tout le moins, il sait que la chose est impossible et sait s'y résoudre, même si ce n'est pas toujours de bon cœur. Il n'appartient pas à l'homme de choisir l'époque dans laquelle il vivra. Son aspiration est plus modeste et plus fondamentale : il entend civiliser la modernité, la contenir et lui rappeler qu'elle peut abîmer l'être humain en prétendant le libérer. Sans surprise, cette disposition existentielle toujours renaît. Ce n'est pas tant en sauvant le passé que le conservatisme bien compris entend contenir la modernité qu'en restaurant symboliquement et en reconstruisant politiquement certaines permanences anthropologiques (d'autres parleront d'invariants anthropologiques) dont la modernité a perdu la trace. En fait, dès que le conservatisme se laisse définir comme le parti du passé, il entre dans une dynamique de reniement permanent. C'est de ce piège dans lequel il se laisse trop aisément enfermer qu'il doit sortir.

Un régime comprend rarement ceux qui le contestent et même ceux qui n'acceptent pas d'en chanter les louanges. Mais la curiosité, quelquefois, l'emporte : partout, on traque le conservateur. On veut le faire parler, on prétend vouloir le comprendre. De temps en temps, on le traite comme un animal de foire. On lui adresse une question ethnologique : comment peut-on être conservateur ? La jeunesse n'est-elle pas naturellement vouée à jouer le rôle d'avant-garde militante du progressisme ? Comment pourrait-elle ne pas vouloir d'une modernité publicitaire qui est tout sourire pour elle ? Au fond d'elle-même, notre époque continue d'assimiler le conservateur à une forme d'attardé historique : dans la grande marche du progrès, il traîne à l'arrière, soit parce qu'il manque de vie, soit parce qu'il ne comprend pas que les formes de vie auxquelles il est attaché sont désuètes. Au pire, on lui prête de tristes affects. Le conservateur serait alors difficile à distinguer du réactionnaire, qui lui-même, serait un infréquentable absolu. Tous les régimes sont fondés sur l'exclusion de principe de certains courants politiques et philosophiques qui les contredisent ouvertement.

La modernité radicale conduit toujours plus loin son entreprise de déconstruction : d'une vague à l'autre, elle trouve de nouvelles limites à repousser, de nouvelles frontières à abolir. L'émancipation qu'elle promet se distingue de moins en moins d'une désincarnation, et qui se retourne en dernière instance contre la civilisation occidentale au nom des exclus de l'histoire. Peut-être s'agit-il du mouvement naturel de la modernité, qui s'emballe d'autant plus que les formes historiques qui contenaient son déploiement tombent une après l'autre. Le parti du mouvement n'aime pas être contrarié et entend spontanément convertir toute la réalité à sa logique : les permanences se dissolvent et deviennent des flux, le monde est insaisissable, il est en marche – de là son expression culturelle la plus vulgaire, soit l'idéologie du changement. Certains veulent piloter ce changement, et se rallient à une forme ou une autre de planisme. D'autres demandent seulement qu'on s'adapte le mieux possible au changement et reconnaissent spontanément dans le libéralisme le principe directeur d'une modernité éclairée. On devient aisément conservateur, même si on le devient souvent malgré soi : il suffit de ne pas se rallier à la nouvelle étape dans l'histoire de l'émancipation autoproclamée. On devient homme de droite parce qu'on ne suit pas le rythme de la gauche, qui n'a pas tort de se présenter comme le parti du mouvement. La droite libérale aime lui répondre en disant qu'elle est le parti de l'adaptation au mouvement. On peine à trouver le parti de la durée.

La formule revient en boucle : le conservateur serait aujourd'hui décomplexé, ce qui laisse croire que, depuis un bon moment déjà, il y avait quelque chose de gênant à se dire conservateur. Mais d'où venait cette gêne ? La parole conservatrice se libère, mais qui l'enfermait ? On l'aura compris à la lecture des derniers chapitres, on ne peut écrire l'histoire d'une philosophie politique sans écrire en même temps celle de l'espace où elle doit se déployer, où se multiplient les contraintes idéologiques et des critères de respectabilité qui peuvent lui être étrangers. Pourtant, on se réclame aujourd'hui du conservatisme. Le terme lui-même est revendiqué alors qu'il servait depuis longtemps d'insulte. Il marquait une dissidence : l'avantage des étiquettes dont personne ne se réclame, c'est qu'on peut, pour un temps du moins, les définir comme on veut. Elles servent à se situer à l'extérieur des positions médiatiquement établies et consacrées.

Des néoréacs aux conservateurs

Le renouveau conservateur n'est peut-être pas si nouveau qu'on le croit, toutefois. Depuis des années, il se laissait pourtant deviner, et pas seulement dans l'imaginaire paranoïaque d'une gauche dénonçant rituellement les *nouveaux réactionnaires*, comme si elle devait mettre à jour régulièrement sa liste des infréquentables.

Pour l'instant, on définira le conservatisme comme une forme de scepticisme devant la démesure d'une modernité devenue folle – et cette folie, quoi qu'on en pense, on n'a pas tort de la lier à l'imaginaire soixante-huitard. Il arrive qu'un jour, on ne veuille plus faire semblant de croire vraiment à des idées auxquelles on était seulement soumis. La droitisation de la droite dont on parlait il y a quelques années n'est rien d'autre que l'histoire d'une droite ne se soumettant plus aux codes de la respectabilité idéologique du progressisme médiatique. Elle est ainsi appelée à renouer avec la part d'elle-même qu'elle devait refouler depuis un bon moment pour éviter les campagnes de diabolisation médiatique.

Politiquement, ce courant se laisse deviner depuis longtemps : il correspond à une demande populaire pour une politique qui ne serait pas technicisée et qui prendrait en charge explicitement le destin de la collectivité. Si on préfère, il correspond à une volonté de penser la politique à l'extérieur des paramètres de sa judiciarisation imposée et de sa bureaucratisation. Si le populisme a trouvé de l'écho en Europe occidentale depuis trente ans, c'est qu'il était souvent le seul à faire de la politique. Il n'entendait pas seulement parler le langage de l'adaptation, qui est le langage antipolitique par excellence. Il proposait une autre direction à la marche du monde : il devait être de nouveau permis de remettre en question les grandes finalités inscrites au cœur de la vie politique. Le progressisme ne devrait plus s'imposer comme une révélation censée déployer ses effets jusqu'à la fin des temps.

Ce malaise français s'est longtemps cristallisé autour de la question européenne, peut-être tout simplement parce que les référendums et les élections européennes lui permettaient de s'exprimer, le système partisan se montrant moins rigide lors de telles consultations. De Maastricht au référendum de 2005 en passant par la percée du RPF en 1999 et l'intérêt suscité par des figures comme Philippe Séguin, Charles Pasqua, Philippe de Villiers ou Jean-Pierre Chevènement, on sentait que dans ses profondeurs, une certaine France cherchait à exprimer sa révolte. Il y avait tout un courant de pensée, coincé entre la droite moderniste et la droite populiste, qui ne parvenait pas à sortir de son étroit corridor, et qui se croyait pourtant dépositaire d'une autre droite, se voulant hostile au fondamentalisme de la modernité, au tout à l'économie, et cherchant, sans trop se l'avouer, à renouer avec la charge sacrée de la nation, dont elle ne tolérait pas la dissolution de la souveraineté. Pour cette droite, la politique doit avoir une charge romantique.

La campagne de Nicolas Sarkozy en 2007 était poussée par cette dynamique, ainsi qu'en 2012. Sarkozy l'a fait cyniquement mais il a néanmoins désenclavé les grands thèmes de la droite conservatrice du petit espace où ils étaient contenus, tout en les arrachant au Front national qui les avait confisqués depuis un bon moment, et cela d'autant mieux que la droite républicaine lui avait concédé. Mais la gauche médiatique a refusé d'y voir autre chose qu'une funeste stratégie pilotée par un sorcier. Un mauvais génie, Patrick Buisson, aurait hanté la droite. Sans lui, elle se délivrerait de la tentation identitaire et redeviendrait moderne. Comment ne pas y voir une forme de complotisme sophistiqué en vogue dans la gauche médiatique et une conception méphistophélique de la droite ? La droite ne peut gagner que si le diable s'en mêle et libère les passions refoulées et les haines inavouées : c'est la grande revanche des méchants et pendant quelques mois, on s'est aussi passionné pour le trio de conspirateurs maléfiques qui serait formé par Buisson, Zemmour et de Villiers et qui aurait cherché à dévier le cours de l'histoire française du progrès qu'elle devrait pourtant suivre.

Mais la politique n'est pas tout. Il manquait à ces moments électoraux un élan intellectuel conquérant. L'actuelle ébullition intellectuelle du conservatisme la lui donne. Des intellectuels venus de la gauche proposent aussi des analyses se réclamant du conservatisme, comme on le voit avec Jean-Pierre Le Goff qui, depuis plusieurs années, pratique une sociologie de la déliaison sociale. Le Goff, dans un clin d'œil à Kolakoswky, se demandera comment on peut être conservateur, moderne et social, alors que le philosophe polonais s'était demandé comment être socialiste, conservateur et libéral[5]. Vieux dissidents et nouveaux résistants, esprits colériques ou esprits sceptiques, la plupart, sinon tous, confessent une commune exaspération. On redécouvre aussi des penseurs oubliés, qui avaient anticipé l'époque. Le conservatisme renaissant se découvre des ancêtres honorables trop longtemps laissés de côté par l'alliance toujours puissante de la bêtise et de la censure. On redécouvre aussi Raymond Aron et bien d'autres figures essentielles rattachées à la tradition libérale-conservatrice à la française.

On parle du *retour* du conservatisme : peut-être devrait-on plutôt parler de sa désinhibition. Ce n'est pas qu'il avait disparu de la carte mais depuis un bon moment, il n'apparaissait dans le radar des sciences sociales et du discours public qu'à travers une série de phobies. On nommait le conservatisme « populisme » ou on le confondait avec « l'extrême-droite ». Autrement dit, on cherchait moins à le décrire qu'à le décrier.

Le moment Zemmour

Cette désinhibition s'est incarnée un temps chez Éric Zemmour. On pourrait parler des effets durables du phénomène Zemmour, qui a marqué un tournant médiatique et même politique : une part de la droite s'est libérée de ses inhibitions progressistes. Au cœur du système médiatique, le journaliste a refusé la pose du conservateur contrit, occupé à s'excuser sans cesse d'exister, et craignant la sale étiquette lui collant à la peau jusqu'à la fin de ses jours. Zemmour n'était pas d'une droite chagrine, vaincue d'avance, occupée à donner des gages de modernité, repliée sur l'économie et comptant les sous, comme si son penchant naturel était une philosophie comptable. Celui qu'on traitait comme une bête de foire a politisé un vaste public. À la « droite dominée » dont parlait Marc Crapez il y a près de vingt ans dans un texte prophétique[6], on est passé à une droite qui se veut dominante, même si elle ne se dit pas toujours de droite. Le système s'en est d'abord amusé : au moment de paniquer, il était trop tard. Un monde de possibles venait de s'ouvrir. Zemmour n'a pas enseigné le conservatisme aux Français : il leur a révélé qu'il était possible de l'être publiquement, à condition d'essuyer quelques crachats[7].

Au fond, la gauche intellectuelle est placée devant une situation inédite : depuis quarante ans, elle ne tolérait que les débats dans ses propres rangs ou avec ses anciens compagnons de route devenus dissidents. Ceux qui ne participaient pas d'une manière ou d'une autre à l'imaginaire progressiste n'étaient pas invités dans la conversation publique ou alors, on parlait d'eux sans pour autant leur donner la parole. Elle traçait un périmètre de respectabilité très étroit, et celui qui voulait y entrer devait se soumettre à ses codes. Il devait suivre le mouvement du progressisme sous peine d'être transformé en homme de droite malgré lui. Mais la gauche n'est plus en position de le faire aussi efficacement qu'avant : elle ne maîtrise plus de manière absolue les codes de la respectabilité. Il lui est de plus en plus difficile de définir seule ses adversaires, même si on ne sous-estimera pas ses moyens médiatiques et juridiques. On peut censurer le réel, on peut le censurer longtemps, même, mais il finit toujours par percer. Le système médiatique se contentera alors de le présenter à la manière d'un resurgissement de l'irrationnel en démocratie : le fameux sentiment d'insécurité en est certainement le meilleur exemple.

Nuançons quand même : on ne peut pas dire pour autant que les codes de la respectabilité ont complètement changé : la gauche médiatique devient même de plus en plus histrionique à mesure qu'on la conteste. Elle s'imagine en perte d'hégémonie alors qu'elle est simplement placée pour la première fois depuis longtemps devant une autre philosophie que la sienne. Mais débattre l'effraie : lorsqu'on a le monopole du bien, on éduque ou on combat, mais on ne discute pas. Au fond d'elle-même, elle ne doute pas d'incarner le seul visage possible de la démocratie.

On résumera la chose ainsi : la gauche a été si longtemps hégémonique qu'il lui suffit d'être contestée pour se croire assiégée, et la droite a été si longtemps condamnée au silence qu'il lui suffit d'être entendue pour se croire dominante.

Finkielkraut, conservateur

Il faut se tenir éloigné des caricatures : le conservatisme qui émerge n'est pas brutalement antimoderne, contrairement à ce que disent ses adversaires. Mais il refuse à la modernité sa prétention à définir seule les aspirations humaines : une part de l'âme humaine ne s'y retrouve pas et réclame aujourd'hui ses droits. Le conservatisme ne pourrait-il pas dès lors se définir comme une recherche des permanences humaines, des invariants anthropologiques indispensables à l'institution de la liberté politique ? Une chose est certaine toutefois : chaque fois que les fondements d'une société sont remis en question, les catégories politiques usuelles éclatent, ou du moins, ne parviennent plus à contenir le débat public, qui se cherche un nouveau langage. Et si le conservatisme n'est pas complètement étranger au clivage gauche-droite, dans la mesure où toujours la gauche cherche à le réactiver et lui conserver son caractère structurant, il ne saurait s'y fondre complètement.

C'est d'abord autour de la question identitaire qu'a pris forme le renouveau conservateur. Elle ne date pas d'hier et c'est Alain Finkielkraut, à bien des égards, qui l'a réintroduite dans la pensée française, à la lumière d'une méditation sur le destin des petites nations d'Europe de l'Est, hantées par la possibilité de leur disparition. Le propre de la petite nation, presque par définition, c'est de savoir qu'elle n'accède pas immédiatement à l'universel, et qu'elle ne représente qu'un visage possible de l'humanité. La petite nation est consciente de sa précarité existentielle : elle ne cesse de s'intéresser aux fondements de la communauté politique, en plus de devoir justifier souvent son existence devant les grands discours universalistes qui y voient une existence collective résiduelle et folklorique qui ne devrait plus entraver la réconciliation de l'humanité. La petite nation inscrit au cœur de la philosophie politique le caractère fondateur de la culture, entendue comme monde commun. À l'école du *Messager européen*, sa revue des années 1990, Finkielkraut se convertira à un patriotisme angoissé : c'est lorsqu'il a compris que la France pouvait disparaître qu'il s'est vraiment mis à l'aimer. *Comment peut-on être Croate*, s'est-il d'abord demandé, avant de se demander ce que voulait dire être Français. Il découvrait alors la France, non plus comme une nation strictement universaliste, mais dans sa singularité – dans son identité. À partir de là, d'un livre à l'autre, il confessera son inquiétude devant « l'ingratitude » des Modernes, pour reprendre le titre d'un ouvrage paru en 1999. *L'identité malheureuse*, paru en 2013, marquait moins un tournant chez Finkielkraut qu'un aboutissement dans un contexte marqué par la crise du multiculturalisme.

Sa pensée a fécondé la vie publique et c'est à travers elle qu'on se pose aujourd'hui la question des mœurs : être Français ne saurait être seulement une réalité juridique. Le renouveau conservateur critique les limites de la pensée contractualiste, qui voudrait abolir la part de l'héritage dans la constitution de la communauté politique. On ne saurait réduire la France à la république et ses valeurs, ce qui ne veut pas dire qu'on la place en contradiction avec elles. Il s'agit plutôt de rappeler que l'homme n'est pas immédiatement universel. Il a besoin de médiations. D'une langue, naturellement. D'une culture qui fournira un univers de sens partagé à ceux qui habitent la cité. D'une histoire nationale, à travers laquelle il participera à une aventure collective. De frontières, délimitant une communauté de responsabilités. En d'autres mots, le peuple de la démocratie moderne est un peuple particulier, qui n'est pas interchangeable avec un autre. N'est-ce pas cette singularité des peuples qu'un Régis Debray cherche à penser à travers sa méditation sans cesse reprise sur l'inconscient des nations et la part du sacré dans le pouvoir ?

Paul Ricœur avait déjà, sur la question, engagé quelques réflexions lumineuses. « Ce que nous appelons donc valeurs, c'est la substance même de la vie d'un peuple ; celle-ci s'exprime d'abord dans ses mœurs pratiques, qui représentent en quelque sort l'inertie, la statique des valeurs. Sous cette pellicule des mœurs pratiques, nous trouvons des traditions, qui sont comme la mémoire vivante de la civilisation. Enfin, au plus profond, nous trouvons ce qui est peut-être le noyau même du phénomène de civilisation, à savoir un ensemble d'images et de symboles, par lesquels un groupe humain exprime son adaptation à la réalité, aux autres groupes et à l'histoire. Par images et symboles, j'entends ces représentations tout à fait concrètes par lesquelles un groupe se représente son existence et sa propre valeur. On pourrait parler en ce sens du noyau éthico-mythique, du noyau à la fois moral et imaginatif qui incarne l'ultime pouvoir créateur d'un groupe. C'est à ce niveau de profondeur que la diversité des civilisations est la plus profonde[8]. » Les sciences sociales ne savent tout simplement pas penser les nappes profondes qui alimentent l'identité d'un peuple : le contractualisme radical, indissociable de la mythologie de la transparence, se rend incapable de penser le noyau le plus intime qui caractérise et singularise une civilisation. Le questionnement sur l'identité nationale est aujourd'hui celui qui permet de méditer sur le noyau propre à chaque culture.

Émergence de la question anthropologique

À la question identitaire s'ajoute la question anthropologique, qui touche tout autant aux nouveaux enjeux sociétaux qu'aux préoccupations liées à la bioéthique, au contrôle du vivant ou à l'impérialisme du marché. Il y a une utopie technologique dans la modernité, c'est celle d'une manipulation intégrale du monde, et aujourd'hui, du vivant. On pourrait aussi parler de la tentation démiurgique de la modernité, qui aime croire que tout est possible, toutes les formes historiques et naturelles étant appelées à se dissoudre, pour que l'homme puisse enfin laisser court au fantasme d'autoengendrement qu'il porte en lui. C'est le même fantasme qui anime la théorie du genre et le projet de l'utérus artificiel. Le renouveau conservateur est à la recherche de limites, il cultive le sens de la finitude. Un monde absolument maîtrisable, où l'homme se prêterait la toute-puissance qu'il reconnaissait hier à Dieu, ne serait plus un monde humain, avec sa part de mystère qui oblige chaque génération à reprendre à nouveaux frais la question du sens de l'existence. Il peut même verser dans un antilibéralisme de combat chez les plus militants, qui trouvent peut-être là la part de radicalité nécessaire à chaque nouvelle génération pour entrer dans la vie publique.

À tort et à raison, on associe ce conservatisme anthropologique à un catholicisme renaissant. À tort car on ne saurait sérieusement parler d'un catholicisme de combat, sauf dans les fantasmes de quelques esprits égarés : on n'y trouve aucun projet de reconfessionnalisation des mœurs et de la vie publique. Ceux qui lancent des alertes contre le retour d'on ne sait trop quel intégrisme conquérant jouent surtout à se faire peur : on aime s'imaginer le catholicisme français à la manière d'un monstre jamais complètement vaincu et toujours susceptible de ramener la France vers le passé, ce qui serait le propre d'une politique diaboliquement réactionnaire. À raison, cela dit, dans la mesure où le conservatisme prône une logique de l'enracinement et ne pouvait, en France, que rencontrer l'héritage catholique et se demander qu'en faire. On ne s'enracine pas en France sans rencontrer un pays marqué par un christianisme plus que millénaire, comme l'a souvent noté Denis Tillinac : le catholicisme se présente alors non plus seulement comme une foi, mais comme un paysage mental et symbolique qu'on ne saurait saccager sans mutiler les fibres les plus intimes de l'identité nationale[9]. Il se présente aussi comme une matrice anthropologique qui structure fondamentalement le rapport au monde.

Psychologie d'une renaissance conservatrice

Il y a dans ce renouveau conservateur une vraie vigueur et la jeune génération y est pour quelque chose. La dissidence conservatrice des années 1990 et 2000 évoluait dans un monde qui semblait idéologiquement très sûr de lui. Elle a dû ruser avec le politiquement correct, quitte à intérioriser certains de ses dogmes, notamment celui du sens de l'histoire irréversible, auquel elle devrait se plier. L'époque ne tolérait que la dissidence triste ou ironique, aussi grinçante soit-elle, pour peu qu'on pense à celle de

Philippe Muray, qui décrivait un monde d'après l'histoire. Muray permettait de maudire la postmodernité tout en se faisant une raison : il ne serait pas possible d'en sortir. L'homme venait de chuter à nouveau : il ne pouvait plus qu'esthétiser son désespoir. La réflexion politique devait céder sa place à la pose de l'iconoclaste ricaneur. Mais qui croit encore à la fin de l'histoire ? La mélancolie démocratique s'est dissipée. Le retour du tragique avec la violence islamiste, l'immigration massive et la dissolution des frontières incapables de la contenir, la repentance transformée en dogme historique, la disqualification morale de l'identité nationale sous la pression de l'antiracisme, la crise de la construction européenne et la dissolution de la souveraineté nationale, la mutation anthropologique provoquée par le nouvel *hubris* technologique : tous ces thèmes alimentent le conservatisme renaissant.

Nous entrons dans une époque hautement politique et le renouveau conservateur, s'il refuse de se réduire à une philosophie militante, entend néanmoins réinscrire l'homme dans la cité, en connectant cette dernière aux besoins humains que l'anthropologie libérale avait exagérément privatisé. Le monde commun ne saurait être exclusivement procédural. On ne saurait plus définir les peuples et les civilisations comme de pures constructions sociales aisées à déconstruire, comme l'a voulu l'historiographie dominante des années 1980, qui n'en finissait plus d'artificialiser le monde commun, ou comme de simples identités fantasmées, comme on le dit aujourd'hui.

L'utopie d'une pure coexistence des cultures au nom du vivre ensemble se disloque – elle reposait sur la fiction libérale d'une privatisation des identités, comme si elles ne tendaient pas naturellement à structurer l'espace public. On ne saurait non plus définir l'homme seulement à travers les droits qu'on lui reconnaît – l'emballement de la logique des droits correspond d'ailleurs à une conception postpolitique de l'homme. On chante les droits de l'homme, mais de quel homme s'agit-il ? On le redécouvre aujourd'hui sous les traits de l'héritier – l'école est la question conservatrice par excellence. À la figure du grand politique, le progressisme préférait celle du brillant gestionnaire, apparemment réclamée par les temps calmes. Mais les hommes ont besoin d'être gouvernés quand l'histoire redevient houleuse, et ils ont besoin que la cité les engage existentiellement. Le conservatisme qui vient est celui des temps tragiques et ne réclame pas seulement les vertus ordinaires, celles de la *common decency*, qu'il chante par ailleurs. Il devra sortir d'un juridisme étroit et se délivrer d'une conception de l'État de droit qui ne représente qu'une falsification de la démocratie libérale, car il est moins nécessaire de sortir de cette dernière que d'en restaurer la signification historique véritable. Il importe, en quelque sorte, de restaurer les conditions de la décision politique, et plus largement, de l'action politique.

La jeune génération conservatrice est née dans un monde qu'elle sentait dévasté et qu'elle s'est donné pour mission de reconstruire. Elle est moins résignée que conquérante : le politiquement correct peut tomber. On ruse moins avec lui qu'on veut le défier. Il y a quelque chose comme des besoins irrépressibles de l'âme humaine, et c'est justement dans la reconnaissance d'une telle chose que le conservatisme trouve la force et les moyens de ne pas désespérer. Toujours ils resurgissent, toujours on trouve des hommes pour s'en réclamer et chercher à les inscrire dans la citoyenneté. L'homme ne se laisse jamais dévaster complètement, même par la cité la plus mauvaise, et il porte dans sa nature la possibilité de sa renaissance. Pour emprunter les mots de Koestler, on peut toujours miser sur « le triomphe de la substance humaine indestructible sur un milieu déshumanisant[10] ». Milosz disait quant à lui que « le matériel humain paraît avoir un trait particulier : il n'aime pas qu'on le réduise à n'être que du matériel humain[11] ». C'est l'espérance du conservateur, qui à sa manière, sait qu'une part de l'homme ne se laissera jamais avilir, même par la pire des sociétés. Le conservatisme fonde finalement la liberté humaine sur la part éternelle de l'homme.

Toujours, le monde peut renaître. Car comme l'écrivait Julien Freund, « quels que soient le groupement et la civilisation, quelles que soient les générations et les circonstances, la perte du sentiment d'identité collective est génératrice et amplificatrice de détresse et d'angoisse. Elle est annonciatrice d'une vie indigente et appauvrie, et, à la longue, d'une dévitalisation, éventuellement de la mort d'un peuple ou d'une civilisation. Mais il arrive heureusement que l'identité collective se réfugie aussi dans un sommeil plus ou moins long avec un réveil brutal si, durant ce temps, elle a été trop asservie[12] ». Patrick Buisson, dans les dernières lignes de *La cause du peuple*, a su répondre à ceux qui réduisent le conservatisme à une forme d'attachement à des formes historiques inévitablement condamnées à s'éroder. « Aimer la France, ce n'est pas aimer une forme morte, mais ce que cette forme recèle et manifeste d'impérissables. [...] Ce n'est pas ce qui mourra ou ce qui est déjà mort qu'il nous faut aimer, mais bien ce qui ne peut mourir et qui a traversé l'épaisseur des temps. Quelque chose qui relève du désir, désir et vouloir d'immortalité. Quelque chose qui dépasse nos pauvres vies. Et qui transcende notre basse époque. Infiniment[13] ». Il n'y a pas évidemment d'utopie conservatrice. Il n'y a pas de société parfaite à établir une fois pour toutes. Appelons ça le pessimisme anthropologique des conservateurs, qui savent que tout est à toujours à reprendre et que même la civilisation la plus forte et la plus belle finira un jour par connaître la décadence. Dans l'histoire, ils n'espèrent pas s'éterniser, « puisqu'il est dans la nature des choses que les gloires périssent [...] et que les empires soient abattus », mais durer[14]. Il n'y aura pas de grand soir des conservateurs. Il n'y a qu'une cité un peu plus humaine à reconstruire à partir d'idéaux à redécouvrir, tout en sachant que les aspirations humaines les plus fondamentales sont contradictoires et qu'on ne saurait les réconcilier dans une synthèse parfaite qui viendrait trouver une solution techno-politique. L'homme est condamné à l'inachèvement, la cité aussi. C'est la vieille leçon rappelée par Soljenitsyne : le mal est dans le cœur de l'homme et on ne saurait l'en arracher complètement même si on peut le transcender, le contenir, le transfigurer.

C'est dans la mesure où l'homme est un être spirituel qui porte en lui des aspirations transcendant toute communauté politique qu'il demeure un être de liberté. De jeunes hommes et de jeunes femmes naissent dans un monde qu'ils sentent désolé, dévitalisé, asphyxié moralement, et ne croient plus les fausses promesses qu'il fait : ils veulent renouer avec une part de l'homme qui avait été oubliée, méprisée, laissée de côté. La modernité radicale demeure irrespirable. La jeune génération conservatrice s'est convaincue que dans la bataille où elle se jette, elle n'a pas à se contenter de témoigner des vertus d'un monde déchu, mais qu'elle peut gagner. Elle ne s'inscrit pas dans une longue histoire de causes vaincues, auxquelles la tradition la raccrocherait malgré elle, mais prend d'assaut l'espace public pour l'investir d'une philosophie politique renouvelée. Elle pleure moins la fin d'un monde qu'elle entend en rebâtir un. Elle a sans aucun doute la tête pleine d'images héroïques venues d'époques presque devenues légendaires, où la France ne doutait pas d'être la France – avec elles, elle se tricote un imaginaire qui donne du courage pour affronter une époque froide. Elle est peut-être animée par la géniale intuition de Chesterton : ce sont les grandes inspirations venues du passé qui permettent de fracasser les interdictions du présent et de féconder l'avenir.

Éloge du conflit civilisé

> Le but de la démocratie n'est pas de s'entendre mais de savoir se diviser.
>
> ALFRED SAUVY.

L'homme n'est pas un ange et le bien comme le mal s'entremêlent en lui. Celui qui s'engage dans la vie publique et qui s'imagine les hommes voués à une magnifique réconciliation finale commandée par une doctrine se distinguant enfin des autres par son rapport exclusif à la vérité n'est pas fait pour les gouverner. Il n'y a pas plus grande faute morale, en démocratie, que de se croire en situation de monopole sur le bien, le juste et le vrai. Car celui qui croit ainsi surplomber la cité du haut de sa supériorité ne voit pas trop pourquoi il débattrait avec les simples mortels devant lui. Au mieux, il se passera de leur avis, au pire, il se permettra de les rééduquer, de les psychiatriser, ou même de les enfermer. L'histoire du XXe siècle l'a amplement confirmé. Il faudrait écrire un éloge modéré mais sincère du libéralisme, qui ne mérite pas la si mauvaise caricature qu'on en fait souvent. L'esprit du libéralisme bien compris apprend aux hommes à tolérer ceux qui ne pensent pas comme eux mais qui vivent avec eux, et rappelle à chacun que ses convictions, aussi ardentes soient-elles, ne réfèrent, du point de vue de l'économie générale de la cité, qu'à une doctrine parmi d'autres. Non pas que tout soit relatif. Mais il faut toujours contenir en soi la tentation du fanatisme. Si la politique et la morale ne sont pas étrangères l'une à l'autre, on ne saurait les fondre dans une seule catégorie sans les dénaturer mutuellement.

Cela ne veut pas dire que les camps politiques en présence ne chercheront pas à exercer une hégémonie sur l'espace public. La politique est conflictuelle et passionnelle et on ne saurait l'arracher complètement aux rapports de domination, mais on peut faire ce qu'on peut pour qu'elle ne s'y réduise pas. La vie politique est le domaine privilégié de l'impureté et les idées s'y mêlent toujours aux passions. C'est aussi le domaine de l'incarnation : les idées s'y affrontent à travers les hommes qui les portent et s'en réclament. La vie politique, autrement dit, ne saurait se réduire à une simple opposition entre doctrines concurrentes. La diversité des idéologies croise celle des tempéraments, sans s'y superposer. La bête humaine n'est pas une créature apaisée, et la diversité irréductible des caractères fait en sorte qu'on trouve en toute société des hommes faits pour le pouvoir et d'autres pour la contestation, des conservateurs et des aventuriers, des idéalistes et des nihilistes. Des forces la traversent, des passions la meuvent : certaines périodes historiques sont froides, d'autres sont brûlantes. Plusieurs sont tièdes. Si les hommes sont faits pour vivre ensemble, ils ne sont pas faits pour s'entendre.

Tous ces gens doivent cohabiter dans une cité qui doit par ailleurs être capable, malgré tout ce qui les divise, de créer un pouvoir légitime qui les engage dans l'histoire, même s'ils n'adhèrent pas à chacune de ses décisions. La cité doit être légitime : elle doit être acceptée, même si elle ne sera jamais intégralement acceptée. Les hommes doivent prévoir des mécanismes symboliques et institutionnels pour réguler leurs désaccords sans empêcher la constitution d'un pouvoir parvenant toujours à transcender les clans qui se l'approprient le temps d'une conquête provisoire, ce que rend justement possible la démocratie. Ces passions se conjuguent avec des idéologies qui témoignent de la diversité des visions du monde mais qui permettent aussi aux hommes de s'engager dans la cité. L'homogénéisation des tempéraments et des personnalités pour accoucher d'une humanité unifiée, beige, terne, programmée car programmable, ennuyante parce que prévisible, incapable du moindre sursaut parce que mentalement domestiquée, serait une catastrophe morale. Ce ne sont pas les mêmes types d'hommes qui commencent les révolutions et les terminent, ce ne sont pas les mêmes types d'hommes non plus qui exercent le pouvoir ou conservent des doctrines. Et s'il faut un chef, il faut aussi un chef de l'opposition, et même, probablement, un chef tribunicien, car toujours, même dans la cité la mieux intégrée, une partie du peuple s'en sent exclue et veut le faire savoir, en s'intégrant à la vie civique sous le signe de la protestation fondamentale.

On ne saurait non plus faire de la politique la simple accoucheuse d'une histoire qui connaîtrait son propre mouvement émancipatoire, étranger à la volonté des hommes, parce qu'animée par une révélation qu'il s'agirait seulement de traduire dans les institutions humaines. La démocratie n'est pas une simple logique appelée à déployer ses conséquences à partir des spéculations savantes de ceux qui prétendent en dévoiler le mouvement et les promesses. S'il importe de restaurer le politique comme forme de l'existence commune, c'est en redonnant aux hommes la possibilité de s'engager dans l'histoire sans que celle-ci ne se définisse comme un mouvement irréversible, auquel il s'agirait seulement de s'adapter. Il importe, autrement dit, de ramener la démocratie sur terre, de la reconstituer comme un espace de délibération dont les finalités ne sont pas prédéterminées par les gardiens autoproclamés du pensable et de l'acceptable. Car comme le rappelait Jacques Ellul, « pour qu'il y ait politique, il faut qu'il y ait un choix effectif entre une pluralité de solutions [1] ». Pour peu qu'on redécouvre le pluralisme inévitable de la cité, avec des hommes en désaccord entre eux sur les grandes questions, il faut repenser la délibération politique. Aucune communauté politique ne peut durablement se passer d'un clivage politique fort, qui permet de traduire la pluralité irréductible qui s'exprime dans la cité en une conversation démocratique féconde, où se dégagent de grandes alternatives collectives. Cette alternative est nécessaire pour donner de la substance à la démocratie qui sinon, s'assèche et se décompose.

Le débat politique ne peut pas non plus mettre en scène le centre et la périphérie et créer du même coup le sentiment d'une rupture grave entre les élites et le peuple. Dès lors, ce sont des intérêts, et non plus des visions qui s'affrontent. La figure du commun s'estompe. Le pays se fragmente en intérêts irréconciliables, comme si la possibilité même d'un destin partagé s'effaçait sous nos yeux. Il y a dans une communauté politique normalement constituée plusieurs philosophies concurrentes, de nombreuses anthropologies contradictoires et une diversité d'intérêts qui, sans être absolument irréconciliables, n'ont pas pour vocation de se neutraliser dans un grand élan consensuel. Aucune de ces philosophies n'est en droit de réclamer le monopole du bien, du juste et du vrai, même si naturellement, chacun croit avoir raison sur l'essentiel. L'opposition est une nécessité existentielle en démocratie : c'est à travers elle qu'une société se garde d'un unanimisme aussi toxique qu'appauvrissant. C'est à travers elle qu'elle prépare toujours un avenir de rechange.

Mais on l'aura compris au terme de cet ouvrage, les catégories politiques à partir desquelles on pense le clivage qui structure l'espace politique sont essentielles, et celles qui prévalent globalement dans le monde occidental empêchent la possibilité d'un débat politique fécond[2]. Les codes de respectabilité qui structurent le système médiatique rétrécissent à ce point l'espace d'une délibération oxygénée qu'ils poussent à la révolte. On ne saurait refonder l'action politique sans s'arracher mentalement à tout ce qui inhibe la parole publique, sans se révolter contre l'étouffement de la liberté d'expression, sans se révolter non plus contre ce qui empêche l'action publique. Il est probablement nécessaire de sortir de la mythologie progressiste pour renouer avec un débat politique qui ne disqualifie pas à l'avance ceux qui confessent leur scepticisme devant la dynamique de la modernité. À tout le moins, le progressisme ne saurait plus se penser comme la toile de fond de la conversation civique, et le conservatisme, dans cette perspective, ne saurait non plus se définir comme un simple attachement au passé.

Au-delà du simple jeu des partis, le clivage entre progressistes et conservateurs permet au moins partiellement de rendre compte des tensions qui traversent les grands enjeux de notre temps. Ce clivage renvoie à deux anthropologies concurrentes, qu'on est en droit aussi d'espérer complémentaires. L'imaginaire du conservatisme est celui de l'enracinement, de la limite, de la finitude, et on peut en déduire une conception protectrice du politique. L'imaginaire du progressisme est celui du cosmopolitisme, de la mobilité, de la transgression des évidences établies. De même, s'il faut continuer de parler du clivage entre la gauche et la droite, il faudra alors que cette dernière ne se définisse plus en fonction de la première, mais à partir de son propre imaginaire. Cela implique que chaque camp assume sa propre philosophie politique, mais pour cela, encore doivent-ils la connaître et ne pas croire au fond d'eux-mêmes à l'interchangeabilité de tous les partis, comme s'ils représentaient chacun une nuance de la même idéologie dominante. Toute société bien organisée a besoin de ces deux pôles et doit savoir les faire cohabiter : aucun de ces deux pôles n'a intérêt à chercher à étouffer idéologiquement l'autre, car ils répondent à des aspirations ancrées dans le cœur humain. Des aspirations contradictoires, certes, mais le cœur humain est lui-même déchiré entre des tentations contraires qui doivent pourtant cohabiter. Les besoins fondamentaux de l'âme humaine ne sont pas harmonieux et il est utopique de les imaginer réconciliés. L'homme est un être intimement fracturé. Chantal Delsol le remarque, « les démocraties occidentales oublient leur vocation première, qui est de discuter l'harmonie nécessaire entre les contraires[3] ». Une société qui ne serait que conservatisme serait étouffante et vouée à la muséification. Une société qui ne serait que progressisme serait vouée à la dissolution et la liquéfaction. L'art politique consiste alors à permettre une conflictualité fructueuse entre ces imaginaires dans la cité. L'homme a besoin de liberté et d'autorité, d'égalité et de différence, de cosmopolitisme et d'enracinement, de moments sublimes et de moments prosaïques : la cité bien pensée permet de configurer et de hiérarchiser originalement ces aspirations sans en nier aucune et la délibération publique porte justement sur cette hiérarchisation, à la lumière des exigences posées par chaque époque. « Il est un usage modéré ou pondéré des principes d'une société qui consiste à les maintenir en équilibre réciproque[4] », et ce dernier ne saurait être que provisoire, pourrait-on dire, en complétant la pensée de Julien Freund. La contradiction dans la cité n'est pas un moment dans l'histoire appelée à être surmonté dans un dénouement lointain mais heureux, mais une condition irréductible du politique. Le politique ne saurait autrement dit être transformé en simple technique d'accouchement du sens de l'histoire. Il ne s'agit pas d'idéaliser une parfaite synthèse entre les pôles contradictoires de la cité, ce qui ne serait qu'une autre manière de la dépolitiser.

La démocratie ne saurait faire l'économie du conflit, qu'elle doit toutefois civiliser pour le rendre créateur. La conversation civique n'est pas une simple discussion civilisée, et qui rêve de la réduire à cela veut en fait l'aseptiser. Alain Finkielkraut nous met sur la bonne piste : « je ne conçois plus la politique comme le face-à-face entre l'humanité et ses ennemis[5] ». Tout le génie de la démocratie libérale consiste à éviter la conversion de l'adversaire en ennemi. Il faut moins la congédier que la restaurer. Il faudrait réapprendre à penser un conflit politique réel, substantiel, passionnel, même, mais délivré de l'imaginaire de la guerre civile et capable d'amener les hommes à poursuivre, malgré tout, l'œuvre commune que rend possible la cité.

Notes

La censure est de retour

1. Milan Kundera, *Les testaments trahis*, Paris, Gallimard, 1993, p. 276.

2. Jean-François Revel, *La nouvelle censure : un exemple de la mise en place de la mentalité totalitaire*, Paris, Robert Laffont, 1977.

3. Jean-François Revel, *Fin du siècle des ombres*, Paris, Fayard, 1999.

4. Collectif, « Marcel Gauchet, victime d'une rage aveugle », *Le Monde*, 17 octobre 2014.

5. André Perrin, *Scènes de la vie intellectuelle en France*, Paris, L'Artilleur, 2016, p. 67.

6. François-René de Chateaubriand, *Les Mémoires d'Outre-Tombe*, Paris, coll. Pléiade, Gallimard, 1951, p. 925.

7. Czeslaw Milosz, *La pensée captive*, Paris, Gallimard, 1953, p. 55.

8. Mathieu Bock-Côté, *Le multiculturalisme comme religion politique*, Paris, Éd. du Cerf, 2016 ; Mathieu Bock-Côté, *Le nouveau régime*, Montréal, Boréal, 2017.

Chapitre 1 – La démocratie comme pédagogie progressiste

1. Pierre Rosanvallon, *La légitimité démocratique*, Paris, Seuil, 2008.

2. Régis Debray, *Un candide à sa fenêtre*, Paris, Gallimard, 2015, p. 125.

3. Guillaume Perrault, *Conservateurs, soyez fiers !*, Paris, Plon, 2017, p. 198.

4. Sur cette question, je me permets de référer à mes deux précédents ouvrages où je me suis intéressé à la mutation de notre compréhension du principe démocratique. Mathieu BOCK-CÔTÉ, *Le multiculturalisme comme religion politique*, Paris, Éd. du Cerf, 2016, et Mathieu BOCK-CÔTÉ, *Le nouveau régime*, Montréal, Boréal, 2017.

5. Ce qui fascine tant chez une figure comme Madonna, par exemple, c'est qu'elle incarne la toute-puissance d'une individualité se recréant elle-même intégralement d'un personnage à l'autre. Elle est de pure volonté. La liberté s'imagine ici comme déracinement, comme abolition de soi, comme mutation de l'humanité en volonté fantomatique, libre de s'incarner dans n'importe quelle forme, sans pour autant se lier à elle, s'y engager.

6. Czeslaw MILOSZ, *La pensée captive*, Paris, Gallimard, 1953, p. 23.

7. Si la droite bourgeoise et « modérée » se montre généralement indifférente aux spéculations idéologiques de la gauche radicale, la droite conservatrice intellectuelle, elle, est fascinée par elles, puisqu'elle devine que les idées qui passent aujourd'hui pour ubuesques seront rapidement normalisées sous la pression idéologique de l'Université et des médias. On traduira cela concrètement : qui ne prend pas au sérieux assez rapidement Judith Butler finira par penser comme elle.

8. François Furet, « L'utopie démocratique américaine » dans *François Furet, Penser le XXe siècle*, Paris, Robert Laffont, collection Bouquins, 2007, p. 427-441.

9. Les droits des trans représentaient l'expression la plus avancée des droits de l'homme, dans la mesure où ils étaient assimilés au droit de se délivrer de toute identité assignée. Au point même où le fait de ne pas céder aux revendications formulées en leur nom pouvait entraîner une campagne de presse négative à grande échelle, comme on l'a vu quand la Caroline du nord a voulu adopter une loi obligeant les hommes et les femmes à fréquenter les toilettes en fonction du sexe inscrit sur leur acte de naissance et a subi une campagne de presse mondiale l'accusant de verser dans la transphobie. « La Caroline du Nord et sa loi anti-transgenre se mettent à dos de plus en plus de personnalités », *Huffington Post*, 16 avril 2016, http://www.huffingtonpost.fr.

10. Nadia EL-MABROUK, « La nouvelle religion », La *Presse*, 9 mai 2018, http://plus.lapresse.ca.

11. Thierry WOLTON, *Une histoire mondiale du communisme : les complices*, Paris, Grasset, 2017, p. 59.

12. Philippe-Vincent FOISY, « Monsieur, madame » désormais en option à Service Canada », Radio Canada, 21 mars 2018, https://ici.radio-canada.ca. Dans un même esprit, comme on l'a vu à Princeton en février 2019,

on s'excusera à l'avance, lors de la projection de la pièce de théâtre *Les monologues du vagin*, de laisser entendre par là que toutes les femmes ont un vagin, ce qui serait offensant pour les femmes trans. Noa Wollstein, « The Vagina* Monologues : A feminist production with a necessary asterisk », *The Daily Princetonian*, 16 février 2019.

13. Daniel BELL, *Les contradictions culturelles du capitalisme*, Paris, PUF, 1979.

14. Philippe MURAY, *Festivus Festivus : conversations avec Élisabeth Lévy*, Paris, Fayard, 2005.

15. Arthur KOESTLER, *Hiéroglyphes*, dans Œuvres autobiographiques, collection Bouquins, Robert Laffont, Paris, 1994 p. 438.

16. Élisabeth LÉVY, *Les Rien-pensants*, Paris, Éd. du Cerf, 2017, p. 21.

17. Gil DELANNOI, *La nation contre le nationalisme*, Paris, PUF, p. 198.

18. Arthur KOESTLER, *Hiéroglyphes*, dans Œuvres autobiographiques, collection Bouquins, Robert Laffont, Paris, 1994 p. 340.

19. Philippe MURAY, *Après l'histoire*, Paris, Gallimard, 2000, p. 97. Chantal Delsol pose la question : « il se peut que nous ne sachions plus ce qui est ou non réel. [...] À force de mensonges officiels répétitifs et imposés, qu'est-ce qui est réel, finalement ? ». Chantal Delsol, *La haine du monde*, Paris, Éd. du Cerf, 2016, p. 208-209.

20. Arthur KOESTLER, *Hiéroglyphes*, dans Œuvres autobiographiques, collection Bouquins, Robert Laffont, Paris, 1994 p. 342.

21. Czeslaw MILOSZ, *La pensée captive*, Paris, Gallimard, 1953, p. 65.

22. Arthur KOESTLER, *Hiéroglyphes*, dans *Œuvres autobiographiques*, collection Bouquins, Robert Laffont, Paris, 1994 p. 444.

23. Sur la question, on lira Michèle TRIBALAT, *Immigration, les yeux grands fermés*, Paris, Denoël, 2010 ; Michèle Tribalat, *Assimilation : la fin du modèle français*, Paris, Éditions du Toucan, 2013.

24. Hervé LE BRAS, *Malaise dans l'identité*, Arles, Actes Sud, 2017.

CHAPITRE 2 – 1984, C'EST MAINTENANT : LA REFONDATION DIVERSITAIRE DE L'ESPACE PUBLIC

1. Philippe MURAY, *Festivus Festivus*, Paris, Fayard, 2005, p. 180.

2. Gilles PARIS, « Avec les Fake News Awards, Donald Trump vise une nouvelle fois la presse », *Le Monde*, 18 janvier 2018.

3. Par exemple, Brice COUTURIER, *Macron : un président philosophe*, Paris, Éditions de l'Observatoire, 2016. Aussi : Alexandre Devecchio, « Brice

Couturier : le Parti des médias et l'intelligentsia méprisent la réalité », *Le Figaro*, 19 août 2016.

4. Ce fut un temps la posture de François Fillon, qui n'avait pourtant rien d'un populiste, mais qui cachait mal son malaise devant le traitement médiatique de la vie politique. Vincent Trémolet de Villers, « Fillon, l'homme qui ne s'incline pas devant les ricanements », *Le Figaro*, 22 novembre 2016.

5. Consulter sur la question le numéro de février-mars 2016 de la *Revue des deux mondes*, avec son dossier sur « Le camp du bien ».

6. Élisabeth LÉVY, *Les maîtres censeurs : pour en finir avec la pensée unique*, Paris, Lattès, 2002.

7. Les *newsletters* et le *direct mail* permettront, à partir des années 1970, au mouvement conservateur américain, qui peinait à accéder aux grands médias, de mobiliser directement sa base, en racontant l'actualité à partir d'une autre perspective idéologique – à partir d'un autre récit – et souvent en mettant l'accent sur des thèmes négligés par les grands médias. Il devenait ainsi possible de mobiliser des segments particuliers de l'électorat et de les agréger au mouvement conservateur. De ce point de vue, on peut soutenir que la formation du conservatisme moderne, ou du moins, du conservatisme américain moderne, est indissociable d'une critique du système médiatique, pensé comme un pilier du régime progressiste. Richard A. Viguerie, *America's Right Turn*, Chicago, Bonus Books, 2004.

8. Dominique ALBERTINI et David DOUCET, *La fachosphère*, Paris, Flammarion, 2016.

9. En général, les intellectuels dissidents, pour marquer leur opposition, fondent plutôt une revue, qui proposera, sur des enjeux théoriques de fond, une autre lecture de l'époque que celle qui est intellectuellement et médiatiquement dominante.

10. Jeffrey HART, *The Making of the American Conservative Mind : The National Review and Its Times*, ISI, 2005.

11. Jean SÉVILLIA, « 40 ans du *Figaro Magazine* : scènes de combats », *Le Figaro Magazine*, 1er juin 2018.

12. Si on fait un saut dans le temps de quelques années, on pourrait en dire de même de *Valeurs actuelles* qui aura un succès indéniable pendant les années Hollande : s'y faisait entendre une lecture de l'actualité qui au-delà des fameuses unes tapageuses, correspondait à une opposition frontale au régime socialiste. Les excès qu'on lui reprochait devraient surtout être pensés comme autant d'écarts revendiqués et assumés par rapport à la norme du politiquement correct.

13. Pascal DURAND, *Le Discours « néoréactionnaire ». Transgressions conservatrices*, Paris, Éditions CNRS, 2015. Au Québec même, la présence de quelques chroniqueurs faisant le procès du multiculturalisme suffit pour créer une panique médiatique. On consultera le documentaire militant de l'émission *Enquête*, Les temps extrêmes, Radio Canada, 9 mars 2017.

14. David LE BAILLY, « Qui êtes-vous monsieur Finkielkraut ? », *L'Obs*, 15 février 2018, p. 42 à 47.

15. Jocelyn MACLURE, *Retrouver la raison*, Montréal, Québec-Amérique, 2016.

16. Gérard BOUCHARD, « À propos d'un faux procès et de procédés douteux », *Le Devoir*, 12 janvier 2010.

17. Clément PÉTREAULT, « Ceux qui poussent à la guerre civile », *Le Point*, 29 novembre 2018.

18. François Bernard HUYGHE, *Fake News : la grande peur*, Paris, VA éditions, 2018, p. 37.

19. Charlotte d'Ornellas, « "Loi anti-fake news", vérification de l'information : de la démocratie dans la France de Macron », *Valeurs Actuelles*, 7 février 2019.

20. À propos du programme antirumeurs : https://www.coe.int/fr.

21. «Des agents antirumeurs pour briser les préjugés envers les immigrants », Radio Canada, 26 avril 2018, https://ici.radio-canada.ca. Certains exemples étaient loufoques : les représentants de la ville présentèrent ainsi un cas où deux personnes, dans la file d'attente de la caisse au supermarché, parleraient de manière négative de l'immigration. L'agent anti-rumeur entendant cette conversation pourrait alors s'imposer dans la conversation et déconstruire en direct les préjugés qui s'y révéleraient.

22. On consultera la décision du Conseil de presse ici. https://conseildepresse.qc.ca/decisions/d2017-08 099/?fbclid=IwAR1QRNf0Gx7e0RRiZn00ZTj-EA1klt-C2Iq2Q_7dwTDyrDL29onbNZfEjlI. Cette volonté affichée de rééduquer l'opinion peut surprendre, mais on gardera en tête que l'instrumentalisation idéologique de l'école ne date pas d'hier et que la démocratie moderne oscille entre l'organisation politique d'un peuple historique et la création d'un peuple purgé de son particularisme. Le régime diversitaire, à la fois par l'enseignement de l'histoire, de la littérature ou de l'éducation civique, n'hésite pas à mener des campagnes de sensibilisation et même, à endosser l'éducation « antiraciste ». Il s'agit de transformer l'école en laboratoire politico-idéologique où fabriquer un peuple enfin compatible avec le régime diversitaire. Guy Hermet écrit justement : « Veillant déjà à satisfaire les besoins matériels élémentaires du peuple, voire son honnête bon-

heur, les artisans de l'État thérapeutique ont estimé qu'il convenait de préserver par surcroît son équilibre mental ou, pour le dire sans détour, sa compatibilité d'esprit avec le système social et politique ambiant. » Guy HERMET, *L'hiver de la démocratie*, Paris, Armand Colin, 2007, p. 90.

23. Avec raison, Pierre-André Taguieff parle de la diabolisation de l'adversaire comme une des caractéristiques de la politique contemporaine. Pierre-André TAGUIEFF, *Du diable en politique*, Paris, CNRS, 2014.

24. Philippe de Villiers l'a raconté de manière saisissante dans ses *Mémoires politiques* : alors qu'il connaissait une première phase d'ascension politique au début des années 1990, il fut accueilli sur le plateau de *L'heure de vérité*, l'émission politique du moment, par un Ivan Levai lui demandant d'abord et avant tout en quoi il se distinguait du maréchal Pétain. Ainsi posée, notait de Villiers, la question le classait automatiquement dans le camp des suspects, et plus encore, parmi les pires suspects imaginables. Dans sa vie politique, il devrait systématiquement se justifier d'exister et expliquer qu'il n'était pas ce qu'en disaient les grands médias. Il serait toujours d'abord campé dans le box des accusés. Villiers commençait à sortir des marges, à gagner en pesanteur politique : en d'autres mots, il commençait à exister. Il fallait le définir avant qu'il ne se définisse lui-même. Il fallait l'enfermer dans un personnage dont il ne parviendrait pas à sortir. L'insurgé vendéen devait désormais passer pour infréquentable, en tant qu'héritier décrété de la France de Vichy. Qu'il s'en défende ne changeait rien à l'affaire. L'essentiel était qu'il en était l'accusé. Il n'aura pas été le seul, au cours des dernières décennies, à se faire ainsi attirer dans un traquenard médiatique ayant pour fonction de transformer une personnalité politique en suspect ou en infréquentable. Philippe DE VILLIERS, *Le temps est venu de dire ce que j'ai vu*, Paris, Albin Michel, 2015, p. 11-19.

25. À l'automne 2017, dans le cadre de son congrès annuel, la Fédération professionnelle des journalistes du Québec a donné sans même s'en rendre compte une image de ce biais médiatique qui structure la vie publique, en consacrant un atelier sur la meilleure manière de parler des groupes d'extrême-droite sans assurer leur promotion. Faut-il leur donner la parole ? En parler sans les nommer ? Et comment réagir quand ces groupes refusent qu'on les assimile à l'extrême-droite ? Autre chose, fascinante elle aussi : jamais la FPJQ ne s'était posé de telles questions à propos des groupes d'extrême-gauche, comme si on s'inquiétait moins de leur influence et de leur capacité à troubler l'ordre public ou à exciter les tensions sociales et identitaires. Sophie Durocher, « Les chiens de garde de la Meute », Le Journal de Montréal, 22 novembre 2017.

26. Comme l'écrit William Voegeli, « it is the power to name and shame, to demand abject apologies, to obliterate reputations and careers. It is brought to bear againt people accused of violating rules, often vague but

always severe, about what may or may not be said, and who may or may not say ». William Voegeli, « Racism, Revised », *Claremont Review of Books*, Fall 2008, p. 25.

27. Raphaël STAINVILLE, « Le retour de la censure », *Valeurs actuelles*, 4 octobre, 2018, p. 14-16.

28. Georges ORWELL, *1984*, Paris, Gallimard, 1950, p. 74.

29. Georges ORWELL, *1984*, Paris, Gallimard, 1950, p. 74.

30. Georges ORWELL, *1984*, Paris, Gallimard, 1950, p. 74.

31. Ainsi en est-il, par exemple, de la virilité, un concept que la novlangue traduit en « virilité toxique ».

32. Guy HERMET, *L'hiver de la démocratie*, Paris, Armand Colin, 2007, p. 111.

33. Guy HERMET, *L'hiver de la démocratie*, Paris, Armand Colin, 2007, p. 113. Milosz, quant à lui, observait qu'il « ne convient pas, aux yeux du Parti, de chercher à pénétrer au fond de l'être humain, spécialement dans la littérature et les arts. Cela risquerait de susciter des doutes. « L'homme », au sens de l'espèce humaine, n'est pas bien vu. Quiconque s'attarde à décrire ses besoins intérieurs, ses aspirations, se voit accuser de tendances bourgeoises. Il faut que rien ne dépasse la description de son comportement en tant que membre d'un groupe social. Il le faut, car le Parti, traitant l'homme exclusivement comme une résultante des forces sociales, estime que chacun devient le type dont il se propose l'image. L'homme est un singe social. Ce qui n'est pas exprimé n'existe pas. Aussi suffit-il d'interdire certains genres de recherche pour en étouffer automatiquement le désir ». Czeslaw MILOSZ, *La pensée captive*, Paris, Gallimard, 1953, p. 271-272. L'œuvre d'art, notait aussi Milosz, n'a plus d'autonomie propre : elle n'a de valeur qu'à travers la mission idéologique qu'on lui prête. Dans cet esprit, les grandes œuvres de la littérature seront réinterprétées pour y retracer les préjugés entrant en contradiction avec l'esprit du nouveau régime. L'art contemporain sera quant à lui valorisé parce qu'il se définit la plupart du temps exclusivement dans les catégories idéologiques du nouveau régime, et qu'il pousse à leur radicalisation. Il s'agit, chaque fois, de reconduire le mythe d'une pure plasticité du social, et d'une pure plasticité de la matière humaine. L'homme sera ce que l'idéologie veut qu'il soit. De là la nécessité, on l'aura compris, de censurer ou de contenir les discours qui la contredisent, et qui pourraient faire dévier les plans grâce auxquels on voulait le formater.

34. Gugliemo FERRERO, *Pouvoir : les génies invisibles de la cité*, Montréal, Valliquette, 1943, p. 216.

35. Patrick MOREAU, *Ces mots qui pensent à notre place*, Montréal, Liber, 2018, p. 17.

36. Maryse POTVIN, Les medias écrits et les accommodements raisonnables. L'invention d'un débat, Rapport remis à M. Gérard BOUCHARD et M. Charles TAYLOR, janvier 2008.

37. Maryse Potvin, Les medias écrits et les accommodements raisonnables. L'invention d'un débat, Rapport remis à M. Gérard BOUCHARD et M. Charles TAYLOR, janvier 2008. *Ibid.*, p. 213.

38. Gérard BOUCHARD et Charles TAYLOR, *Fonder l'avenir : le temps de la conciliation*, Commission de consultation sur les pratiques d'accommodement reliées aux différences culturelles, 2008, p. 235.

39. Gérard BOUCHARD et Charles TAYLOR, *Fonder l'avenir : le temps de la conciliation*, Commission de consultation sur les pratiques d'accommodement reliées aux différences culturelle, 2008, p. 208.

40. On peut consulter le Pacte de Marrakech ici. http://undocs.org/fr/A/CONF.231/3 .

41. Anne-Marie Le POURRHIET, « La loi de moralisation est démagogique et liberticide », *Le Figaro*, 28 juillet 2017 ; Catherine LAGRANDE, « Les auteurs de propos racistes bientôt inéligibles », *Le Point*, 31 juillet 2017.

CHAPITRE 3 – CE QUE LA GAUCHE APPELLE LA DROITE

1. Alain FINKIELKRAUT et Élisabeth DE FONTENAY, *En terrain miné*, Paris, Stock, 2017, p. 102.

2. Alain FINKIELKRAUT et Élisabeth DE FONTENAY, *En terrain miné*, Paris, Stock, 2017, p. 224.

3. Alain FINKIELKRAUT et Élisabeth DE FONTENAY, *En terrain miné*, Paris, Stock, 2017, p. 263.

4. Alain FINKIELKRAUT et Élisabeth DE FONTENAY, *En terrain miné*, Paris, Stock, 2017, p. 107.

5. Alain FINKIELKRAUT et Élisabeth DE FONTENAY, *En terrain miné*, Paris, Stock, 2017, p. 252.

6. Il faut le dire, les intellectuels de droite qui s'assument comme tels sont peu nombreux – il n'est pas rare, d'ailleurs, qu'on conteste leur existence, comme si un intellectuel conservateur était une incongruité et même une impossibilité logique. Geoffroy de Lagasnerie et Édouard Louis écrivent ainsi : « En France, « intellectuel de droite » reste un oxymore, mieux : une impossibilité. Et on ne peut que s'en réjouir ». Geoffroy de Lagasnerie et Édouard Louis, « Intellectuels de gauche,

réengagez-vous », *Le Monde*, 27 au 28 septembre 2015. En fait, les rares intellectuels à se dire ouvertement de droite sont généralement renvoyés à l'extrême-droite, ce qui est une manière de les exclure de la conversation démocratique. Il suffit d'évoquer des figures intellectuelles aussi variées que Raoul Girardet, Jules Monnerot, Louis Pauwels ou Alain de Benoist pour s'en convaincre. Souvent, l'intellectuel de droite, si cette formule a un sens, s'empressera de citer l'intellectuel de gauche qui pense comme lui, comme si le fait qu'un homme de l'autre rive partage ses idées confirmait ses analyses. Il citera avec beaucoup moins de zèle celui qui est associé à son propre camp, car alors, il aura l'impression de s'enfermer dans un ghetto intellectuel dont il ne sortira que pour jouer le ronchon de service ou pour servir de caution. L'homme qu'on a enfermé contre son gré à droite espère une chose : transcender le clivage gauche-droite dans lequel il se sent à l'étroit et en mauvaise compagnie.

7. Élisabeth LÉVY, « Néoracs, l'éternel retour », *Causeur*, n° 32, février 2016, p. 3; Élisabeth LÉVY, « Nous sommes partout », *Causeur*, n° 29, novembre 2015, p. 48-51. Aussi, Élisabeth LÉVY, *La gauche contre le réel*, Paris, Fayard, 2012. Milosz le notait finement à propos du communisme, et on dira la même chose du nouveau régime diversitaire, « la menace la plus grave, c'est l'hérésie. Si elle apparaît chez des gens familiarisés avec la dialectique et qui sont donc capables de présenter le matérialisme dialectique sous un jour nouveau, ceux-ci doivent être éliminés de toute urgence. [...] Les points névralgiques de la doctrine sont la philosophie, les belles-lettres, l'histoire de l'art ou la critique littéraire – ils sont partout où le sujet considéré est l'homme, dans sa malheureuse complexité ». Czeslaw MILOSZ, *La pensée captive*, Paris, Gallimard, 1953, p. 268-269. En d'autres mots, l'intelligentsia progressiste elle-même redoute davantage ceux qui sortent de ses rangs et se retournent contre elle que ceux qui s'y opposent depuis toujours et n'ont aucune crédibilité auprès de sa base.

8. Alain FINKIELKRAUT et Élisabeth DE FONTENAY, *En terrain miné*, Paris, Stock, 2017, p. 37. On lira aussi : Nicolas TRUONG, « Si j'étais de droite, je le dirais, mais ce clivage a perdu toute pertinence : entretien avec Alain Finkielkraut », *Le Monde*, 16 janvier 2016. Finkielkraut affirme néanmoins : « Je précise que je n'aurais aucune honte à me dire de droite, mais la droite et la gauche épousent le même mouvement de l'extension illimitée des droits dans lequel je ne me reconnais pas ». On peut donc en comprendre qu'il pourrait néanmoins se reconnaître dans une droite qui serait conservatrice, ce qu'elle ne serait plus depuis longtemps.

9. Alain FINKIELKRAUT et Élisabeth DE FONTENAY, *En terrain miné*, Paris, Stock, 2017, p. 19-20.

10. Raymond ARON, *L'opium des intellectuels*, Paris, Calmann-Lévy, 1955, p. 16.

11. Raymond ARON, *Espoir et peur du siècle*, Paris, Calmann-Lévy, 1957, p. 14.

12. Emmanuel BERL, *Essais*, Paris, Julliard, 1985, p. 201.

13. Alain FINKIELKRAUT et Élisabeth DE FONTENAY, *En terrain miné*, Paris, Stock, 2017, p. 70.

14. Marc CRAPEZ, *Naissance de la gauche*, Paris, Michalon, 1998.

15. Marcel GAUCHET, « La droite et la gauche », dans Pierre NORA, *Les lieux de mémoire*, tome 2, Paris, Quarto, Gallimard, 1997, p. 2534.

16. Norberto BOBBIO, *Droite et gauche*, Paris, Seuil, 1996.

17. Parmi les travaux récents sur le clivage gauche-droite, on lira notamment Jean-Louis HAROUEL, *Droite-gauche : ce n'est pas fini*, Paris, Desclée de Brouwer, 2017 et Chantal DELSOL, « La droite », *L'Incorrect*, septembre 2017, p. 42 à 45. On lira aussi Guillaume BERNARD, *La guerre à droite aura bien lieu*, Paris, Desclée de Brouwer, 2016. Pour une perspective américaine sur la question, de la part d'intellectuels pour la plupart marqués à droite, on consultera le dossier « What is Left ? What is Right ? », dans la revue *American Conservative*, 28 août 2006, https://www.theamericanconservative.com.

18. René RÉMOND, *Les droites en France*, Paris, Aubier, 1992. On référera aussi aux travaux remarquables de Jean-François SIRINELLI sur l'histoire des droites en France.

19. Albert THIBAUDET, *Les idées politiques de la France*, dans *Réflexions sur la politique*, coll. Bouquins, Paris, Robert Laffont, 2007, p. 245.

20. Stéphane RIALS, *Révolution et contre-révolution au XIXe siècle*, p. 49.

21. Raymond ARON, *L'opium des intellectuels*, Paris, Calmann-Lévy, 1955, p. 16.

22. Marc CRAPEZ, *Naissance de la gauche*, Paris, Michalon, 1998, p. 201.

23. Le traitement médiatique réservé à la mouvance *antifa* en donne un bon exemple. Alors qu'on pourrait, et qu'on devrait, parler d'une extrême-gauche violente, anarchiste, on l'inscrit dans l'histoire glorieuse de la lutte contre le fascisme, comme si celle-ci se poursuivait dans les batailles de rue plus de 70 ans après la chute des régimes s'en réclamant. Sans surprise, la mouvance d'extrême-droite qu'elle affronte ne bénéficie pas d'un même traitement de faveur. Même lorsqu'elle s'interdit la violence, par stratégie ou par choix.

24. On le voit dans le traitement réservé aux « extrêmes ». La gauche radicale est généralement bien vue : on lui reprochera peut-être son enthousiasme, son manque de prudence, sa démesure, mais on contestera rarement la noblesse de ses intentions : on lui assigne le rôle d'éclaireur dans la découverte des dominations pour l'instant invisibles et dans

la formulation des nouveaux droits qui permettront de les renverser. Elle a la mission d'explorer l'avenir, d'en dessiner les premiers contours. Même lorsqu'elle est violente, on pourra lui pardonner : c'est qu'elle rêve d'une société meilleure et se montre impatiente d'y parvenir. Inversement, l'extrême-droite est accusée de s'accrocher par nostalgie à toutes les dominations passées, à chercher à conserver à tout prix ses privilèges illégitimes. Elle n'a donc aucune légitimité, on l'aura compris. Elle ne se définit pas dans un rapport de réciprocité avec l'extrême-gauche : elle incarne plutôt la figure de l'abjection, la part du mal irréductible au cœur de la cité.

25. Denis TILLINAC, « Comment définir la droite ? », *Valeurs actuelles*, 7 juin 2018, p. 98.

26. Denis TILLINAC, *Le venin de la mélancolie*, Paris, La Table Ronde, 2004, p. 35.

27. Sur l'imaginaire du mouvement dans la modernité, on lira François-Xavier BELLAMY, *Demeure*, Paris, Grasset, 2018.

28. Élisabeth LÉVY, dans Philippe MURAY, *Festivus Festivus* : conversations avec Élisabeth Lévy, Paris, Fayard, 2005, p. 169.

29. G.K. CHESTERTON, *Les puits et les bas-fonds*, Paris, Desclée de Brouwer, 2016, p. 126.

30. Emmanuel BERL, *Essais*, Paris, Julliard, 1985, p. 203.

31. On relira avec le plus grand intérêt un récent entretien de Jacques Julliard au *Point* pour avoir un bon exemple de ce désarroi intellectuel. Invité par Saïd Mahrane, qui lui demande s'il est passé à droite, à commenter son évolution politique, Julliard répondait ainsi : « S'il y a eu un glissement, il n'est pas de mon fait. Il vient de cette gauche, à vrai dire à peu près absente dans le peuple, mais très présente chez les bobos. Je trouve un peu violent de devoir me justifier d'être resté fidèle à mes idées. Ce sont les islamo-gauchistes et non moi qui s'éloignent de la gauche. [...] En tout cas, j'ai bien l'intention de rester fidèle aux valeurs de la gauche et même, de défendre son candidat lors de la prochaine élection présidentielle ». Questionné ensuite sur ce qui le rapprocherait des « néoréactionnaires », Julliard répond : « Être qualifié de néoréactionnaire parce qu'on défend Kamel Daoud, Boualem Sansal et tant d'autres, je trouve ça extravagant. [...] Qu'on me dise si j'ai renoncé aux idées de gauche. Quant à l'école... Vous vous rendez compte de ce qu'on me reproche ? De devenir réactionnaire parce que je défends l'école de la République. » Saïd Mahrane, « Jacques Julliard est-il de droite ? », *Le Point*, 26 mai 2016, p. 91-95. Alain Finkielkraut dira dans cet esprit : « c'est parce que je suis de gauche que je ne suis plus de gauche. » Alain Finkielkraut, « C'est parce que je suis de gauche que je ne suis plus de gauche », *Causeur*, octobre 2017. Ailleurs, il définira ainsi son

rapport à la gauche : « La gauche, pour moi, c'est d'abord cette promesse d'ouvrir au plus grand nombre le trésor des humanités et l'héritage de la noblesse du monde. Or que fait la gauche actuelle ? Au moment où la droite managériale abandonne cet héritage au nom de l'utilité et de l'adaptation au monde qui vient, elle le remplace par le catéchisme antiraciste et, en guise d'égalité, se fixe la médiocrité de tous comme but ultime. » Alain FINKIELKRAUT, *La seule exactitude*, Paris, Stock, 2015, p. 270.

32. Pour un exemple de cette diabolisation de la gauche laïciste, on lira Joan W. SCOTT, *La religion de la laïcité*, Paris, Climats, 2018.

33. Raymond ARON, *Espoir et peur du siècle*, Paris, Calmann-Lévy, 1957, p. 14-15.

34. Marc CRAPEZ, *Éloge de la pensée de droite*, Paris, Jean-Cyrille Godefroy, 2016.

35. Sur la question, on consultera George H. NASH, *The Conservative intellectual Movement in America*, Wilmington, ISI, 1996 ; George H. NASH, *Reappraising the Right*, Isi, Welmington, 2009 ; Gary DORRIEN, *The Neoconservative Mind*, Philadelphie, Temple University Press, 1993.

36. Cette forme d'impérialisme démocratique prétendant implanter partout dans le monde les principes à l'origine de l'expérience américaine reposait sur un fascinant déni des cultures, comme si ces dernières se résumaient à un folklore et quelques coutumes rituelles pouvant être exclusivement privatisées, ce qui correspond à la manière dont l'Amérique a neutralisé sa diversité interne, d'ailleurs. Mais les cultures ne sauraient être réduites à des stocks de coutumes insignifiantes : elles sont politiquement fondatrices.

37. AFP, « Le discours anti-immigrants n'est pas américain », *La Presse*, 14 septembre 2015. https://www.lapresse.ca/international/etats-unis/201509/14/01-4900476-obama-le-discours-anti-immigrants-nest-pas-americain.php. Sur l'évolution de l'identité américaine, on lira Samuel Huntington, *Who Are We ? The Challenges to America's National Identity*, New York, Simon & Schuster, 2004. Le néoconservatisme de deuxième génération poussera cette thèse encore plus loin et voudra mondialiser l'expérience démocratique en l'exportant militairement si nécessaire comme on l'a vu avec l'invasion de l'Irak en 2003.

38. François HÉRAN, *Migrations et sociétés*, Paris, Collège de France/Fayard, 2018, p. 74.

39. Hervé LE BRAS, *Malaise dans l'identité*, Paris, Acte Sud, 2017, p. 94.

40. Mathieu BOCK-CÔTÉ, *La dénationalisation tranquille*, Montréal, Boréal, 2007.

41. Arthur KOESTLER, *Le yogi et le commissaire*, Paris, Calmann-Lévy, 1954, p. 136.

42. Pascal BRUCKNER, *Un bon fils*, Paris, Grasset, 2014, p. 136.

43. À titre d'exemple, Jean BIRNBAUM, *Un silence religieux : la gauche face au djihadisme*, Paris, Seuil, 2016. Au Royaume-Uni, on se souvient que Tony Blair, au moment de prendre ses distances du multiculturalisme, suite aux attentes de 2005, a d'abord senti le besoin d'en chanter les louanges, en célébrant ses vertus transformatrices sur le pays. Le multiculturalisme n'avait pas déstructuré le pays, il avait seulement été trop loin.

44. On l'aura constaté avec la sortie d'*Inch'Allah*, de Gérard Davet et Fabrice L'homme. Les deux reporters du *Monde* découvraient après tout le monde l'islamisation de la Seine-Saint-Denis et dès lors, il fallait prendre cette inquiétude au sérieux. Au micro de Léa Salamé, Gérard Davet dira ainsi : « *n*ous on n'est pas Zemmour, on ne rapporte que des faits. » Sur la question, on consultera le numéro de novembre 2018 du mensuel *Causeur*. Dans un même esprit, quand Emmanuel Macron refuse de condamner la notion de « submersion migratoire », l'emportement médiatique est bien tiède. Zoé LASTENNET, « Macron sur BFMTV et *Mediapart* : les 8 annonces à retenir », *Le Journal du dimanche*, 15 avril 2018. Même chose sur un mode mineur, cette fois, lorsqu'Olivier Faure s'inquiète d'une « colonisation à l'envers », sa remarque suscite une réaction minimale, sans trop faire de scandale. Loris BOICHOT, « Immigration : Faure (PS) évoque le sentiment d'une « colonisation à l'envers » dans certains quartiers », *Le Figaro*, 26 octobre 2018.

45. Marco FORTIER, « Mise en garde d'un homme de gauche contre la censure qu'exerce la gauche », *Le Devoir*, 31 janvier 2019.

46. Alain-GÉRARD SLAMA, « Portrait de l'homme de droite », dans Jean-François Sirinelli (dir.), *Histoire des droites en France*, t. 3, Paris, Gallimard, 1992, p. 807.

47. On trouvera un bon exemple de cette tentation dans Maël DE CALAN, *La tentation populiste*, Paris, Éditions de l'Observatoire, 2018.

48. Matthieu Goar et Olivier Faye, « Aux "ateliers de la refondation" des Républicains, la droite dure a la parole », *Le Monde*, 4 septembre 2017.

49. Matthieu GOAR et Olivier FAYE, « Sens commun, l'encombrant ami des Républicains », *Le Monde*, 14 octobre 2017.

50. Guillaume PERRAULT, « Fillon appelé à comparaître au tribunal de la gauche », *Le Figaro*, 24 novembre 2016.

51. Pour un exemple de ce type d'interprétation, Ariane CHEMIN et Vanessa SCHNEIDER, *Le mauvais génie*, Paris, Fayard, 2015.

52. Joshua Green, *Devil's Bargain*, New York, Penjuin Press, 2017. On consultera aussi Laure Mandeville, « Steve Bannon est-il le Dark Vador de la politique américaine ? », *Le Figaro*, 15 septembre 2017.

53. Vincent Marissal, « Le choc, la charge, la charte », *La Presse*, 31 mars 2014.

54. On a aussi vu le président trouver les mots justes au moment du décès de Johnny Hallyday et de Jean d'Ormesson, en parvenant à incarner à travers eux la question de l'identité française. Il ne s'agit évidemment pas de dire de ces deux discours qu'ils étaient de droite, ce qui serait réducteur et bête, mais qu'ils ont touché, pour de nobles raisons, d'ailleurs, la sensibilité culturelle de la France populaire et de la France conservatrice, et qu'ils tranchaient avec les codes de la modernité obligatoire qui structurent normalement la parole politique et qui étouffent trop souvent des aspirations nobles qui ont pourtant vocation à s'exprimer dans la cité. De la même manière, au moment du décès d'Arnaud Beltrame, il a su restituer la part sacrée de la nation. Emmanuel Macron, en quelque sorte, sait s'adresser à la France en tant que nation littéraire, et qui se sentait privée, depuis quelques années, déjà, d'un président sachant incarner cette part de la fonction.

55. À titre d'exemple, on relira « L'appel des quatre mousquetaires pour sauver la droite », dans *Valeurs actuelles*, 26 juin 2014.

56. Ainsi, successivement, Nicolas Sarkozy, François Fillon et Laurent Wauquiez ont été associés au créneau de la droite décomplexée. AFP, « Cambadélis : Sarkozy est entre la droite décomplexée et l'extrême-droite », *Le Point*, 27 août 2016 ; Carole Barjon, « François Fillon : La vraie droite décomplexée, c'est lui », *L'Obs*, 24 novembre 2016 ; Alexandre Lemarié et Matthieu Goar, « Comment Laurent Wauquiez est devenu le chantre de la droite décomplexée », *Le Monde*, 11 septembre 2017. Jean-François Copé, lui, en fera même un manifeste où il plaidera pour « une droite républicaine, moderne, libérée du politiquement correct, cet ordre établi par la gauche bien-pensante pour assurer sa domination. En un mot, une droite décomplexée ». Jean-François Copé, *Manifeste pour une droite décomplexée*, Paris, Fayard, 2012.

57. Jérôme Sgard, « Nicolas Sarkozy, lecteur de Gramsci. La tentation hégémonique du nouveau pouvoir », *Esprit*, juillet 2007.

58. À l'échelle de l'histoire, on pourrait dire que le progressisme oscille entre deux interprétations : les uns voient dans le fascisme un conservatisme radicalisé, les autres voient dans le conservatisme un fascisme harnaché.

59. Patrick Buisson, *La cause du peuple*, Paris, Perrin, 2016, p. 158.

60. Philippe MURAY, *Festivus Festivus : conversations avec Élisabeth Lévy*, Paris, Fayard, 2005, p. 168.

61. Alain FINKIELKRAUT, *La seule exactitude*, Paris, Stock, 2015, p. 95.

62. Raymond ARON, avec son admirable lucidité, écrivait au milieu des années 1950 : « Un réflexe d'antifascisme rapproche les gauches, un réflexe de défense sociale les droites ». Raymond Aron, *Espoir et peur du siècle*, Paris, Calmann-Lévy, 1957, p. 13. En d'autres mots, la gauche se mobiliserait ardemment contre le mal à terrasser, la droite se mobiliserait pour défendre ses intérêts menacés.

63. Christiane TAUBIRA : « La gauche risque de disparaître, et pour un moment », *Libération*, 11 septembre 2016.

64. Carolin EMKE, *Contre la haine*, Paris, Seuil, 2016.

65. Jacques JULLIARD, *Les gauches françaises*, Paris, Flammarion, 2012, p. 857-858.

66. Leszek KOLAKOWSKI, *Comment être socialiste+conservateur+libéral*, Paris, Belles Lettres, 2017.

67. Marc CRAPEZ, *Naissance de la gauche*, Paris, Michalon, 199, p. 215.

CHAPITRE 4 – LE PROGRESSISTE ET LES LÉPREUX : LE POPULISME COMME DÉRIVE RÉACTIONNAIRE DE LA DÉMOCRATIE

1. Arthur BERDAH, « Migrants : Macron défend ses choix et fustige la « lèpre » populiste en Europe », *Le Figaro*, 22 juin 2018.

2. Pierre-André TAGUIEFF, *Le nouveau national-populisme*, Paris, CNRS, 2012, p. 17. Philippe Raynaud dira lui aussi des courants populistes « qu'ils représentent autre chose qu'une simple renaissance des anciens extrémismes ». Philippe RAYNAUD, *Emmanuel Macron : une révolution bien tempérée*, Paris, Desclée de Brouwer, 2018, p. 91.

3. L'histoire intellectuelle du XXe siècle a ainsi réduit la question du régime à l'affrontement entre démocratie et totalitarisme alors qu'elle était historiquement beaucoup plus complexe.

4. Sur la question, on consultera T.W. ADORNO, *The Authoritarian Personality*, New York, Harper & Brothers, 1950.

5. Jean SÉVILLIA, *Le terrorisme intellectuel*, Paris, Perrin, 2004, p. 192.

6. Le traitement des élections québécoises du 1er octobre 2018 par les médias français et européens donne un très bon exemple des limites d'une assimilation globale de tout ce qui n'est pas progressiste au populisme. La Coalition avenir Québec, un parti autonomiste de centre droit,

au nationalisme modéré, a été présenté comme un parti populiste, à ranger dans la même catégorie que les partis classés à l'extrême-droite en Europe de l'Ouest.

7. Ce ne sont pas tous les partis populistes, d'ailleurs, qui sont les héritiers des partis historiques d'extrême-droite.

8. Pour retrouver une série d'études réalisées par des politologues progressistes s'inquiétant de la poussée populiste, on lira : Heinrich GEISELBERGER (dir.), *L'âge de la régression*, Paris, Premier Parallèle, 2017.

9. Ce cycle politique consacré à la question sociale ne pouvait que favoriser, du moins pour un temps, Jean-Luc Mélenchon, qui a su profiter de l'anéantissement du Parti socialiste pour redonner une certaine vigueur à la radicalité idéologique, en récupérant à son avantage une fonction tribunicienne que le FN ne parvenait plus à occuper, sa présidente échouant par ailleurs à crédibiliser sa formation comme parti de gouvernement. Il faut dire que ce rôle convient particulièrement bien à la personnalité du chef des Insoumis. Le discours mélenchoniste, qui pousse à la révolte sociale, repose sur des déclarations incendiaires qui en viennent presque inévitablement à remettre en cause la légitimité d'Emmanuel Macron, une posture qui se laissait déjà deviner dans l'entre-deux tours quand le leader de la France insoumise avait refusé de reconnaître la validité du choix entre les candidats qui s'y retrouvaient. Mélenchon, à sa manière, dévaluait alors l'élection présidentielle qui n'avait su produire qu'une fausse alternative politique, dénaturant la volonté populaire, dont il se croyait manifestement le seul interprète. Il justifiait à l'avance une pratique politique qui l'amènerait rapidement à vouloir sortir, du moins rhétoriquement, des paramètres de la légitimité républicaine. On l'a vu en mai 2018 : en essayant de pousser le plus grand nombre possible de Français dans la rue pour que s'y déploie une « marée populaire », c'est le résultat des urnes que la gauche radicale a voulu invalider, ou du moins, disqualifier, comme si le *peuple en lutte* disqualifiait le *peuple électoral*. Sur la question : Jean-Luc Mélenchon, « Un peu de bienveillance, est-ce possible ? », *Libération*, 26 au 27 mai 2018, p. 3-7. Le populisme de gauche théorisé par Chantal Mouffe sert ici de cadre intellectuel pour justifier une rhétorique insurrectionnelle. On ne peut exclure non plus l'hypothèse qu'une partie importante du système médiatique était très heureuse de ce retour à la question sociale, éclipsée depuis plusieurs années par la question identitaire, globalement mal vue par un commentariat adhérant avec une obstination étonnante au fantasme du vivre ensemble et refusant de voir dans l'insécurité culturelle autre chose qu'une peur malsaine entretenue par certains idéologues cultivant cyniquement ses inquiétudes. Ces enjeux, dès lors qu'ils reviennent au cœur du jeu politique, favorisent presque inévitablement la droite, lorsqu'elle veut s'en saisir, ou la droite populiste, lorsqu'elle parvient à s'en emparer. Macron et Mélenchon, dans

les circonstances, se sont choisis. Entre le libéral mondialisé et le populiste de gauche en colère, la querelle était trop belle pour ne pas être menée. On la traduirait même dans les catégories propres à la culture politique française : Macron serait le libéral orléaniste, Mélenchon le jacobin insurgé. Chacun serait beau dans son rôle.

10. Heinrich GEISELBERGER, « Préface », dans Heinrich GEISELBERGER (dir.), *L'âge de la régression*, Paris, Premier Parallèle, 2017, p. 8-9.

11. Heinrich GEISELBERGER, « Préface », dans Heinrich GEISELBERGER (dir.), *L'âge de la régression*, Paris, Premier Parallèle, 2017, p. 10.

12. Heinrich GEISELBERGER, « Préface », dans Heinrich GEISELBERGER (dir.), *L'âge de la régression*, Paris, Premier Parallèle, 2017, p. 13.

13. Heinrich GEISELBERGER, « Préface », dans Heinrich GEISELBERGER (dir.), *L'âge de la régression*, Paris, Premier Parallèle, 2017, p. 17.

14. Natacha TATU, « Éloge du politiquement correct », *L'Obs*, 1er novembre 2018, p. 5.

15. Raphaël LIOGIER, « Populisme liquide dans les démocraties occidentales », dans Bertrand BADIE et Dominique VIDAL (dir.), Le retour des populismes, Paris, La Découverte, 2018, p. 39-48. Aussi : Caroline EMKE, *Contre la haine*, Paris, Seuil, 2018.

16. Jérôme FOURQUET, *Le nouveau clivage*, Paris, Éd. du Cerf, 2018. Dans le même esprit, on consultera les travaux de Christophe Guilluy.

17. « Élections provinciales : l'échec des sondages électoraux », Radio Canada, 2 octobre 2018.

18. Dominique Reynié a rappelé, dans son étude du populisme, la nécessité d'éviter toute forme de réductionnisme économique ou matérialiste dans l'analyse de la demande politique. Il faudrait ainsi tenir compte de la dimension patrimoniale de la politique. Dominique REYNIÉ, *Populisme : la pente fatale*, Paris, Plon, 2011.

19. Vincent COUSSEDIÈRE, *Éloge du populisme*, Paris, Élya, 2012.

20. Patrick BOUCHERON, « Ouverture », dans Patrick BOUCHERON (dir.), *Histoire mondiale de la France*, Paris, Seuil, 2017, p. 7. Il ne fallait pas se surprendre de l'entendre critiquer la politique migratoire d'Emmanuel Macron en soutenant que « le tri entre les migrants économiques et les demandeurs d'asile est immoral » avant d'ajouter que « les migrants seront de plus en plus nombreux, on doit les accueillir, c'est un devoir et c'est une chance ». Car toujours selon Boucheron, « Le pays serait plus fort s'il était plus libre et plus ouvert, s'il larguait les amarres du vieux monde, s'il cessait de se complaire dans ses rancœurs recuites ». Patrick BOUCHERON, « Jamais le gouvernement actuel n'a été aussi loin dans le mépris des droits humains », *L'Obs*, 11 janvier 2018.

21. Mathieu BOCK-CÔTÉ, « L'idéologie canadienne de Justin Trudeau », *Le Journal de Montréal*, 21 décembre 2015.

22. Éric DUPIN, *La France identitaire*, Paris, La Découverte, 2017.

23. Arjun Appaduruai assimilera cette réaffirmation identitaire à une quête de la « souveraineté culturelle » qui se déploierait au moyen de « récits destinés aux couches de la population, parfois majoritaires, en proie au ressentiment. Ces récits sont centrés autour de l'idée de victoire raciale, de pureté ethnique nationale et aussi de grandeur nationale. [...] Ce substrat culturel commun dissimule de profondes contradictions comme celles résultant du hiatus entre les politiques économiques néo-libérales de la plupart de ces leaders [...]. Nous avons là le terrain d'une nouvelle politique d'exclusion, dont les cibles sont soit les migrants, soit les minorités ethniques, soit les deux ». Arjun Appadurai, « Une fatigue de la démocratie », dans Heinrich GEISELBERGER (dir.), *L'âge de la régression*, Paris, Premier Parallèle, 2017, p. 28-29.

24. On en a eu un exemple au Québec en 2008, alors qu'il était traversé par ce qu'on a appelé la crise des accommodements raisonnables. Pour comprendre la crise et y trouver une réponse politique appropriée, deux intellectuels majeurs, Gérard Bouchard et Charles Taylor, furent appelés à diriger une commission tournant à travers le Québec pour éclairer des populations jugées récalcitrantes à la diversité. Au moment de publier leur rapport, l'interprétation dominante ne laissait pas place au doute : s'il y a crise, elle serait essentiellement le fruit des attentes exagérées du peuple québécois en matière d'intégration, qui serait allergique à la différence, et qui exigerait une forme de privilège symbolique dans la composition de l'identité nationale. Pour contrer cette tentation hégémonique, il serait nécessaire de rééduquer la population en la sensibilisant aux avantages de la diversité, en lui imposant un nouveau paradigme politique où la dissolution de l'identité nationale sera posée comme nouvelle représentation du progrès. Mathieu BOCK-CÔTÉ, « À défaut de convaincre le peuple, en fabriquer un nouveau », *L'Action nationale*, septembre 2008.

25. Carolin EMKE, *Contre la haine*, Paris, Seuil, 2017, p. 122.

26. Pierre ROSANVALLON, *Le peuple introuvable*, Paris, Gallimard, 1998 ; Pierre ROSANVALLON, *La légitimité démocratique*, Paris, Seuil, 2008 ; Pierre ROSANVALLON, *Notre histoire intellectuelle et politique*, Paris, Seuil, 2018.

27. Yascha MOUNK, *Le peuple contre la démocratie*, Paris, Éditions de l'Observatoire, 2018, p. 231.

28. Chantal MOUFFE et Inigo ERREJON, *Construire un peuple*, Paris, Éd. du Cerf, 2017. La théorie de la démocratie radicale prétend se concrétiser aujourd'hui à travers le populisme de gauche. Le populisme de gauche dispose généralement d'un traitement médiatique moins caricatural

dans la mesure où il prétendrait définir le peuple comme un pur demos sans substrat historique particulier, sans noyau identitaire distinctif. Ainsi pensé, arraché à l'histoire et désincarné, le peuple redeviendrait une catégorie légitime, susceptible d'agréger tous ceux qui prétendent se placer sous sa référence.

29. Jan-Werner MÜLLER, *Qu'est-ce que le populisme ?*, Paris, Gallimard, 2016, p. 168.

30. Jan-Werner MÜLLER, *Qu'est-ce que le populisme ?*, Paris, Gallimard, 2016, p. 168.

31. Jurgen HABERMAS qui ne cache pas son admiration pour Emmanuel Macron. Jurgen HABERMAS, « Ce fascinant Monsieur Macron », *L'Obs*, 25 octobre 2017.

32. Sans s'y attarder, on notera toutefois ici que la philosophie politique moderne n'est pas non plus étrangère à la question de l'identité du peuple, de sa caractérisation, de sa singularité, autrement dit. Elle n'a pas échappé à Rousseau dans ses *Considérations sur le gouvernement de Pologne*. « Si l'on ne connaît à fond la Nation pour laquelle on travaille, l'ouvrage qu'on fera pour elle, quelque excellent qu'il puisse être en lui-même, péchera toujours par l'application, et bien plus encore lorsqu'il s'agira d'une nation déjà toute instituée, dont les goûts, les mœurs, les préjugés et les vices sont trop enracinés pour pouvoir être aisément étouffés par des semences nouvelles. Une bonne institution pour la Pologne ne peut être que l'ouvrage des Polonais ou de quelqu'un qui ait bien étudié sur les lieux la nation polonaise et celles qui l'avoisinent. » Jean-Jacques ROUSSEAU, *Considérations sur le gouvernement de Pologne*, dans *Du contrat social et aux écrits politiques*, Paris, coll. Pléiade, 1964, p. 953.

33. Marc CRAPEZ, *Défense du bon sens*, Monaco, Éditions du Rocher, 2004.

34. David GOODHART, *The Road to Somewhere*, Penguin Books, 2017.

35. Frédérick GAGNON, cité dans Guillaume BOURGAULT-CÔTÉ, « Une leçon électorale pour les experts », *Le Devoir*, 9 novembre 2016. Un argument souvent entendu à propos de la défaite de Hillary Clinton était « que la société américaine n'est pas prête à avoir une femme présidente », ce qui veut dire qu'elle l'aurait naturellement emporté si le système patriarcal ne l'avait pas entravée. Autrement dit, la structure sociale profonde de l'Amérique serait encore fondamentalement inégalitaire et hostile à l'émancipation féminine dans ses conséquences politiques.

36. Marie LEMONNIER, « La revanche de l'homme blanc : entretien avec Sylvie Laurent », *L'Obs*, 17 novembre 2016, p. 62-63.

37. Éric FOTTORINO, « Lutter, résister, combattre », *Le 1 hebdo*, 19 décembre 2018.

38. François-Bernard HUYGUE, *Fake News : la grande peur*, Paris, VA éditions, 2018, p. 23.

39. Guillaume BOURGAULT-CÔTÉ, « Une leçon électorale pour les experts », *Le Devoir*, 9 novembre 2016.

40. Ben JACOB, « Hillary Clinton regrets 'basket of deplorables' remark as Trump attacks », *The Guardian*, 11 septembre 2016.

41. Guy SORMAN, « La revanche du mâle blanc », *Le Monde*, 11 novembre 2016. C'est aussi la thèse que défendra explicitement Guy Sorman après les élections de mi-mandat. « Ce que l'on appelle le populisme ou encore le nationalisme ethnique n'est pas un mouvement idéologique, mais une réaction tribale. Les récentes élections aux États-Unis le démontrent amplement. Donald Trump et, d'une manière générale, les candidats républicains qui se sont réclamés de lui n'ont obtenu que les suffrages des Blancs dans des circonscriptions blanches. [...] Les Américains votent maintenant soit « blanc », soit démocrate ; le Parti républicain est devenu pour l'essentiel, en son cœur, le parti des Blancs et le Parti démocrate une grande tente qui abrite tous les partisans de la société ouverte et du progressisme, de la droite libérale à la gauche socialiste. Sous cette tente se réfugie l'Amérique de demain : les candidats féminins, issus de la diversité, indiens, musulmans, noirs sont tous démocrates. [...] Sans aucun doute, les Blancs trumpistes (tous les Blancs ne sont pas pour Trump, mais tous les partisans de Trump sont blancs) se perçoivent comme une communauté assiégée : face à la diversité ethnique croissante de leur pays, à la mondialisation économique et au bouleversement des mœurs, ils adoptent des réflexes tribaux d'autodéfense. Trump joue à fond sur ce sentiment d'insécurité, il l'exploite et, aussi, il l'aggrave. Ses agressions vociférantes contre les immigrants font écho à la crainte des Blancs de perdre leur domination ancienne sur la société américaine ». Guy Sorman, « Midterms : le crépuscule de Donald Trump », *Le Point*, 8 novembre 2018.

42. Guy SORMAN, « La revanche du mâle blanc », *Le Monde*, 11 novembre 2016.

43. Certains pousseront plus loin le raisonnement : il faut justement pour cela accélérer la transformation démographique des sociétés occidentales pour en finir avec le noyau qui résiste à la transition diversitaire, Daniel Weinstock avançant même, avec l'espoir en tête d'achever la conversion du Québec au multiculturalisme que « quand Montréal comptera un aussi haut pourcentage d'immigrants que Toronto, ces questions ne se poseront plus avec autant d'acuité. Et encore moins quand on constatera qu'on n'a pas les moyens de se priver, par exemple,

d'une infirmière, hijab ou pas ». Cité dans Louise LEDUC, « Les Québécois restent opposés aux accommodements », *La Presse*, 27 octobre 2009. Plutôt que d'avoir à convaincre une population manifestement critique du multiculturalisme, on se contentera donc d'une solution démographique neutralisant la prétention de la majorité historique à se constituer comme la norme identitaire pour la société québécoise. L'immigration massive se présente donc comme une méthode privilégiée pour neutraliser le substrat démographique du Québec historique. Le Canada présentera la chose avec encore plus d'ambition en annonçant son désir d'en arriver à 100 millions de citoyens à la fin de siècle, ce qui correspondrait à toute fin pratique à la noyade du fait français dans une population nouvelle qui le regarderait à la manière d'un résidu identitaire insignifiant, appelé à s'effacer dans la logique du nouveau monde. Andy BLATCHFORD, « Objectif : 100 millions de Canadiens d'ici 2100 », *La Presse*, 23 octobre 2016.

44. Jacques ATTALI, « Sanctuariser le progrès », disponible sur le site de Jacques Attali : http://www.attali.com.

45. Anne-Marie LE POURHIET, « Juges partout, démocratie nulle part », Causeur, n° 3, 3 juin 2013, p. 45-46.

46. Jean-Louis HAROUEL, *Les droits de l'homme contre le peuple*, Paris, Desclée de Brouwer, 2016.

47. Ce défaut de fabrication du nouveau régime a été reconnu par Antonio Lamer, l'ancien juge en chef de la Cour suprême du Canada, lorsqu'il est revenu sur les origines du basculement de la souveraineté parlementaire vers le gouvernement des juges dans l'histoire politique canadienne, à partir de 1982. Se plaçant dans la peau de Pierre Elliot Trudeau, le Premier ministre de l'époque, il affirmait « après un débat de fond au sein de la population, lui expliquant la portée d'une telle Charte et le bouleversement de l'équilibre des pouvoirs qui existaient jusque-là ; peut-être même aurais-je tenu un référendum sur la question. Moi j'aurais voté au référendum mais si la majorité des Canadiens avaient voté contre, je me serais plié aux vœux de la majorité. Si j'avais été à la place de Monsieur Trudeau, j'aurais procédé à une plus grande consultation publique ». Antonio LAMER, dans Alain-Robert NADEAU, « Trudeau aurait dû consulter la population, dit Lamer », *Le Devoir*, 11 janvier 2000. En d'autres mots, Antonio Lamer reconnaissait clairement que c'est un changement de régime qui s'était opéré avec la refondation constitutionnelle de 1982, mais que ce changement n'avait jamais été approuvé par le peuple. On peut pousser la réflexion plus loin qu'il ne l'aurait souhaité et considérer que la légitimité du régime diversitaire est très relative, et qu'il est légitime, d'une manière ou d'une autre, de travailler à reconstruire la souveraineté parlementaire ainsi que la souveraineté populaire. En d'autres mots, l'État de droit tel qu'il se

présente comme un point d'aboutissement historiquement absolument admirable n'a pas une légitimité de droit divin mais résulte d'un choix politique, auquel on peut préférer un autre choix politique.

48. François HÉRAN, *Migrations et sociétés*, Paris, Collège de France/ Fayard, 2018.

49. Yascha MOUNK, *Le peuple contre la démocratie*, Paris, Éditions de l'Observatoire, 2018.

50. Ivan KRASTEV, « Le retour des régimes majoritaires », dans Heinrich GEISELBERGER (dir.), *L'âge de la régression*, Paris, Premier Parallèle, 2017, p. 97.

51. Il vaut la peine de noter, cela dit, que l'émergence du trumpisme est indissociable d'une réintégration dans la vie politique d'un nationalisme économiquement et culturellement protectionniste qui avait été exclu de la vie politique américaine depuis l'expulsion de Patrick J. Buchanan de la coalition conservatrice. On comprendra mieux le trumpiste en le réinscrivant dans l'histoire longue du conservatisme américain.

52. Simon-Pierre SAVARD-TREMBLAY, *Despotisme sans-frontières*, Montréal, VLB, 2018.

CHAPITRE 5 – LES BLANCS, LES RACISÉS ET LES AUTRES : LA LIBERTÉ D'EXPRESSION SOUS LE RÉGIME DIVERSITAIRE

1. « Hollande propose de supprimer le mot "race" dans la Constitution », *Le Monde*, 11 mars 2011, consulté le 1er août 2018 sur lemonde.fr.

2. Sophie de Ravinel, « Retrait du mot "race" de la Constitution : quinze années de revendications », *Le Figaro*, 27 juin 2018.

3. Daniel MARTIN, « Suppression du mot race de la constitution : enfin ! », *Médiapart*, 28 juin 2018.

4. Pascal BRUCKNER, *Le sanglot de l'homme blanc*, Paris, Seuil, 1983 ; Pascal BRUCKNER, *La tyrannie de la pénitence*, Paris, Grasset, 2006.

5. «Pendant des décennies, nos reportages étaient racistes. Pour nous en détacher, il nous faut le reconnaître », *National Geographic*, mars 2018.

6. Stephen SMITH, *La ruée vers l'Europe*, Paris, Grasset, 2018.

7. On consultera par exemple : Réconciliation avec les Peuples autochtones : La Ville de Montréal célèbre le 10e anniversaire de la Déclaration des Nations Unies sur les droits des Peuples autochtones, http://ville.montreal.qc.ca.

8. AFP agence, « Une université américaine va recouvrir des fresques dépeignant Christophe Colomb », *Le Figaro*, 24 janvier 2019.

9. Julien Freund, dès la fin des années 1980, avait anticipé à sa manière cette réémergence en s'inquiétant des conséquences politiques et idéologiques d'une généralisation du phénomène diasporique entraîné par l'immigration massive. « C'est un phénomène mondial et personne n'y réfléchit. S'il y a encore une multiplication des diasporas, la stabilité des sociétés peut être mise en cause. Évolueront-elles vers l'intégration à la deuxième génération ou vers un intégrisme religieux pour préserver leur identité ». On pourrait ajouter, dans cet esprit, que la revendication d'une identité raciale chez certaines populations issues de l'immigration relève, comme l'intégrisme, d'une forme de réflexe de conservation identitaire témoignant d'un refus de l'intégration. Julien FREUND, *L'aventure du politique*, Paris, Critérion, 1991, p. 60.

10. Pierre-André TAGUIEFF, *Race : un mot de trop ?*, Paris, CNRS, 2018.

11. Immanuel WALLERSTEIN et Étienne BALIBAR, *Race, nation, classe*, Paris, La Découverte, 2007.

12. Je me permets de référer ici à mon ouvrage *Le multiculturalisme comme religion politique*, Paris, Éd. du Cerf, 2016.

13. Franz DURUPT, « À l'EHESS, réflexions sur la question blanche », *Libération*, 8 juillet 2018.

14. François FURET, *Penser le XXe siècle*, Paris, Robert Laffont, 2007, p. 480.

15. Jean-François REVEL, *Fin du siècle des ombres*, Paris, Fayard, 1999, p. 392-393.

16. Reni EDDO-LODGE, *Le racisme est un problème de Blancs*, Paris, Autrement, 2018, p. 161.

17. Reni EDDO-LODGE, *Le racisme est un problème de Blancs*, Paris, Autrement, 2018, p. 11.

18. Quelques ouvrages représentant bien cette tendance : Sadri KHIARI, *Pour une politique de la racaille*, Paris, Textuel, 2006 ; Houria BOUTELDJA, *Les Blancs, les Juifs et nous*, Paris, La Fabrique, 2016.

19. On imagine la réaction de la vieille droite racialiste, disparue partout de la carte politique, et obligée de se replier dans les marges de la vie sociale et politique, qui n'avait jamais douté de la persistance du facteur racial, et qui se désolait qu'on ne puisse plus le mentionner : elle y verra un retour du refoulé, et même un retour du réel. La philosophie politique occidentale avait voulu déconstruire politiquement toute référence possible à la race : on redécouvre, et on se demande pourquoi on s'en surprend, que plus les appartenances historiques et symboliques sont liquidées, et plus les appartenances primitives remontent à la surface.

L'émergence de l'Alt Right dans la vie politique américaine correspond à cette émergence d'une nouvelle droite racialiste qui s'adapte aux codes de la société diversitaire. George HAWLEY, *Making Sense of the Alt-Right*, New York, Colombia University Press, 2017.

20. Solange BIED-CHARETON, « Rokhaya Diallo et les aventuriers de la race perdue », *Valeurs actuelles*, 30 juillet 2018, https://www.valeursactuelles.com.

21. Ta-Nehisi COATES, *Une colère noire*, Paris, Autrement, 2015.

22. Ta-Nehisi COATES, *Le procès de l'Amérique*, Paris, Autrement, 2017. Pour une brève histoire du concept de privilège blanc, on lira William RAY, « "Privilège blanc" : ce qui se cache derrière le slogan », *Le Point*, 30 septembre 2018.

23. Bari WEISS, « When the Left Turns on Its Own », *New York Times*, 1er juin 2017.

24. « Les ateliers « en non-mixité raciale » du syndicat SUD-Education 93 créent une polémique », *Le Monde*, 21 novembre 2017.

25. Véronique CHAGNON, « Se libérer sans vous, se libérer de vous », *Le Devoir*, 5 décembre 2015.

26. Sophie CHARTIER, « À nous notre lutte », *Le Devoir*, 5 décembre 2015 ; Patricia HILL COLLINS, *La pensée féministe noire*, Montréal, Éditions du Remue-Menage, 2016.

27. Régis DEBRAY, *À demain de Gaulle*, Paris, Gallimard, 1990, p. 64.

28. Pour un exemple de cette réécriture fantasmatique de l'histoire, dans le cadre canadien, on lira Robyn MAYNARD, *Noires sous surveillance*, Montréal, Mémoire d'encrier, 2018.

29. Robin DI ANGELO, *White Fragility : Why It's So Hard for White People to Talk About Racism*, Beacon Press, 2018. Une association antiraciste québécoise en proposera la définition suivante : « État émotionnel intense dans lequel se trouvent les personnes blanches lorsqu'une personne racisée critique certains de leurs comportements jugés racistes. Cet état est caractérisé par des réactions vives, défensives, voir violentes. Cela se traduit par des émotions comme la peur, la colère, la culpabilité ou des comportements comme argumenter, minimiser ou arrêter la conversation. Le propre de ces interactions est de mettre l'accent sur les sentiments négatifs que provoque la critique plutôt que sur l'expérience vécue du racisme ». Alexandra PIERRE, « Mots choisis pour réfléchir au racisme et à l'antiracisme », *Droits et libertés*, Automne 2016, p. 15.

30. Gilles-William GOLDNADEL, « Face au racisme antiblanc, le « déni aveugle » des médias, *FigaroVox*, 1er octobre 2018.

31. Reni EDDO-LODGE, *Le racisme est une affaire de blancs*, Paris, Autrement, 2018.

32. Elsa MOURGUE, « Le racisme antiblanc existe-t-il ? Entretien avec Éric Fassin », France Culture, 10 octobre 2018.

33. Éric Fasssin, cité dans Elsa Mourgue, « Le racisme antiblanc existe-t-il ? Entretien avec Éric Fassin », France Culture, 10 octobre 2018.

34. William VOEGELI, « Racism, Revised », *Claremont Review of Books*, Fall 2008, p. 25.

35. « Le « décolonialisme », une stratégie hégémonique : l'appel de 80 intellectuels », *Le Point*, 4 décembre 2018, https://www.lepoint.fr.

36. Il vaut la peine de citer aussi le cas de Louis-Jean Cormier, certainement un des chanteurs québécois les plus talentueux, qui a dû s'excuser, après s'être déclaré défavorable à la parité hommes-femmes dans le monde de la musique, parce qu'il voulait choisir ses techniciens non pas sur la base de leur sexe mais sur celle de leur compétence. Il subira pour cela une vilaine tempête médiatique dont il cherchera à sortir en formulant des excuses publiques qui rappellent les heures les plus rouges du siècle dernier. Louis-Jean Cormier. « MEA-CULPA « Quel réveil ce matin ! Après avoir lu l'article Pour ou Contre dans La Presse, où je discute avec la journaliste Josée Lapointe de plusieurs enjeux, une sensation de malaise m'envahit. J'ai beau relire mille fois ma réponse à la question : Pour ou contre la parité homme-femme dans les festivals, MÊME en connaissant les phrases manquantes et celles sorties de leurs contextes, j'ai l'air d'un gros mononc débile et arriéré. Deux jours après le 8 mars. Slow clap ! Tous les gens qui me connaissent savent que je ne suis pas ce gars-là, que je suis pour l'égalité homme-femme point. Et donc aussi en musique, sous les projecteurs comme dans l'ombre. Oui, j'en connais des femmes techniciennes d'expérience ; oui j'ai la chance de compter parmi mes amis une pléiade de chanteuses, auteures et compositrices qui ont beaucoup plus d'expérience que moi. Des femmes de mon âge qui rayonnent ici comme ailleurs, autant que des nouvelles qui émergent, dont le talent me botte le cul, des artistes et des musiciennes que j'ai envie d'inviter sur mes shows, en première partie, ou même dans les émissions de télévision auxquelles je participe. Mais je sous-estime à quel point je fais partie des plus privilégiés de ce monde : je suis un homme blanc hétérosexuel. Qui a la chance d'avoir un certain succès et une tribune. Une responsabilité. Je prends une page du grand livre de David Byrne qui, en commentant l'inégalité homme-femme dans le milieu de la musique plus tôt cette semaine, regrettait faire partie du problème. L'heure n'est pas à la nuance, et je suis désolé d'avoir déçu et offusqué tant de gens en tentant d'en apporter une. Je prends la main que me tendent Les Soeurs Boulay et Laurence Ner-

bonne, qui se proposent de m'en apprendre un peu plus sur le sexisme systémique auquel elles, mes collègues, sont confrontées. Clairement j'ai un exercice de conscience à faire et ça tombe bien, je suis en sabbatique. » Louis-Jean Cormier, « Mea Culpa », Page Facebook de l'auteur, 10 mars 2018, https://www.facebook.com/LouisJeanCormierOfficiel/posts/1791250394271633.

37. « Controverse sur l'appropriation culturelle : un rédacteur en chef de CBC écarté », Radio Canada, 17 mai 2017. Aussi, « 'I invited these Indigenous writers... and then I insulted them :' Hal Niedzviecki on appropriation uproar », CBC News, 16 mai 2017.

38. Philippe TEISCEIRA-LESSARD, « Université d'Ottawa : yoga annulé pour « appropriation culturelle » », *La Presse*, 23 novembre 2015.

39. Camille FEIREISEN, « Halloween et appropriation culturelle : un guide pour se costumer à l'école », Radio Canada, 31 octobre 2018.

40. Dans ce cas, on parle plutôt d'appropriation corporelle. « Appropriation corporelle : comment représenter les personnes handicapées à l'écran ?, Radio Canada, 14 janvier 2019.

41. Laurence NIOSI, « Le nom des Redmen de McGill jugé raciste et dépassé », Radio Canada, 15 octobre 2018.

42. Czeslaw MILOSZ, *La pensée captive*, Paris, Gallimard, 1953, p. 276.

43. Romain JEANTICOU, « Les "sensitivity readers" dans l'édition américaine, garde-fous ou derniers avatars du politiquement correct ? », *Télérama*, 18 septembre 2018.

44. Patrick MOREAU, « L'ombre de la censure », *Argument*, vol. 21, nº 1, automne-hiver 2018-2019, p. 72.

45. Saïd MAHRANE, « La tyrannie des susceptibles », *Le Point*, 6 juin 2018.

46. Samira Laouni, « Évitons le cercle vicieux de la haine ! Mémoires du COR », août 2015, disponible ici : file:///C:/Users/Admin/AppData/Local/Temp/003m_cor_organisme_de_communication_pour_l_ouverture_et_le_rapprochement_interculturel.pdf.

47. Géraldine SMITH, *Vu en Amérique, bientôt en France*, Paris, Stock, 2018, p. 53.

48. Sophia Buono, « After Charles Murray Fiasco, Middlebury College Launches Civil Discourse Program », *The Weekly Standard*, 13 novembre 2018. À propos du cas de Jordan Peterson, on lira Paul Journet, « Taisez-vous, on débat ! », *La Presse*, 26 novembre 2017. Dans le même esprit, on lira Julie Levasseur, « Conférence annulée pour propos transphobes », *Montréal Campus*, 18 novembre 2016. Plus largement sur la question, on lira Normand Baillargeon (dir.), *Liberté surveillée*, Montréal, Léméac, 2019.

49. Claire LEVENSON, « En Angleterre, des humoristes sommés de garantir par écrit qu'ils n'offenseront personne », *Slate. fr*, 13 décembre 2018.

50. Dominique SCALI, « La radicalisation anarchiste à l'université inquiète », *Le Journal de Montréal*, 7 mai 2017.

51. Reni EDDO-LODGE, *Le racisme est un problème de Blancs*, Paris, Autrement, 2018, p. 158.

52. Reni EDDO-LODGE, *Le racisme est un problème de Blancs*, Paris, Autrement, 2018, p. 161.

53. Martine DELVAUX, citée dans Dominique SCALI, « La radicalisation anarchiste à l'université inquiète », *Le Journal de Montréal*, 7 mai 2017.

54. Pour citer Alain Savard, qui se réclame de ces méthodes, « perturber une conférence, c'est un moyen d'expression pour les sans-tribunes. Un moyen qui leur permet de faire face à une élite qui n'a aucun intérêt pour le dialogue, le compromis et la démocratie. [...] Est-ce qu'il serait préférable de profiter de ces conférences pour y offrir un contre-discours ? Encore une fois, cela dépend. Dans bien des grandes conférences, le temps alloué aux questions de la salle est court et le conférencier a toujours le dernier mot. Tant qu'à y être, il est parfois plus stratégique de perturber l'événement et en profiter pour discuter avec les gens qui y sont ». Alain SAVARD, « Lettre à Normand Baillargeon : on ne défend pas la démocratie en défendant le droit de parole des puissants », Ricochet, 13 mars 2017.

55. Ces mots sont ceux d'une association étudiante universitaire québécoise. On consultera ici sa politique. https://www.facebook.com.

56. Stéphane BAILLARGEON, « Protester contre la parole des puissants : entretien avec Valérie Lefebvre-Faucher », *Le Devoir*, 1er avril 2017.

57. Emmett MACFARLANE, cité dans Shaw JEFFORD, « Ford exige des politiques de liberté d'expression dans les universités », 30 août 2018.

58. Emmanuel PIERRAT, *Nouvelles morales, nouvelles censures*, Paris, Gallimard, 2018, p. 11.

59. Bérénice LEVET, « Dans la prison du présent », *L'Incorrect*, 2 octobre 2017, p. 39.

60. « À Memphis, le film *Autant en emporte le vent* n'est plus le bienvenu », Radio Canada, 28 août 2017.

61. On consultera sur la question le dossier « La guerre de Sécession : la véritable histoire », dans *Le Figaro Histoire*, nº 35, décembre 2017-janvier 2018.

62. George ORWELL, *1984*, Paris, Folio, 1950, p. 21-28.

63. Arnaud Leparmentier, « A New York, la statue de Christophe Colomb fait polémique », *Le Monde*, 7 octobre 2017.

64. C'est justement pour en bannir toute représentation de la vie publique que l'Université de Notre-Dame en Indiana décidera de recouvrir les fresques réalisées au XIXe siècle le célébrant. AFP agence, « Une université américaine va recouvrir des fresques dépeignant Christophe Colomb », *Le Figaro*, 24 janvier 2019.

65. Natasha MacDonald-Dupuis, *Des enseignants veulent rebaptiser les écoles portant le nom de John A. Macdonald*, Radio Canada, 25 août 2017.

66. Louis-Georges Tin *et al.*, « Mémoire de l'esclavage : « Débaptisons les collèges et les lycées Colbert ! », *Le Monde*, 16 septembre 2017.

67. Xantha Leatham, King's College will "replace busts and portraits of its founding fathers with ethnic minorities after student pressure", *Daily Mail*, 14 juillet 2017.

68. De ce point de vue, la comparaison avec l'islamisme mérite d'être faite, pour peu qu'on s'en souvienne de la destruction du musée de Mossoul ou de celle des ruines de Palmyre. Il y a là un nihilisme destructeur, celui d'hommes qui entendent effacer de la surface de la planète tout ce qui n'entre pas dans leur très étroit système de croyances. Ils confirment ce que nous savions : certains hommes ont une jouissance perverse à se livrer à la destruction, au fait de détruire ce que d'autres hommes respectent. Ils justifient leur nihilisme absolu en prétendant servir l'Absolu. Plus ils détruisent et plus ils jouissent. Plus ils piétinent l'homme et plus ils se sentent gonflés de puissance.

69. Michel Heller, *La machine et les rouages*, Paris, Calmann-Lévy, 1985.

70. Czeslaw Milosz, *La pensée captive*, Paris, Gallimard, 1953.

Chapitre 6 – Le sentiment de la fin d'un monde ou la criminalisation de la nostalgie

1. Gustave Thibon, *Parodies et mirages, ou La décadence d'un monde chrétien*, Paris, Éditions du Rocher, 2011, p. 21-22.

2. Guillaume Perrault, *Conservateurs, soyez fiers !*, Paris, Plon, 2017, p. 137.

3. Alexandre Devecchio, *Les nouveaux enfants du siècle*, Paris, Éd. du Cerf, 2016, p. 309 .

4. Louis Pauwels, « Dieu a-t-il lu ce sondage ? », *Le Figaro Magazine*, 9 avril 1983.

5. Michel de Jaeghere, *Les derniers jours*, Paris, Les Belles Lettres, 2014.

6. Louis PAUWELS, *Dix ans de silence*, Paris, Fayard, 1989.

7. Louis PAUWELS, *Les orphelins*, Paris, Éditions de Fallois, 1994, p. 90.

8. Michel DE JAEGHERE, *Un automne romain*, Paris, Les Belles Lettres, 2018, p. 74.

9. Michel ONFRAY et François-Xavier BELLAMY, « Vivons-nous la fin de notre civilisation », *Le Figaro*, 25 mars 2015.

10. Louis *Pauwels*, *Dix ans de silence*, Paris, Grasset, 1989, p. 22.

11. Henry DE MONTHERLANT, *La guerre civile*, dans *Théâtre*, Gallimard, coll. Pléiade, 1972, p. 1268.

12. CHATEAUBRIAND, *Mémoires d'Outre-Tombe*, Paris, Gallimard, coll. Pléiade, 1952, p. 938-939.

13. Marguerite YOURCENAR, *Mémoires d'Hadrien*, Paris, Gallimard, 1974, p. 126.

14. Georges BERNANOS, *Nous autres Français*, dans *Essais et écrits de combat*, t.1, collection Pléiade, Gallimard, Paris, 1971, p. 679.

15. Régis DEBRAY, *À demain de Gaulle*, Paris, Gallimard, 1990, p. 61.

16. Henry DE MONTHERLANT, *Le treizième César*, Paris, Gallimard, 1970.

17. NIETZSCHE, dans *Le crépuscule des idoles*, s'était permis cette observation qu'il voulait chuchoter à l'oreille des conservateurs : « Ce qu'on ne savait pas autrefois, ce qu'on sait aujourd'hui, ce qu'on pourrait savoir, – c'est qu'une évolution en arrière, une régression, en un sens quelconque, à quelque degré que ce soit, n'est pas du tout possible. [...] Même les politiciens ont imité en cela les prêcheurs de vertu : il y a aujourd'hui encore des partis qui rêvent de faire marcher les choses à reculons, à la manière des écrevisses. Mais personne n'est libre d'être écrevisse. On n'y peut rien : il faut aller de l'avant, je veux dire s'avancer pas à pas plus avant dans la décadence – c'est là ma définition du « progrès » moderne... On peut entraver ce développement et, en l'entravant, endiguer la dégénérescence elle-même, l'accumuler, la rendre plus véhémente et plus soudaine : voilà tout ce qu'on peut faire ». NIETZSCHE, *Le crépuscule des idoles*, dans *Friedrich Nietzsche Œuvres, t.2*, Collections Bouquins, Robert Laffont, 1993, p. 1017.

18. Jacques BAINVILLE, *La tasse de Saxe*, dans Jacques BAINVILLE, *La monarchie des Lettres : histoire, politique et littérature*, Paris, collections Bouquins, Robert Laffront, 2011, p. 852.

19. Roger CAILLOIS, *Instincts et société*, Paris, Éditions Gonthier, 1964, p. 61-114.

20. François TAILLANDIER, *L'écriture du monde*, Paris, Stock, 2013, p. 14-15.

21. Dans son discours au Collège des Bernardins, Benoît XVI avait médité sur les conditions de la renaissance de la civilisation occidentale alors qu'elle était plongée dans les temps les plus obscurs. « En considérant les fruits historiques du monachisme, nous pouvons dire qu'au cours de la grande fracture culturelle, provoquée par la migration des peuples et par la formation des nouveaux ordres étatiques, les monastères furent des espaces où survécurent les trésors de l'antique culture et où, en puisant à ces derniers, se forma petit à petit une culture nouvelle. Comment cela s'est-il passé ? Quelle était la motivation des personnes qui se réunissaient en ces lieux ? Quels étaient leurs désirs ? Comment ont-elles vécu ? Avant toute chose, il faut reconnaître avec beaucoup de réalisme que leur volonté n'était pas de créer une culture nouvelle ni de conserver une culture du passé. Leur motivation était beaucoup plus simple. Leur objectif était de chercher Dieu, *quaerere Deum*. Au milieu de la confusion de ces temps où rien ne semblait résister, les moines désiraient la chose la plus importante : s'appliquer à trouver ce qui a de la valeur et demeure toujours, trouver la Vie elle-même. Ils étaient à la recherche de Dieu ». Benoit XVI, « Discours des Bernardins », 12 septembre 2008. En termes séculiers, ce n'est pas par piété envers la mémoire ou le monde d'hier qui était à l'origine de leur action, mais la quête d'une transcendance.

22. François TAILLANDIER, *L'écriture du monde*, Paris, Stock, 2013, p. 71-72.

23. Allan BLOOM, *L'âme désarmée*, Paris, Julliard, 1987, p. 17.

CHAPITRE 7 – COMMENT PEUT-ON ÊTRE CONSERVATEUR ?

1. Pascale TOURNIER, *Le vieux monde est de retour*, Paris, Stock, 2018.

2. Raymond ARON, *Espoir et peur du siècle*, Paris, Calmann-Lévy, p. 121.

3. Dans un très bel ouvrage, Guillaume Perrault a bien montré qu'il avait aussi une généalogie spécifiquement française, l'histoire de la droite ne se laissant pas réduire à la querelle des libéraux et des réactionnaires. Guillaume PERRAULT, *Conservateurs, soyez fiers !*, Paris, Plon, 2017.

4. Hannah ARENDT, *De la révolution*, dans *L'humaine condition*, Paris, Gallimard, collection Quarto, 2012, p. 337.

5. Jean-Pierre LE GOFF, entretien avec Laetitia STRAUCH-BONART, « Comment être à la fois conservateur, moderne et social », dans *Le Débat*, janvier-février 2016, numéro 188, p. 145-156.

6. Marc CRAPEZ, *Naissance de la gauche*, Paris, Michalon, 1998.

7. Il faut dire que Zemmour, contrairement à ce que disent ses détracteurs, est un écrivain politique authentique, et que du *Livre noir de la*

droite en 1998 à *Un quinquennat pour rien*, en 2016, il a approfondi une critique du progressisme en visant ses fondements. On lui a fait injustement une réputation de polémiste : c'était une manière de transformer sa pensée en pure provocation.

8. Paul RICOEUR, « Tâche de l'éducateur politique », *Esprit*, Juillet/ août 1965, p. 84-85. Patrice Gueniffey a quant à lui rappelé que les meilleurs historiens, jusqu'à tout récemment, ne s'interdisaient pas de parler du caractère d'une nation ou même de son génie propre tout en reconnaissant que « la doctrine des tempéraments nationaux est un peu suspecte aujourd'hui [...] ». Il n'était pas loin, toutefois, d'y faire appel. « Longtemps, on a appelé "génie" ces traits propres à chaque peuple mais qui, pour être gravés en chacun de façon indélébile et offrir un principe de distinction entre nous et eux, ne constituent pas un carcan auquel on ne pourrait jamais échapper ou une donnée si fondamentale que rien ne pourrait jamais l'altérer ou la modifier. [...] », Patrice GUENIFFEY, *Napoléon et de Gaulle : deux héros français*, Paris, Perrin, 2017, p. 136-137.

9. Denis TILLINAC, *Le Dieu de nos pères*, Paris, Bayard, 2004.

10. Arthur KOESTLER, *Hiéroglyphes*, dans *Œuvres autobiographiques*, collection Bouquins, Robert Laffont, Paris, 1994, p. 444.

11. Czeslaw MILOSZ, *La pensée captive*, Paris, Gallimard, 1953, p. 303.

12. Julien FREUND, *Politique et impolitique*, Paris, Sirey, 1987, p. 139.

13. Patrick BUISSON, *La cause du peuple*, Paris, Perrin, 2016, p. 442-443.

14. Michel DE JAEGHERE, *La compagnie des ombres*, Paris, Les Belles Lettres, 2016, p. 392.

ÉLOGE DU CONFLIT CIVILISÉ

1. Jacques ELLUL, *L'illusion politique*, Paris, Robert Laffont, 1965, p. 31.

2. Philippe MAXENCE, « Il est temps de refermer le cycle des Lumières : notre entretien exclusif avec Patrick Buisson », *L'homme nouveau*, 10 novembre 2016.

3. Chantal DELSOL, *La haine du monde*, Paris, Éd. du Cerf, 2016.

4. Julien FREUND, *La fin de la renaissance*, Paris, PUF, 1980, p. 110.

5. Alain FINKIELKRAUT et Élisabeth DE FONTENAY, *En terrain miné*, Paris, Stock, 2017, p. 18.

Remerciements

Je n'aurais pu écrire ce livre sans la discussion sans cesse reprise avec mes amis et collègues du séminaire de L'Action nationale. Depuis quinze ans, nous poursuivons une réflexion sur la situation du Québec, et plus largement, sur les grands problèmes de l'époque. Remerciements aussi à mes amis et interlocuteurs de l'autre côté de l'Atlantique. Ils savent, je l'espère, à quel point leur conversation m'est essentielle. Remerciements enfin à Karima, sans qui rien de tout cela ne serait possible, et surtout, sans qui rien de tout cela n'aurait de sens.

Table

Composition : Le vent se lève....

Cet ouvrage a été achevé d'imprimer en novembre 2021
dans les ateliers de Normandie Roto Impression s.a.s.
61250 Lonrai (Orne)
N° d'impression : 2105934
Dépôt légal : octobre 2020

Imprimé en France